노하우? 뉴 하우!

The New How: Creating Business Solutions Through Collaborative Strategy by Nilofer Merchant

ⓒ acorn publishing Co 2015.

Authorized Korean translation of the English edition of
The New How: Creating Business Solutions Through Collaborative Strategy
ISBN 9780596156251 ⓒ 2010, Nilofer Merchant LLC.
This translation is published and sold by permission of O'Reilly Media, Inc.,
the owner of all rights to publish and sell the same.

이 책의 한국어 판 저작권은 대니홍 에이전시를 통한 저작권자와의 독점 계약으로 에이콘출판㈜에 있습니다.
저작권법에 의해 한국 내에서 보호를 받는 저작물이므로 무단전재와 복제를 금합니다.

노하우? 뉴 하우!

콜라보 전략을 통한 새로운 경영 솔루션

닐로퍼 머천트 지음 | 김윤 옮김

에이콘

사업이 고결할 수 있다는 믿음을 내게 가르쳐 준 모든 이에게

이 책에 쏟아진 찬사

"에어 샌드위치air sandwich가 뭔지도 모르면서 어떻게 에어 샌드위치를 없앨 수 있을까? 도발적이면서도 현실적이다."
– 세스 고딘(Seth Godin) / 『린치핀』의 작가

"협조는 강력하고 경쟁력 있는 무기다. 이 책은 시장에서 성공하기 위해 어떻게 협조를 활용하는지 보여준다."
– 마크 인테란테(Mark Interrante) / 야후!(Yahoo!, Inc.)의 컨텐트 프로덕트 부사장

"시의적절하고 깊이가 있으며, 기업의 임원과 단체의 리더들이 매우 효과적이고 지속적으로 성공하는 조직을 만드는 실용적 청사진을 보여주는 책이다. 닐로퍼 머천트는 회사 내 모든 계층이 서로 정말로 생산적인 관계를 이룰 수 있는 방법을 혁신적이고 참신하게 제시한다. 배울 것도 많을뿐더러, 재미있게 읽을 수 있는 책이다."
– 라파엘 패스터(Rafael Pastor) / 비스티지 인터내셔널 사(Vistage Internatioanl, Inc.)의 이사회 의장이자 CEO

"조직을 혁신하여 협조적 기업으로 탈바꿈하고 싶은가? 닐로퍼 머천트가 뉴 하우에서 통찰력을 갖춘 실용적 전략을 제시한다."
– 파드마스리 워리어(Padmasree Warrior) / 시스코 시스템즈(Cisco Systems, Inc.) CTO

"회사 중역실에서 나온 전략을 팀으로 이어주는 중간 관리자이거나 새로운 비전을 만드는 과제를 맡은 임원이거나, 어떤 직무를 맡고 있든 간에, 먼저 닐로퍼의 책부터 읽어라!"
– 마이클 플랑트(Michael Plante) / 시만텍(Symantec Corporation) 글로벌 소비자 마케팅 및 마케팅 전략 부문 수석 이사

"변화의 속도가 갈수록 빨라지는 세상에서는, 통제보다는 협조가 조직을 성공적으로 이끌어 주는 길이다. 이 책은 어떻게 조직을 협조적으로 바꿀지 말해 준다. 닐로퍼 머천트의 글은 명확함의 표본이다."
– 배리 슈워츠(Barry Schwartz) / 『선택의 패러독스』의 저자

"이 책은 전략계획을 맡은 전문 관리자에게 도움이 될 통찰과 센스, 지혜로 가득하다. 닐로퍼가 참여할 때마다 변화가 일어났다. 이제 닐로퍼의 참여가 글로도 새 생명을 얻게 되니 다른 영역까지도 그 범위가 확대될 것이다."
– 앙드레 델베크(Andre L. Delbecq) / 경영학 박사, 산타 클라라 대학교의 J. Thomas and Kahthleen L. McCarthy 대학교, 리비(Leavey) 비즈니스 스쿨 교수

"리더는 전략적 결함보다는 그 전략 실행의 책임자를 참여시키지 못한 프로세스 때문에 실패한다. 높은 성과를 내는 조직에서는 모든 사람이 리더인 듯 행동하고, 전략의 주인이 되어 조직이 성공할 수 있도록 행동한다. 변화를 일으키고 싶다면 이 책을 읽어라."
– 배리 포스너 / 『크리스천 리더십 챌린지』의 저자

"머천트의 책은 전략에서 실행까지 가는 여정을 도와주는 실용적 안내서다. 여기에 묘사된 협조적 도구는 회사가 전략적 성공에 이를 수 있도록 도움을 준다. 그리고 그 여정에서 만나는 함정도 피하게 해 준다."
– 톰 켈리(Tom Kelley) / IDEO 사의 사업부장, 『이노베이터의 10가지 얼굴』의 저자

"루비콘(Rubicon) 사는 조직 전체에 걸친 진실된 참여를 불러일으켰기 때문에 언제나 다른 컨설팅 회사와는 분명히 달랐다. 어도비Adobe 사가 루비콘 사와 했던 수많은 협업 중 첫 번째 협업은 교육 분야 시장에서의 시장 전개 계획을 수립하는 것이었다. 어도비 사가 지난 10년 동안 교육 시장에서 이룬 성

장은 전략의 협조적 실행이 가진 가치에 대한 증거이자 머천트만의 독점적 차
별성이며, 이 책'의 기반이 되었다."
– 케이티 키팅(Katie Keating) / 어도비 시스템즈(Adobe Systems) 전자 상거래 판매 채널 부사장

"이 책은 성공적 리더십에 대한 핵심 아이디어를 산문체로 적고 통찰력으로
보강했다. 모두가 다 사람에 관한 것이다."
– 앤디 노보빌스키(Andy Novobilski) / 아칸소 주립 대학교(Arkansas State University) 이과대학
 학장 및 박사

"닐로퍼 머천트는 조직 전체의 창의력을 지렛대로 활용하여 어떻게 성공적인
전략을 개발하고 실행할 수 있는지를 폭로했다. 당신은 말뿐인 전략을 살아가
는 방식으로 바꾸는 방법을 배울 것이다."
– 케시 칠(Kathy Chill) / 시트릭스(Citrix Online) 제품 마케팅 및 사업 추진 수석 이사

"대개 경영서는 리더가 무엇을 해야 하는지 서술한다. 많은 책은 '왜why'를 설
명한다. 반면, 이 책은 21세기 조직에 걸맞은 혁신과 변화를 함께 이끌어낼 수
있도록 처음부터 끝까지 이어지는 명쾌한 프로세스와 틀을 제시한 점이 참신
하다. 매우 잘 쓴 재미있는 책이며, 어떻게 성공할지를 실용적으로 안내한다.
– 데이비드 버터(David Butter) / Ecc파트너십(Eccpartnership) 수석 부사장

지은이 소개

닐로퍼 머천트 Nilofer Merchant

루비콘 컨설팅Rubicon Consulting 사의 창업자이자 CEO이다. 명망 높은 전략가이자 글로벌 하이테크 산업의 선구적인 사상가로 알려졌으며, 창업자와 고위임원과 CEO로 구성된 엘리트 집단의 신뢰를 받는 자문가로 활동하고 있다. 뉴 하우 프로세스는 애플, 어도비, 로지텍, 시만텍, HP, 노키아 등의 회사와 함께 일하며 개발되었다.

지은이의 말

한 회사의 종업원으로서 그리고 여러 회사에서 신뢰받는 컨설턴트로서 일하며 지난 20여 년 동안 나는 여러분들이 본 것을 함께 목격했다. 성공을 위한 전략은 보통 팡파르를 울리며 발표되지만 그 전략이 전략 지지자들의 열망과 예상에 부응하는 경우는 드물다.

가끔 그런 전략이 그런대로 성공하기도 해서, 현실과 기대했던 결과 사이의 다소간의 격차는 운이 안 좋았다거나 시기가 적절치 못했던 걸로 간단히 설명된다. 어떤 때는, 특히 정말로 대담한 행동을 취했을 때 그 결과가 거의 재앙이 된다. 희생양이 필요하게 되고 책임을 나눠 지고, 한두 명의 임원이, 종종 유능한 임원이 '재배치'되거나 '다른 기회를 찾아' 회사를 떠난다.

물론 오늘날 우리 주변에서는 수많은 사업이 눈앞의 도전에 성공적으로 대응하지 못한다. 경쟁사에 대응해 자기를 방어하지 못하고, 신시장을 놓치고, 효과적으로 혁신하지 못하고, 고객을 확보/유지하지 못하고, 최고의 인재를 붙잡아두지 못한다.

회사 외부에서 바라보면 이렇게 회사에서 일어나는 사고는 골칫거리다. 회사 안에서 일해 왔던 나로서는 이런 일이 그냥 골칫거리라기보다는 더 심각한 것이라 말할 수 있다. 그건 몹시 고통스러운 일이다. 그건 당신이 실패하는 활동의 일원이 되면 그 실패가 개인과 동일시되기 때문이다. "팔리지 않은 건 당신 제품이다. 저게 바로 당신이 예상은 했지만 획득하지 못한 신시장 기회이다. 당신이 놓친 결과다. 당신이 허사로 만든 노력이다."
임원들은 팀들이 '실행을 제대로 못한다고' 자주 불평한다. 나머지 조직원
들은 임원들이 '이해를 못한다고' 투덜댄다.

때때로, 끝까지 가서 우리에게 남는 것은 놓쳐버린 기회와 사라진 인적
잠재력, 낭비된 회사 역량, 잃어버린 기업 가치뿐이다. 당신은 화나지 않는
가? 나는 매우 화가 났다. 고쳐버리고 싶을 만큼이나. 나는 내 자신의 행위
에 그리고 동료들의 행위에 신물이 났다. 우리는 시간을 허비하고 있었다.
반면 근본적인 문제에는 집중하지 못했다. 뭘 하면 우리가 시장에서 성공
하는 데 도움이 될까? 우리는 성공을 위해, 그것도 반복적인 성공을 위해
어떻게 목표를 세워야 하는지 알 필요가 있었다.

우리가 풀어야 할 진짜 문제는 무엇일까? 그 진짜 문제는 목표 수립 그
리고 곤란한 트레이드오프 관계에서의 선택에 관한 시스템적 방법이다. 너
무나 오랫동안 비즈니스 세계는 주요 의사결정을 조직의 일부분인 중역실
에서만 책임지기를 고집했다. 실행 그리고 전술은 조직의 다른 부분에, 실
제로 일을 할 사람들에게 권한위양 되었다. 당신이 이러한 회사에 있다면
그 다음 어떻게 되는지 알 거다. 최상위층의 비전 그리고 그 비전을 땅 위
수준 현실로 바꿔야 하는 조직원들의 이해 수준 및 정렬, 그 비전과 이해/
정렬 사이의 광활한 간극.

실리콘 밸리에서 우리는 그 간극을 '에어 샌드위치Air Sandwich'라고 부른
다. 성층권에서 만들어진 상위층 전략과 그 아래 땅 위에서 진행되는 그 비
전의 실행, 그 둘 사이 조직의 텅 빈 공간. 에어 샌드위치의 속은 비전과 현
실을 이어주는 물질이 아니라 주로 오해와 혼란 그리고 어긋난 정렬로 채
워져 있다. 에어 샌드위치는 우리가 성공하는 걸 막는다. 우리를 실망시키
고 때로는 격분하게 한다.

조직 내 에어 샌드위치를 분별할 수 있게 되자마자 나는 우리가 없애야

하는 게 그것임을 알았다. 하지만 에어 샌드위치가 문제의 근본 원인은 아니다. 근본 원인은 오래 전에는 제대로 먹혔지만 이제는 더 이상 먹히지 않는, 결함이 있는 구형 목표 설정 시스템에서 오는 증상이다. 우리에게는 새로운 시스템이 필요하다. 모든 사람이 기여할 수 있고 조직 내 어디서든 통찰을 수집할 수 있는 실질적인 접근법이 필요하다. 비전에 정렬된 의사결정, 집단적 토론, 더 많은 신뢰성과 통찰력 있는 정보의 수집이 가능한 접근법이 필요하다. 갈등과 긴장을 창의적 프로세스 촉진에 활용하고, 진짜 중요한 일이 무엇인지를 분별해내면서도, 정렬하고 결정을 내리는 데 도움을 주는 접근법이 필요하다. 그리고 현시대 상황을 고려할 때 늦지 않고 빠르게, 이론적이지 않고 실질적인 접근법이 필요하다. 물론 조직원의 힘을 활용하도록 도움을 주면 더욱 좋다.

팀원들과 나는 여러 해에 걸친 발견과 통합, 시행착오, 어느 정도의 땀과 눈물을 통해, 모든 사람이 협조하여 성공 전략을 만드는 새로운 접근법을 개발했다. 이 방법을 수많은 실제 상황에서 전체적으로 또는 부분적으로 활용하고 테스트했다. 이 접근법이 바로 뉴 하우New How다.

나는 믿는다. 우리는 더 똑똑하게 판단하고, 더 빠르게 목표 설정을 할 수 있다. 그것도 더 나은 정보를 갖고서 말이다. 더 효과적으로 목표를 수행할 수 있다. 명확한 목적의식 아래 전체 조직이 하나처럼 신속히 움직일 수 있다. 자부심을 느낄 수 있는 방식으로 나와 우리 서로 간 최선을 이끌어낼 수 있다.

이 책을 읽고 있다면 당신은 길도 없고 방법도 없는 '노 웨이, 노 하우no way, no how' 무리의 일원이 아니다. 당신은 새로운 길과 방법, '뉴 웨이, 뉴 하우new way, new how'를 시작할 준비가 되었다. 뉴 하우는 나의 비즈니스 경력에서 더 많은 즐거움과 성공을 얻는 데 도움을 줬다. 당신에게도 같은 도움을 주기를 바란다. 자, 이제 시작하자.

옮긴이 소개

김 윤 kim0yun@daum.net

대학에서 영어영문학을 대학원에서 경영학을 전공했다. 20여 년을 국내 대기업에서 근무하며 경영전략, 경영기획, 재무, 인재개발 등 다방면 업무를 경험했다. 바른번역에서 공부하며 번역을 다듬었고 앞으로 좋은 경영서를 독자에게 소개하고자 한다.

옮긴이의 말

이 책의 저자인 닐로퍼 머천트는 뉴 하우New How를 기존 사고에 대한 도발로 시작한다. 기존의 전략이 실패하는 원인은 전략이 나빠서도 아니고 그 실행이 잘못되어서도 아니라고 한다. (전략도 아니고 실행도 아니면 뭐가 문제일까?) 그러면서도 누구나 실행 가능한 좋은 전략을 수립할 수 있다고 약속한다. 그 새로운 방법(뉴 하우)의 노하우를 알려주는 가이드 북이 바로 이 책이다.

나도 회사 생활을 하며 새로운 전략이 실패하는 경우를 수없이 목격했다. 전략 실패의 일반적 원인은 1) 전략 자체의 실패, 2) 실행의 실패로 분석된다. 전략 자체의 실패는 보통 그 전략이 현실과 괴리된, 최고 경영층이 외부 컨설팅 업체에 의뢰해서 만든, 화려하기만 한 전략이기 때문이다. 실행의 실패는 전략이 나쁘지 않았는데 그 전략에는 환경변화의 가능성, 그 전략을 실행할 조직과 조직원의 자원, 역량 등이 제대로 고려되지 않았기 때문이다. 그래서 전략 실패 후 이런저런 분석을 하고, 또다시 똑같은 방법으로 전략을 수립하고, 다음에도 비슷한 실패를 경험한다. 그런데 이 책에서 저자 머천트는 전략의 실패와 실행의 실패를 한꺼번에 피할 수 있는 방법을 제시한다.

방법에 대한 책이라고는 하지만 당장 써먹을 요리법을 알려주는 책과는 다르다. X를 먼저 하고, 그 다음 Y를 하고, 그리고 나면 Z를 하고, 이런 식이 아니다. 개념과 원리를 먼저 명확히 해준다. 세세한 방법은 틀리더라도 그 원리를 알면 응용이 가능하기 때문에 이 책에서는 방법의 레시피를 알려 주기 전, 방법의 유래와 원리에 많은 시간을 할애한다. 원리를 이해하면 '물고기 잡는 방법'을 알게 된다. 흔히 이론은 지루하기 쉽지만 이 책은 저자 머천트가 겪은 실사례를 소개하여 몰입도를 높여준다. 전부 외국 사례이지만 회사 일이 미국 다르고 한국 다를까? 남의 나라 일이 아니라 내 옆에서 일어나는 일이다.

이 책에서 새로운 전략기법을 얻으려 하는 독자는 실망할 수도 있다. 이 책에는 그 흔한 포지셔닝 맵도 하나 없다. 그건 머천트가 생각하는 전략의 핵심이 남들과 다르기 때문이다. 에어 샌드위치Air Sandwich라는 개념으로 소개되는 전략과 실행 사이의 간극을 없애는 게 전략 수립과 실행을 통합하는 핵심 아이디어다. 이 책 『노하우? 뉴 하우!』는 에어 샌드위치를 없애는 방법에 대한 개론서다.

이 모든 방법의 저변에는 머천트가 제시하는 참여적 리더십과 전략 프로세스가 있다. 경영의 민주주의라고 할까? 이건 조직의 파워를 누가 가져가는가의 이야기는 아니다. 전략의 수립과 실행에 핵심 인물을 모두 참여시켜 전략이 제대로 돌아가게, 첫 단추부터 제대로 꿰자는 이야기이다. 회사 경영뿐만 아니라 비영리조직, 정치 등 여러 사람이 관여하는 모든 단체에 적용될 수 있는 내용이다. 왜 머천트가 참여적 방법론을 강조하게 됐는지는 책의 마지막 부분인 '마치면서' 절을 먼저 읽으면 공감할 수 있다.

지시만 하면 모든 과제와 책임이 끝나는 특권층(요즘 세상에 그런 리더는 없겠지만)이 아니라면, 뉴 하우의 방법과 원리(철학에 더 가깝다)를 모두 함께 배우고, 고민하고, 실천해야 하지 않을까?

차 례

왜 전략은 실패할까

실패는 더 현명하게 새로 시작할 기회다

– 헨리 포드 Henry Ford

수정하기 전에 실패의 원인부터 이해하자

실패한 전략에 회사가 찢겨 나가는 것을 지켜보기란 강력한 허리케인이 상륙해 지나는 길목에 있는 모든 것을 파괴하는 걸 지켜보는 일과 흡사하다. 그러한 파괴를 목격한 사람이라면 누구나 그런 일을 또다시 경험하지 않기를 간절히 바란다. 그런 일을 처음 목격했을 때 나는 세계에서 세 번째로 큰 소프트웨어 회사에서 일하고 있었고 그곳에서 미주 지역 매출관리를 담당했다. 나는 내가 경험한 가장 극적인 전략 실패를 이야기하려고 한다. (이 책의 모든 이야기와 마찬가지로 그것은 실화이지만 비밀 보호를 위해 일부 세부 내용을 바꿨다. 3장의 '협조적 리더의 약력'은 예외다. 거기서는 한스 그란데 Hans Grande의 실제 이름을 사용했다.)

내 역할은 제품 관련 업무, 판매 보상 계획, 마케팅, 유통 채널 결정을 포함하는 광범위한 것(매출 목표의 설정과 달성에 관련된 모든 것)이었다. 그 역할 덕분에 나는 사건의 전개를 지켜볼 수 있는 완벽한 위치에 있었다. 유감스럽게도 나는 죄 없는 제삼자가 아니었다. 나는 몰락에 연루되었다.

첫 출발은 꽤 순수했다. 내 보스는 내 사무실을 방문했고 빅뉴스에 흥분해 있었다. 회사가 우리 제품군을 향후 18개월 내에 6배 규모로 다각화하기로 결정했다는 뉴스였다. 보스가 내게 해 준 이야기는 전설의 모든 구성요소를 갖추고 있었다. CEO가 방금 전 최근 시장 조사결과를 공유해줬다. 그 조사결과는 CEO에게 이 전략적 행동이 회사를 미래로 이끌 것이라는 믿음을 주었다.

고무적인 이야기 이후 CEO는 부사장들이 단합에 동참하기를 촉구했다. 내 보스가 그걸 묘사하는 방식은 신앙 부흥회 연설 같기도 했고 정치캠페인 가두연설 같기도 했다. 내 보스는 분명히 첫 번째 지원자였다. 보스는 벌떡 일어나 "우리가 이걸 해야 한다고 생각합니다. 미주 시장을 등록시켜 주세요!"라고 주장하지 않을 수 없었다고 한다.

내 보스는 이런 전략행동을 실현하려면 무엇이 필요한지 조직 내 누구와도 말하지 않았지만, 그게 우리를 다음 단계로 데려가 줄 옳은 아이디어라고 '그냥' 알았다. 게다가 회사 내 누군가가 그 일을 가능케 할 방법을 알아낼 수 있다면 그건 우리일 것이라고 믿었다. 어쨌든 우리는 경이로운 과거 실적이 있었다. 언제나 매출목표를 달성했고, 팀원들은 유능하고 영리했다. 나는 보스가 보여주는 리더십에 감명받았던 것을 뚜렷이 기억한다.

이 아이디어의 비전은 전통적인, '거대하고 위험하며 대담한' 목표였다. 이삼 년에 걸쳐 그저 몇 개의 제품을 내는 게 아니라 18개월 내에 6개의 신규 제품군을 만드는 일이었다. 판매와 마케팅은 신제품 개발에 병행해서 수요를 창출해 낼 것이다. 이러한 규모의 움직임은 우리 회사의 모든 측면에 영향을 줄 것이었다. 매출 추정, 개개인의 역할, 판매 활동, 마케팅 계획, 제품 로드맵, 고객의 기대, 회사의 명성. 회사의 전부문이 통합적으로 참여하고 전체가 작동하도록 잘 조율해야 했다. 나는 걱정이 되기는 했지만 모두들 나처럼 회사에 미칠 영향의 범위를 이해하리라 가정했고 그 걱정을 말하지 않았다. 어쨌든 누가 방향성에 문제를 제기하고 싶겠는가? 그건 회사의 비전에 찬물을 끼얹는 행위로 비칠 텐데 말이다.

그래서 나는 침묵을 지켰고 '리더들'이 잘 통제하고 있을 거라고 생각했다. 게다가 내 보스처럼 나도 팀을 믿었다. 반드시 성공할 일이었다. CEO는 '우리가 해야 한다'고 말했고, 보스는 '우리가 해내겠다'고 말했다. 그걸 염두에 두고 팀과 나는 최선을 다해 비전을 완수하리라는 분명한 의도 아래 진격했다.

신규 매출 주기에 진입하고 두어 달이 지난 후, 신제품 세트 출시를 책임진 수석 제품관리자가 내게 전화를 했다. 우리는 일정 조율이나 발생한 문제 해결을 위해 자주 이야기했다. 그러나 이 전화는 달랐다. 전화선 너머 목소리에는 걱정과 초조함이 배어 있었다. 안부를 묻는 잡담도 전혀 없었다. 내가 "여보세요"라고 하자마자 제품관리자가 불쑥 끼어들며 말했다.

"문제가 생겼어요. 대표 제품 알죠? 그래요, 올해 매출의 대부분을 가져다 줄 그 제품이요. 원래 계획했던 기능을 다 넣고 출시하기는 어렵겠어요."

그건 큰 문제를 의미했다. 신제품이 지연되면 우리 매출원도 무너진다. 신제품 계획을 공표했으니 기존 제품에 대한 주문은 이미 미뤄지고 있었다. 이 뉴스로 모든 게 바뀌었고 우리는 대량으로 매출이 교착될 사태에 처했다. 상황이 끔찍하다는 데는 의심의 여지가 없었다. 보스는 몇몇 핵심 인물들을 소집하여 신속히 판단하게 했다. 누군가가 그때까지 상황을 정리하기 시작하며 세 가지 대안을 내놓았지만 마음에 드는 대안은 하나도 없었다. 우리가 할 수 있는 일은 다음과 같았다.

• 계획했던 기능을 빼고 제품을 출시한다. 그러고는 애널리스트와 주식

시장에 파급된 부정적 결과를 받아들인다.

* 모든 기능을 넣어 제품을 출시하고(아마 전혀 작동을 안 하겠지만) 나중
  에 수정 패치를 내놓는다.
* 얼마나 걸릴지는 모르지만, 제대로 할 수 있을 때까지 제품 출시를 연
  기한다.

그 대화는 술렁거림으로 변질됐다. 어려운 대안들 사이의 트레이드오프 관계를 심도 있게 논의하기는커녕, 그 회의는 금세 우리에게 다가올 초강력 허리케인에 대한 비난 책임을 따지는 자리가 되었다. '논의'한 내용은 이랬다.

"제품 적기 출시의 책임은 당신에게 있습니다."

"하지도 못할 거면서 왜 마감일을 약속했어요?"

"당신은 맨 처음부터 이 계획을 지원해 준적도 없잖아요."

"당신은 판매 관리자입니다. 기존 제품군으로 매출을 못 낼 것도 없잖아요."

회의실 안에 있던 사람들은 모두 다 똑똑했고, 일도 열심히 했고, 그 난장판의 책임이 자기한테 있을 리가 없다고 확신했다. 비난은 자기 방어를 낳고, 곧 상호비방으로 변모했다.

"우리는 꼭 해야만 합니다."라고 결정했던 만큼이나 신속히 그 일은 "우리는 할 것입니다."로 바뀌었고, 그 다음은 "우리는 해낼 수 없다."로 위상이 내려가더니 남은 것이라고는 "어떻게 하지?"뿐이었다.

모두의 상상대로 팀의 좌절은 커졌고 회의실은 분노와 우려로 가득 찼다. 회의가 완전히 와해되기 전, 누군가가 우리는 그저 우리가 직접 통제할 수 있는 범위 내의 약속만 지키면 된다는 제안으로 관심을 끌어냈다. 결국

우리는 제품을 기존 출시일에 내놓기로 했다. 그걸로는 우리가 이전에 형성한 고객의 기대 수준을 충족하지 못할지 알면서도 말이다.

그다음 무슨 일이 일어났을지 알아맞히는 데는 마법의 수정구슬이 필요치 않다. 상황을 타개할 획기적 방안도 없었고, 슈퍼 영웅이 날아와 구해주지도 않았다.

아무것도 없었다. 매출은 신통치 않았다. 몇몇 유능한 직원이 그만뒀다. 판매 팀은 사기를 잃었다. 회사는 약속대로 작동하지 않는 제품을 핵심고객이 구매한 후유증에 시달렸다. 결국, 기업은 재무적으로는 회복할 수 있었지만 기업 문화는 곤두박질쳤다. 그러한 큰 실패에 대응해서 사람들은 다시 또 일이 터지지 않도록 귀찮으면서도 복잡한 절차들을 채택했다. 대충 생각하고 큰 위험을 떠안은 이후 이제 와서는 무슨 대가를 치르든 위험은 피하고 보자고 했다. 그런 선의에 따른 전반적 대가는 아주 비쌌다.

뭐가 잘못되었을까? 좋은 의도의 신규 목표가 어떻게 그런 재앙으로 이어졌을까? 누구를 탓해야 했을까?

그 답은 누구 하나 잘못하지는 않았지만 '우리 모두가 잘못됐다.'이다. 최선을 다했지만, 그 전략수립 방식 때문에 애초부터 실패할 수밖에 없는 전략을 갖고 일을 하고 있었다. 시장에서의 목표 그리고 제품 다각화라는 비전은 탄탄했지만, 그 전략 수립 방식에는 회사의 사업 성공을 가능케 하는 심도 깊은 조직적 참여가 빠져있었다.

최선의 노력에도 불구하고 어떤 전략은 애초부터 그 전략 수립 방식 때문에 실패할 운명이다.

우리에게는 처음 제시한 방향대로 끌고나갈 프로세스, 틀framework, 접근법 혹은 일련의 조직적 메커니즘이 없었다. 그래서 우리는 목표를 소화해

낼 수 없었다. 목표만 있으면 충분하다는 듯이 그저 목표만 세우기에 바빴다. 부문의 벽을 넘나드는 활동을 고려하고, 다른 대안을 도출하면서 그 대안에 따르는 트레이드오프 관계도 생각하고, 일부 힘든 결정을 조기에 내릴 방법을 갖지 못했으므로, 우리는 궁극적 성공의 필수 요소를 갖추지 못했다.

그룹 차원의 그리고 개인 차원의 책임소재가 둘 다 없다 보니, 전체 성공을 책임지거나 뭔가 문제가 생길 때마다 그걸 지적할 사람이 아무도 없다고 (내가 그랬던 것처럼) 추측하기 쉬웠다. 실행할 사람들이 주도하는 대안 검토가 전혀 없으니, 아무도 새로운 비전에 따르는 위험을 인지할 수 없었다. 게다가 우리가 완료해야 할, 소규모 핵심 과제와 세부 업무를 모두 찾아낼 방법도 없었다. 이를 모르고는 부문 간 트레이드오프를 정할 수 없었다. 실현될 수 있는 전략의 수립 방법을 몰랐다. 즉 이기는 목표를 협조적으로 수립할 방법이 없었다.

그건 최악의 상황, 전략 실패의 쓰나미였다. 내게는 좀처럼 사라지지 않는 질문이 남았다. 왜 그 일이 일어났을까? 다른 방법은 없나? 나는 방법이 있음을 알게 되었다.

실패는 큰 아이디어의 맞고 틀림 여부와는 관련이 적으며 (설혹 관련이 있다 하더라도) 팀원 개개인의 능력 때문은 전혀 아니다. 사태 발생의 근원은 전략의 본연적 형성 과정에 있다. 우리는 실행 과정으로 곧바로 들어갔었다. 전략은 옳지만 실행이 문제라고 간주하고 싶은 유혹이 있지만 그것은 완전 잘못된 생각이다. 문제에 대한 더 정확한 표현은 "전략이 완전치 않았다."이다.

전략 수립 프로세스를 제대로 만들었다면 팀을 참여시키고, 해야 할 개개의 핵심 과제를 확인해 내고, 약점을 찾아 수정하고, 동의와 책임을 얻어냈을 것이다. 이 모든 일이 실행 단계 이전에 일어나야 한다. 실행 단계까지 기다리면, 방법과 프로세스는 체크리스트 항목의 완수만을 유도하지 전체 목적을 명확하게 하는 데는 사용되지 못한다. 이를 인식했을 때, 생각하는 일과 정렬하는 일이 전략 수립의 일부분이라는 게 분명해진다. 혹자는 이런 경우 긴급하기 때문에 곧바로 실행 단계로 들어가야 한다고 주장하지만, 그건 우선 겨냥도 하지 않고 총을 쏘는 일과도 같다. 총알이 백만 발이나 있어 몇 발, 표적을 놓쳐도 상관없다면 괜찮다. 그러나 당신에게 총알이 하나만 있다면, 시간이 촉박하더라도 전략을 제대로 만드는 게 우선이다(그림 I-1).

그림 I-1 제대로 전략을 짜는 데는 시간이 걸린다

전략 실패가 어떤 모양인지 감을 잡으려고 그 비통한 사연을 공유했다. 한눈에 봐도 그 구성요소는 전략적 성공의 구성요소와 다르지 않음을 알 수 있다. 좋은 의도 + 좋은 목표나 아이디어 + 인재 + 노력 + '마법의 블랙박스'. 이게 어떤 때는 작동되고 어떤 때는 안 되는 걸 보면 마법이 작용함을 알 수 있다. 그런데 우리는 다섯 살 생일 파티에서 본 마술 모자 수준에서만 그 마법 블랙박스의 내부 작동방식을 이해하고 있다. 우리는 '마법의

블랙박스'를 제대로 이해한 프로세스 틀process framework 혹은 전략 수립의 '뉴 하우New How'로 대체해야만 한다.

전략 유형이 다르면 전략적 접근법도 달라져야 한다

유명 브랜드 회사와 혁신적 스타트업 회사에서 수년간 일한 후, 매일매일 성공적 전략을 수립하려고 협력하면서, 나는 '전략'이라는 단어에는 공유되는 정의가 없음을 인식했다. 임원 또는 이사회 멤버들 사이에서 공유되는 정의가 없고, 한 조직 내에서 공유되는 정의가 없다. 여러 조직에 걸쳐 공유되는 정의가 없음은 물론이다. 전략을 약간씩 다른 의미로 사용하고 이렇게 공유된 정의가 없기 때문에 오해가 생길 수 있다. 따라서 더 나아가기 전에 내가 '전략'이라는 단어를 사용할 때 뭘 뜻하는지, 특히 협조적 전략이라는 개념과 관련해서 어떤 정의를 담고 있는지 정리하겠다.

전략은 경쟁하는 조직에서 대단히 중요하다. 사람들은 대체로 적어도 그건 동의할 것이다. 그리고 좋은 전략은 성공하는 기업에 필수적이다. 따라서 간단히 말하면, 전략이란 성공하는 방식이다. 어찌 보면 간단해 보여도 현업 전문가들은 전략이 선택에 관한 일이라는 것도 알고 있다. 무엇을 할지만이 아니라 무엇을 하지 말아야 할지를 정하는 일이다. 그리고 뭐가 가장 중요하고 왜 그런지를 아는 것은 물론이고, 누구를 참여시키고, 어떻게 듣고, 어떤 아이디어를 고려하고, 어떻게 힘든 결정을 내릴 것인지와 분명 관련 있는 일이다.

이러한 전략의 정의 중 명확하지 않은 부분은 전략의 범위인데, 여기서 종종 혼란이 야기된다. 내 경험과 연구에 따르면 전략은 두 가지 영역으로 나뉜다. (더 많이 알려진) 첫 번째 영역은 어디에서 경쟁할 것인가를 다루는 종류의 전략이며, 두 번째 영역에서는 어떻게 경쟁할 것인가를 다룬다(그림 I-2).

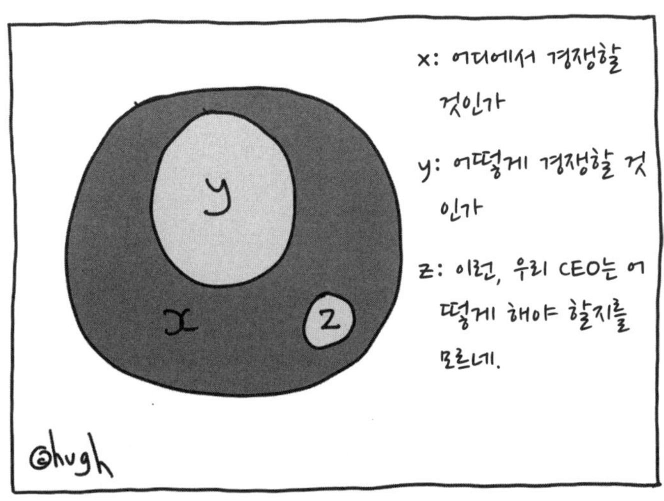

그림 I-2 전략의 유형과 영향

어디에서 경쟁할까를 말할 때 임원들은 대개 '전략'이란 단어를 회사가 향후 3년, 5년, 10년 후 무엇을 해야 할지 설명하는 데 사용한다. 이 영역 안에서 회사가 대개 답을 얻고자 하는 질문은 어느 경쟁무대 혹은 어느 시장에서 그들이 이기고자 하는가이다. 즉 어느 시장을 장악하고자 하는지 혹은 시장의 큰 가치사슬에서 어떤 위치를 차지하고자 하는지 하는 차원의 질문이다. 이러한 전략적 논의는 보통 이사회나 중역실에서 연례적으로 일어난다. (비록 나는 우리가 어디에서 경쟁할지에 대해 적절하고 다양한 조언을 받는 게 회사에 도움이 된다고 믿지만, 그러한 결정을 내릴 때 참여시킬 사람의 범위는 전략 성공에 영향을 주지 않으면서도 다소 적게 가져갈 수 있다.) 많은 노력으로 이 거대한 틀이 이미 만들어졌다. 수많은 사상가, 특히 마이클 포터 Michael Porter 는 어떻게 옳은 전략 영역을 확인해 낼 수 있는가에 대한 훌륭한 틀을 만들었다. 나는 이 분야에 뭔가를 하나 더 보낼 생각은 없다.

그러고 나면 덜 알려진 두 번째 영역이 있다. 어떻게 경쟁할 것인가에 대한 전략이다. 이 경우 전략은 일별, 분기별 활동과 관련 있다. "어떤 전략이 우리의 소비재 사업부의 매출을 50퍼센트 끌어올릴까?" "X 제품의 매출을 높이려면 어떤 전략이 최선일까?"

이 경우 전략은 우리가 경기장 안에서 가장 잘 경쟁할 수 있는 방법을 정해준다. 두 번째 영역의 전략은 '큰 그림'은 아니지만 조직에 '커다란' 영향을 준다. 이 유형의 전략은 주어진 장소에서 이기기 위한 최선의 방법을 정하는 일이기 때문이다. 그것은 지역, 제품, 고객 세그먼트, 시장, 제품군 등의 선택에 영향을 준다. 일단 사업 영역을 정하고 우리가 어디에서 경쟁하고자 할지를 정하고 나면, 거의 모든 큰 결정은 '어떻게 가장 잘 경쟁할 것인지'의 영역에 포함된다. 이 일련의 전략적 사고의 효과 여부는 다른 전략의(어디에서 경쟁할지 영역을 정하는 큰 전략) 성공 또는 실패를 결정한다.

'어떻게 경쟁할 것인가' 영역에 포함되는 전략은 "우리가 원하는 바가 주어졌을 때, 그걸 달성할 최선의 방법은 무엇인가?"라는 질문에 대한 답을 준다. 이것은 조직의 모든 계층에서 작성될 수 있는 전략이다. 조직이 복잡하고 다각화되어 있을수록 사람들은 이러한 유형의 전략 수립을 더 잘할 필요가 있다. 그리고 대부분 회사는 최선의 결과를 얻는 방법으로 어떻게 전략을 수립하는지 (아직) 모른다. 이 두 번째 영역의 전략, 어떻게 경쟁할지를 정하는 전략이 뉴 하우의 핵심이다.

'어떻게 경쟁할 것인가'의 전략은 전략의 한 유형으로 널리 인정되지 않는다. 흔히 이 영역의 전략은 '전술' 또는 '실행' 또는 '세부사항'으로 간주되며, 따라서 일관된 방식으로 다루어지지 않는다. 그 대신 사람들은 '영역_{where}'의 연장선 위에서 '방법_{how}'을 다루고, 첫 번째 영역에서 이미 알고 있던 도구를 적용하려 한다. 그건 소용없다. '어떻게 경쟁할 것인가'는 그 자체의 도구와 접근법과 틀이 필요한 전략 영역이다. 그러나 망치를 들고 있으면 내 앞에 있는 게 모두 다 못이라는 생각이 든다. 마찬가지로 첫 번째 영역의 도구를 가져다 두 번째 영역에도 쓴다.

이처럼 '방법'이 전략적인 일이냐 전술적인 일이냐, '방법'이 전략이냐 실행이냐 하고 따지는 것은 실제로 소용없는 짓이며 성과 없는 다툼이다. 전쟁에 대한 개개인의 관점은 내가 전쟁터 어디에 위치하고 있나에 따라 정해진다. 고위 임원의 관점에서 볼 때 최선의 경쟁 방법에 대한 결정은 전술적인 내용으로 보인다. 그러나 대기업 아래에서 수십억 달러 규모 사업을 맡고 있는 사업부장에게 자기 판단은 전술적인 것이 아니다. 그리고 나의 실행적 관점으로 보면 '어떻게 경쟁할 것인가'의 판단은 대개 전술적인 것이라 할 수 없다. 이러한 유형의 전략이 회사의 더 큰 비전을 만들고 그 비전의 성공에 영향을 준다.

어떤 사람에게는 전략인 것이 다른 이에게는 전술이 된다. 무엇이 전술인지, 전략인지 또는 실행인지 따지는, 소득 없는 불필요한 싸움은 끝내야 한다.

'최고로 잘 경쟁하는 방법'에 진짜 전략적 사고와 여러 전술적 판단이 포함된다는 건 내게는 의심의 여지가 없다. 앞에서 소개한 이야기를 돌아보면, 신제품 출시 방향을 정확히 언제 발표할 것인가의 선택은 전략적 판단이었다.(그러나 전술이라고 간주되었다.) 불행히도 높은 차원의 '장소' 찾는 전략만이 중요하다고 보는 만연된 생각 때문에 수많은 전략이 미완으로 남는다. '방법'을 '실행' 아래에 우겨넣는 문화를 만들고 유지함으로써, 임원들은 부지불식간에 회사 안에 경직되고 끈질긴 조직적 간극을 만든다. 그것은 조직의 성공 능력을 심각하게 훼손한다.

아마도 사람들은 전략을 완성하기(목표 선정)보다는 실행에(필요한 것 하기) 매달릴 것이다. 전략의 수립과 개발보다는 실행을 할 때 진척을 느끼기가 쉽기 때문이다.

그리고 누가 전략 수립이('어디에서'와 '어떻게' 둘 중 어느 영역이든) 힘들지 않다고 주장할 수 있겠는가? 보통 새로운 전략은 어떤 스트레스나 압력 아래 처음 시작된다. 매출 신장을 위해 신시장을 개척해야 하거나, 경쟁사가 회사의 영역을 잠식하거나, 현 제품군으로 더 높은 성과를 해야 하는 등의 압력을 받고 있을 것이다. 어느 정도 복잡한 조직이라면 미래 목표를 설정하는 와중에도 그 일과 다투는 수백만 개의 '일상적 업무'가 있다. 기존 사업을 운영하는 과정 속에서도 변화를 수립하고 실행하라고 속도를 늦춰 주겠는가.

이 모두가 합쳐지면, 이러한 긴장으로 고위층에서 수립하는 전략과 조직 내 실행 책임자들에게 부여된 실행과제 사이의 조직적, 문화적 간극이 더 커진다.

'방법'이 중요하다

이 간극이 존재하는 데는 원인이 있다. 첫째, 사람들은 대개 전략을 어느 한 계획, 어떤 비전, 어떤 목표, 그 어떤 것이라고 생각한다. 전략을 "X 사는 ABC 시장에 진입해서 5년 내에 30퍼센트의 시장점유율을 확보할 것이다."와 같은 진술이라고 간주한다. 이런 식으로 전략은 명사(정적인)이며, 대개 복잡한 파워포인트 프레젠테이션이나 연구 결과와 분석을 모아둔 두툼한 3공 바인더이다. 슬라이드가 복잡하고 또는 바인더가 두껍지만 '어디에서 경쟁할 것인가' 전략은 한 문장 또는 슬라이드 한 장으로 표현될 수 있다. 첫 번째 영역의 전략을 수립하면서 생성한 나머지 두툼한 분량의 정보는 모두 다 배경물, 정당성 부여, '증거'이다. 그건 모든 나머지 정보가 신뢰를 높이는 데는 도움이 되지만, 실행하고 비전을 현실화하는 데는 거의 도움이 안 된다는 뜻이다. 그러한 두둑한 정보는 대개 실행으로 안내해 줄 수도 없고 안내해 주지도 않는다.

회사가 성공하려면 전략 목표가 전적으로 탄탄해야 한다. 그러나 그것만으로는 충분치 않다. 하지만 종종 모든 게 '전략'에 달린 듯하고, 나머지는 모두 '실행'으로 취급한다. 그러고 나서 모든 실패를 실행 탓으로 돌린다.

전략을 하나의 정답, 명사, 물건, 도구라고 생각하면, 필요로 하는 것이 옳은 '물건'이나 '아이디어' 그리고 그에 대한 조직의 이해를 촉진하는 강력한 의사소통이라고 결론내기 십상이다. 그건 '전략 + 뛰어난 웅변가(또는 심지어 선동가)'가 조직의 성공 공식이라는 뜻이다. 특히 최고경영진이 전략을 그저 전체 조직을 위한 비전이라 간주하면서, 전략 수립 프로세스를 써서 하부 전략을 정렬해 조직의 비전을 지지하고 궁극적으로는 변화를 일으킬 수 있다는 걸 이해하지 못할수록 더 그렇다. 조직에 계층이 많고 복잡할수록, 방향성 있게 움직이려면 하부 전략을 더욱 더 정렬해야 한다.

효과적인 전략은 별개의 한 가지 계획이 아니며 실행을 시작하기 전에 완성해야 하는 것도 아니다. 전략은 그냥 하나의 계획이 아니다. 비록 '전략'이라는 단어가 그 정의상 명사이지만(문서나 프레젠테이션 같은 결과물) 실제로는 사람들은 대개 그 단어를 전략 수립 프로세스를 지칭하기 위해 사용한다. 다시 말해, 성공하기 위한 방법을 만드는 행위(전략화)를 그 프로세스의 가시적 결과물과 구별짓지 않기 때문에 '전략'이란 단어에 과부하가 걸린다. 이런 구별을 못해서 사람들은 전략 개발 프로세스가 실제로는 전략의 꽤 많은 부분이라는 걸 보지 못한다.

그를 '이해하는' 일단의 준비된 사람이 없다면, 위대한 전략 방향과 아이디어가 있는 것은 결론적으로 나쁜 아이디어를 가진 것과 같다.

사람들과 조직은 전략이라는 명사적 형식과 전략 수립이라는 동사(프로세스) 형식을 둘 다 필요로 한다(그림 I-3). 멋진 전략 문서가 있더라도 전략을 수립하며 팀을 참여시키지 않고 실행하기 시작하면, 당신은 멋진 PDF 문서와 함께 일단의 준비 안 된 사람만 얻게 될 것이다. 팀을 참여시킨다면 PDF 문서에 오타가 조금 더 있을지는 몰라도 내용이 더 풍부해질 것이며, 게다가 잘 눈에 띄지는 않겠지만 그 결과로 더 현명하고 더 헌신적이며 더 많이 준비된 팀원을 얻게 될 것이다. 이 미묘한 차이가 핵심이다. 만약에 우리가 목적상, 그 전략을 실행해서 실제 새로운 시장을 만들 때까지 전략이 완성된 것이 아니라고 한다면, 당신의 전략 수립 방식은 아주 중요하다.

전략Strategy: [명사] 전략 업무의 결과로 나온 하나의 행동 계획	**전략화하다**Strategize: [동사] 전략을 수립하는 행위

그림 I-3 전략은 '명사'다. '동사'가 필요하다

전략을 하나의 명사라고 생각하고, 탄탄한 전략 수립을 가능케 할 든든한 프로세스 틀을 갖춰놓지 못하면 작동 불능의 전략만이 남는다. 그것은 (명사로서의 전략) 바로 그 수립 방식 때문에 작동이 안 된다.

에어 샌드위치

불완전하고 부적격한(즉 나쁜) 전략을 만들게 되는 특정한 어떤 관점이 있다.

전략 수립은 엘리트가 하는 행위라고 인식하고, 호텔 회의실에서 임원진만 모여 플립차트로 벽을 뒤덮어 만들 수 있다고 생각할 때 대개 전략은 불완전하게 수립된다. 이러한 세계관은 여러 가지로 명백해졌다.

전략 수립 실패의 한 방식은 임원진이 전적으로 전략을 설정하거나 또는 승인할 때다. 그건 전략 수립의 권한이 임원진에게 있다는 생각이며, 따라서 임원진은 판단을 내리기 위해 모델과 복잡한 틀과 방대한 조사 데이터를 활용하며 오랜 시간 회의를 한다. 비록 임원들이 무거운 짐을 지겠다는 의도였더라도, 재능, 경험, 역량을 갖춘 전체 조직원들은 그 프로세스의 결과가 상부에서 떨어진 지침이라고 간주한다.

임원진이 전략을 단독으로 수립하는 또 다른 이유는 그들이 조직을 정렬하기를 원하고, 뭔가를 기록하면(비석에 새기면) 임원과 관리자들 간의 일관된 소통이 쉬워진다고 믿기 때문이다. 상위 차원의 비전이 탄탄한 조직만이 '방법'을 폭넓게 정의하는 걸 받아들일 수 있다. 노력이 부족하면 '방법'을 철저히 연구할 때 무너질 수도 있는, 불완전하고 그래서 결함 있는 비전이 나올 수 있다.

이 세계관이 나타나는 또 다른 방식은 운영을 책임 진 리더가 다음처럼 온화하며 상투적인 말을 쓸 때다. "기존에 하던 일을 방해하거나 귀찮게 할 생각은 아닙니다. 우리가 당신들을 위해 전략적 결정을 했는데 그걸 앞으로 45분 동안 진행될 회의에서 검토해 주길 바랍니다." 조직의 실세들한테서 그런 말을 들어본 적이 있는가? 만약 그랬다면 (당신이 보이지 않을 걸 확신하자마자) 인상을 찡그리지 않았는가? 당신이 이 책을 읽고 있다면 성공적 전략 수립에 관심이 있을 것이다. 전략 수립 게임의 방관자일 리는 없다.

조직의 실세가 잘못된 걸 하려는 건 아니지만, 참여적 전략 수립을 제대로 운영할 틀 또는 프로세스가 없어서 참여적 전략은 시도도 못해보는 것이다. 그 의도와 관계없이 이러한 예에서 사업에는 공백이 생긴다. 이러한 기존의 전략 접근법은 깊이가 없을 뿐더러 사업 운영의 현실과의 연결고리, 트레이드오프 논의로 이어지는 필수 토론, 역량 정렬의 필요성도 없다. 전략을 현실화할 사람들과의 연결고리도 없다. 게다가 '어디에서 성공할 것인가'와 '어떻게 성공할 것인가' 하는 결정 사이의 불필요한 단절을 유발한다.

상부에서 떨어진 지침은 조직의 역량과 능력에 대한 이해가 부족할 뿐만 아니라, 조직 전반에 걸친 사람들이 자기가 달성할 수 있으리라 믿는 것도 제대로 인정하지 않는다. 분명, 이 접근법은 협조, 논의, 토론, 그리고 필수적인 조직 참여가 빠져 있다.

나는 이런 유형의 전략 수립을 '에어 샌드위치'가 생기는 걸 보장하는 전략 수립이라고 규정했다. 회사의 새로운 목표가 8만 피트 상공의 관점에서 만들어져 2만 피트의 관점을 가진 사람들에게 전달되고, 그 사람들은 또다시 지상에서 일하는 사람들을 조율하려고 노력하는 곳이 여기다. 이렇게 해서 거대한 전략의 '에어 샌드위치'가 탄생된다.

그림 I-4 전략의 에어 샌드위치

사실상 에어 샌드위치의 상층에는 명백한 비전과 미래 목표가 있고 하층에는 일상의 활동이 있는 반면, 중간층에는 실제로 거의 아무것도 없는 전략이다. 상층과 하층을 잇는 알찬 핵심 의사결정, 새로운 목표를 회사 내 신규 활동과 정렬하는 두툼한 속 알맹이가 없는 것이다.

가운데에 빠진 것이 사업의 실체다. 즉 대안 논의, 역량에 대한 이해, 기초 가정의 공유, 위험요소 확인, 파악할 문제, 그리고 관리해야 할 모든 다른 일들을 뜻한다. 비전을 현실과 연결해 줄 일련의 이해가 중심에서 빠져 있다. 위와 아래에만 집중함으로써 우리는 가치가 존재하는 장소인 중심을 잃었다.

회사가 에어 샌드위치 상태로 되면, 전략을 성공으로 이끌 가장 중요한 세부사항과 판단이 전략 수립 프로세스에서 그냥 사라진다. 그 결과로 가장 중요한 세부사항과 판단이 실행 계획에서는 물론이고 실제 실행 과정에서도 빠져버린다.

앞에서 말한 나의 일화 속 전략 수립 프로세스는 분명 불완전하다. 우리가 협조적으로 전략을 수립했다면 아마 24개월 내로 4개 제품을 출시하는 걸로 방향을 선회했을 수도 있다. 큰 변화는 아니지만 더 나은 사업성과를 가져왔을 것이다.

예를 들어, 조직이 어떤 아이디어가 실용적이고 현실적인지 알아보기 위해 그 아이디어를 테스트하지 않는다면 조직은 부지불식간에 스스로 실패로 끌어갈 수 있다. 이는 제시된 아이디어가 어떻게든 작동할 것이라고 생각하는 가정에서 나온다. 또한, 주요 기초 가정에 도전하고 위험을 부각해 살피지 않을 때, 실행 책임자들은 필요 자원과 운영 모델과 사업 관행을 조정할 수 없다. 이러한 단절은 조직에 직간접적으로 영향을 준다(표 I-1). 당신도 아마 이 표에 한두 가지 항목을 추가할 수 있을 것이다. 그리고 이런 이유로 우리는 전략 수립방식을 바꿀 방법을 찾을 필요가 있다.

표 I-1 전통적 접근법의 단절과 대가

단절	대가
데이터를 수집은 하지만 해석하는 과정에서 데이터의 적절성과 의미에 대해 가장 많은 통찰력을 갖춘 사람들과 상의하지 않는다.	의사결정자는 상황을 명확하고 정확하게 이해할 수 있는 맥락을 모르며, 따라서 엉뚱한 문제를 해결하거나 비현실적인 접근법을 내놓는다.
몇 사람이 아이디어를 도출하지만, 아이디어가 조직에 주는 영향은 조사하지 않는다.	비현실적인 접근법을 만든다. 게다가 아마도 더 유용한 아이디어를 수집할 기회를 잃는다.
조직 전반에 걸쳐 어떤 현실적 단계가 전략을 보조할지 이해하지 못한다.	부문별로 다른 접근법을 택하고, 이로 인해 갈등과 좌절과 문제가 이어진다. 영향력 없는 사람들이 모인 조직이 된다.
최고위층 임원진이 바라보는 조직의 미래와 지상에서 일하는 사람들이 아는 조직의 역량과 능력 사이에 오해가 존재한다.	중간층에서 틀린 판단을 내리고 이는 자원 분산의 원인이 된다. 자본과 시간을 낭비한다. 종업원은 소외되고 고객은 떠난다.
공동 목적에 대한 헌신이 상위층에는 존재할지는 몰라도 조직 전체에 체감할 수 있게 퍼져있지 않다.	'사람 잘못'으로 비춰진 이슈로 긴장이 있지만, 그 갈등은 흔히 전략에 대한 명확성이나 공감 부족으로 발생한다.

에어 샌드위치는 가운데 속이 없어도 크게 한번 물어보면 입안에 나쁜 뒷맛이 남는다. 이전에 에어 샌드위치 맛을 한번 본 몇몇 임원들은 조직의 영향력과 파워를 훼손할 정도로 세부 관리를 해서 미래의 에어 샌드위치 발생을 예방하고자 한다. 예를 들어 한 가지 접근법은 고위층의 비전을 거의 '누가-무엇을-언제까지'라는 식으로 전달해서 향후 실행의 문제점을 피해가는 것이다. 우리는 모두 이런 종류의 목표를 전략 전개의 일환으로 들어봤다. 이런 식이다.

"가격을 인하해서 관공서용 시장에서 제품 X의 매출을 올리시오."

"고객 X가 다음 번 우리 제품에 넣어달라고 방금 전 요청한 대로 제품 스펙에 이 3가지 요구사항을 포함해 주십시오."

"우리 PC 플랫폼에 대한 바이럴 동영상(Viral Video: 이메일, 블로그 등의 인터넷 공유로 확산되는 비디오-옮긴이) 광고를 실행하시오."

일리가 있다고 생각하는가? 불행히도 작동하는 경우가 거의 없다. 이런 식의 지시는 전략 실행을 쉽게 하자는 데 목적이 있지만, 이런 식으로 전략 목표 달성을 위한 방법과 도구를 얘기해 주는 기법은 대개 실패하는 계획이다. 이러한 경우 보통 다음과 같은 일이 발생한다. 임원진은 "관공서용 시장에서 제품 X의 매출을 올리시오."라는 식으로 목표와 방향을 결정할 뿐만 아니라 "가격을 인하해서"라는 구체적인 방법까지도 덧붙여서 결정한다.

그것도 일리가 있다고 생각한다. 그러나 여기에 문제가 있다. 만약 가격이 근본 원인이 아니라면?

2만 피트 높이에서 관공서 매출을 운용하는 일단의 사람들은 가격이 문제가 아니라는 사실을 알고 있다고 하자. 그러면 근본적으로 이렇게 자세한 목표 제시는 성공으로 가는 데 추가적인 장애가 될 뿐이다.

여기서 문제는 비전 그 자체의 방향성은 맞지만 그 지시의 세부사항은 어울리지 않다는 데 있다. 이러한 부조화가 갈등의 원인이 된다. 실행 팀은 어떤 지시를 따라야 할까? 관공서 시장에서 제품 매출을 올릴 것인가 아니면 가격을 낮출 것인가? 현재 계획대로 제품을 출시할 것인가 아니면 새로운 기능이 포함될 때까지 출시를 늦출 것인가? 바이럴 마케팅 광고를 제작할 것인가 아니면 고객이 인지할 뭔가 다른 것을 만들 것인가? 어떤 선택을 해야 할까?

최고 경영진의 전략이 종업원이 아는 사실과 일치하지 않을 때 사람들 마음속에 독백처럼 끊임없는 질문이 떠오른다.

"나만 그렇게 생각하나? 아니면 이 전략에 치명적인 오류가 있는 것 아닐까?"… "내가 뭔가를 말해야 하는 건 아닐까?"… "내가 뭔가 말하면 문제가 될까?"… "내가 우려를 말하면 말썽꾼이라고 생각할까?"… "이걸 어떻게 할지 모른다고 하면 날 보고 너무 전술적이라고 할까?"… "내가 이 계획에 동참하지 않는 듯 보이면 나중에 가서 언젠가 그 대가를 치러야 할까?"

"내가 뭔가를 말해야 하나?" 혹은 "내 의견에 신경이나 쓸까?" 같은 질문은 사람들을 참여시키고 전략 수립 프로세스에서 협조를 지원하는 도구가 조직에 없을 때 동료들 사이에 은밀히 오간다(그림 I-5).

이런 식으로 마음속에만 있는 질문은 전략이 실패로 향하고 있다는 분명한 징후다. 전략을 적절하게 만들지 않았고, 제대로 실행할 수 있도록 조직 내에서 충분히 검토하지 않았다는 신호이기 때문이다.

그림 I-5 빠진 질문이 중요하다

시장의 역동성으로 모든 게 급속히 변하는 상황에서는 구체적으로 지시하면 특이한 문제가 생긴다. 이러한 경우 전략이 조직 구조에 맞게 여러 의사결정 단계를 거쳐 하부로 내려갈 때 즈음이면 시장의 기회는 벌써 오래전에 사라져버린다.

사람들은 대개 문제가 터지고 나서야 조직 내의 에어 샌드위치를 인식한다. 골칫거리다.

뉴 하우: 그들이 생각하도록 하자

외부 시장 압력의 형태와 영향력은 회사의 대응 방식에 분명히 영향을 준다. 오늘날 회사 내에서는 끊임없이 개선하라는 압력이 수그러들지 않고 있다. 중앙 집권화 조직, 수년에 걸친 제품 주기, 고객과 시장으로 일방적인 의사전달, 그런 세계는 급속히 사라지고 있다. 이 모든 변화는 더 다양하고 많은 교육을 받은 종업원이라는 좋은 소식도 함께 한다. 2010년에는 근로자 중, 80년대와 90년대에 태어난 Y세대의 수가 베이비붐 세대보다 더 많을 것이다. 이 새로운 세대 근로자는 참여하기를 기대하는 건 물론이고, 자신이 완전히 참여했을 때에만 자기 재능을 일에 활용할 것이다.

조직 내에서 진행되는 전략 수립 방식은 시장에 발생하는 일에 조직 전체가 신속하고 유연하게 반응하도록 하는 열쇠다. 성공여부는 그 어느 때보다도 제대로 완성된 전략에 달려있다. 오늘날 모든 계층의 리더에게 요구되는 일은 10년 전과만 비교해 봐도 훨씬 부담이 크다. 더 많은 그리고 더 좋은 창의적 전략이 성공하기 위해 필요하고, 급속히 변하는 시장은 우리가 한때 가졌던 '준비, 조준, 발사'라는 사치품을 빼앗아갔다. 이제는 '발사, 발사, 발사' 같은 느낌이 든다. 이런 상황은 여러 방식으로 사람들에게 부담을 준다. 즉 사람들에게 전략 수립의 전략을 개선할 것을 요구한다.

나는 전략을 두 가지 방식으로 생각한다. 첫째는 미래를 위한 조직의 계획, 둘째는 그 계획을 만드는 행위라고 생각한다. 즉 어떻게 결정할지는 이제 무엇을 결정할지만큼이나 중요하다. 당신이 만드는 모델, 틀, 이론 또는 파워포인트 슬라이드가 (보통 전략은 이를 통해 표현된다) "할 수 있을까?"와 "해야 하는가?"와 "언제 해야 하는가?"를 묻는 사람들 사이에서 제기되는, 주목을 덜 받는 고민, 토론, 이해와 동등하게 중요하다는 걸 나는 알게 되었다. 팀이 이런 토론을 하고, 한목소리로 "그래, 우리는 ……할거야."라고 할 때 전체 조직이 정렬되고, 실제로 진행하며 전략을 실현할 수 있다.

개선해야 할 중요 부분은 전적으로 파워포인트에 집중하기를 그만두고 사람들을 참여시키는 노력을 배가하는 것이다. 시스코 시스템즈Cisco Systems의 CEO인 존 챔버스John Chambers를 위해 일하는 내 친한 친구가 최근에 챔버스가 이러한 새로운 사업 환경을 리드하기 위해 실행하고 있는 변화를 내게 공유해줬다.

나는 언제나 명령하고 통제하는 방식을 썼다. 내가 '오른쪽으로'라고 말하면 6만 5천 명 임직원이 모두 오른쪽으로 방향을 틀었다.

그러나 한 사람만이 조직의 모든 전략을 주도한다면 조직이 규모와 책임을 확대하기란 불가능하다. 당신이 명령하고 통제하는 CEO라면, 당신의 판단에 영향을 받는 개인은 당신 판단을 받아들이지 않기로 선택하고 프로세스를 천천히 진행하거나 심지어 멈춰버릴 수도 있다. 이는 우리처럼 빠르게 움직이는 산업에 속해 있을 때 특히나 더 위험하다.

내 생각에, 수직적으로 통합하고 모든 것을 통제하던 시절은 돌아오지 않을 것이다. 나를 비롯한 모든 리더 팀은 다른 운영 방식을 만들어야 한다. 처음에 나는 협조가 어려웠다. 처음에 나는 회의에 참가해서 팀이 문제를 토론하는 걸 10분정도 들어줬다. 정답이 무언지 알고, 결국에는 "됐네, 이게 우리가 해야 할 일이네."라고 말해버렸다.

그러나 내가 손 놓고, 옳은 결론에 도달할 시간을 팀에게 주자, 그들이 나와 같은 수준의 판단, 아니 더 나은 판단을 내리는 것을 발견했고, 똑같이 중요한 일인데, 그들이 판단에 더 많이 몰입하고 그래서 더 신속하고 헌신적으로 실행하는 것을 발견했다. 그룹이 생각하도록 하려면 인내심을 배워야 했다.[1]

그건 강력한 메시지다. 과거에 성공적이었던 챔버스의 전통적 전략 수립 방식은 미래에는 작동하지 않을 것이다. 관심을 가져야 할 때다. 챔버스로부터 배울 수 있는 교훈은 우리가 누구이든 우리가 일하는 방식, 특히 우리가 전략을 수립하는 방식이 새롭게 개발되어야 한다는 것이다. 어디서나 사람들이 생각하고 전략을 만들 수 있도록 할 필요가 있다. 이는 회사가 크든 작든 적용된다. 작은 회사는 집중되어 있기 때문에 자연스럽게 이 일이 쉽다고 생각할 수 있으나, 큰 회사는 수많은 사업, 사람, 목표에 자연적으로 따르는 복잡성 때문에 효과를 보려면 더 많은 일을 해야 한다. 분권화된 힘의 활용법을 배운 회사는 단지 특정 과제 수행에만 임직원을 쓰는 회사와 경쟁해서 승리할 것이다. 챔버스가 한 말은 조직 전체가 생각하고 창조하게 하여, 더 좋으면서도 빠르며 전체와 정렬되게 하는 결과물을 만드는 방법을 찾자는 촉구이다. 챔버스에 따르면 새로운 접근법은 의사결정의 힘을 공유하고, 가치 있는 논의를 북돋우고, '왜' 어떤 것이 좋은지 그 이유를 명백하고 공개적으로 만들어줘야 한다.

리더가 말하고 실무자는 실행하는 방식에서, 각자 파악하고 생각하고 행동하는 방식으로 변해야 한다고 챔버스는 제안하고 있다. 우리는 수직적 전략 수립(상부에서 하부로 하명하기)에서 수평적 전략 수립(우리 모두가 책임을 공유하는 방식)으로 이동할 것이다.

분명 우리는 이 중요한 걸 더 잘할 수 있다

전략은 여러 가지 이유로 실패한다. 경쟁사가 더 나은 제품을 만들었다거나 파괴적 시장기회가 경쟁구도를 변화시켰다는 등의 일부 합당한 이유가 있다. 그러나 전략이 실패하는 데는 별것 아닌 이유도 있다. 그건 전략 수립 방법을 바꾸면 고칠 수 있다.

수많은 전략의 실패는 피할 수 있다. 전략을 단순히 하나의 '명사' 또는 일련의 아이디어로(아이디어를 실행할 수 있도록 만들어주는 전략 수립에 필수적인 '동사'를 포함하는 대신) 취급하면 그건, 에어 샌드위치와 그에 따른 모든 오해, 비효율, 부적절한 기대를 만드는 비결이다.

전통적 상의하달식 전략 수립 모델을 사용하는 회사는 가면 갈수록 늦게 움직이는 것 같다. 동시에 오늘날 전략적 판단의 양과 복잡성은 늘어나고 있다. 이렇게 변화된 환경에 맞춰 우리의 사고와 행동을 안내해 줄, 전략 수립 그리고 프로세스 틀의 생각 모델이 필요하다.

전략적 판단을 고민하고 정렬할 방법이 없으면, 전략은 필연적으로 실패한다. 우리는 조직의 최고위층에서 구술된 게 아닌 성공에 대한 새로운 접근법이 필요하다. 아주 혁신적인 회사 안에서는 전략적 판단이 조직 내 여러 계층에서 내려진다. 사업의 번창과 우리 경제에 필요한 혁신과 성장을 주도하기 위해서는, 조직 곳곳에 훌륭한 전략 수립 역량이 필요하다.

우리는 전략 수립을 일련의 결과물로 보지 않고 강력한 프로세스로 생각하는 사람들의 커뮤니티를 설립할 수 있다. 그리고 어떻게 가치를 창조할지 함께 스스로 다시 정의내릴 수 있다. 우리의 생각과 행동, 둘 모두에 협조를 시스템적으로 내재시킬 수 있다. 프로세스에다 조직의 인재, 통찰, 능력, 욕망을 추가할 때, 전략 수립이 지속적인 창의적 협조 프로세스가 되게 할 수 있다.

이제 진도를 내서, 좀 더 예측 가능하고 일관된 전략 수립 프로세스에 초점을 맞춰보자. 그것은 전략과 실행을 통합하고, 사람들을 협업에 끌어들이고, 잘 만든 전략이 되려면 꼭 있어야 하는 조건들을 고려한 것이다.

첫걸음은 그릇된 프로세스를 유도하는 구조적 장애물을 인식하는 일이다. 전략이 실패하면 누군가가(사람이) 틀렸을 뿐 기존 시스템 자체가 틀린 것은 아니라는 생각을 버리자. 우리는 그것보다는 똑똑하다! 틀린 가정과 규칙, 그에 따른 프로세스를 생각해보라. 우리가 전략을 수립하는 방식, 바로 그것이 향후 성공의 대부분을 결정한다. 전략의 결과를 고치려면 전략을 만드는 전체 시스템을 살펴볼 필요가 있다. 그게 다음에 나온다.

1장

시스템 과부하

일이 잘못됐는데도 웃을 수 있다면
그건 책임을 돌릴 누군가가 머릿속에 있기 때문이다
– 화자 미상

거짓에 대해 화내는 것만으로는 충분치 않다
그 거짓을 진실로 바꿔야 한다
– 보노Bono

남을 비난해봤자 오래가지 않는다

놓쳐버린 사업기회를 보면 항상 속상하다. 신제품이 실패하거나 최선에도 불구하고 매출이 하락할 때면 회사 주가가 떨어지는 고통을 겪는다. 그러면 대부분 다음에 뭐가 올지 예상할 수 있다. 비난 게임이다. 분명 누군가가 의사결정을 잘못했거나 일처리를 제대로 못했기 때문이다. 또는 의사결정과 일처리 둘 다 모두 잘못됐을 수도 있다. "괜찮은 사람만 합류했어도 성공했을 거야."라고 말한다. 같은 버스에서 누가 쫓겨날까 정하는 마음속 도박이 시작된다.

대개의 경우 누군가를 비난할 충분한 이유가 있다. 결국에는 실수가 생기긴 한 거니까. "아무리 바보라도 공급업체가 생산량을 그렇게 빨리 끌어

올릴 수 없다는 걸 분명히 알고 있었을 겁니다.""기술부문에서 약속 날짜를 못 지켰던 거죠. 그게 전부예요.""들어봐요. 이미 걷는 법을 터득했고 씹는 법도 알고 있었죠. 단지 걸으면서 씹기만 하면 되는 거였어요!" 글쎄 그럴 수도 있겠지. 잘잘못 따지기는 그냥 객관적으로 질문하기가 아니다. 대개는 정치적으로 꼭 필요한 일이다. 그래서 우리는 증거도 없이 억측을 부리고 실패를 책임질 희생양을 뽑은 다음 계속 진행한다. 그러나 그게 도움이 될까? 다시 말해, 남을 비난하면 다음번에는 우리 사업이 뭐든 성공하는 데 도움이 될까?

전략 실패의 핵심원인은 사람이 아니다. 물론 어느 정도 사람 때문이기는 하겠지만 우리는 빈번히 사람이 유일한 원인인 양 비난할 대상을 찾는다. 그렇게 간단한 문제라면 좋겠다. 나는 일이 실패할 때면 끈질기게 나타나는, 숨길 수 없는 패턴을 보아왔다. 지난 10년간 나는 매일매일, 오전에는 A사를 방문하고, 오후에는 B사를 방문하고, 같은 날 오후 늦게는 C사를 방문하는 일을 반복하면서, 실패가 한두 사람만 바꾸면 다음번에는 피할 수 있는 단순하고 독립적인, 사람의 실수가 아니라는 사실을 알게 됐다. 그게 아니라 사건은 오히려 전체 시스템적 문제가 미묘히 모양 변화일 뿐이다. 특정 기업 집단에 따라 더 두드러지게 나타나는 문제가 있기는 해도, 몇 안 되는 동일 문제가 반복해서 나타나는 것이다. 대단히 좋은 소식이다. 실패 속에서 우리는 시스템적 문제를 조사하고, 그걸 이해한 후, 향후를 위한 방법, '뉴 하우New How'를 만들 수 있기 때문이다.

시스템의 문제는 세 가지 경우에서 분명히 볼 수 있다. 모든 문제는 우리가 서문에서 살펴본 속이 빠진 에어 샌드위치Air Sandwich의 부작용이다. 조직의 최고 경영진은 8만 피트 상공에서 2만 피트 높이에 있는 직원들에게 지시를 투하한다. 피드백과 질문의 혜택도 없고 아래 세상에 대한 현실 점검조차도 없다. 에어 샌드위치를 먹는 이상 우리는 효과적으로 방향을 제시하고 필요한 결과를 얻게 해주는 두툼한 내용물, 하우How를 맛보지 못하리라.

세 가지 시스템적 패턴

첫째는 '제한적 참여', 둘째는 '속도에 집중', 셋째는 '해결되지 않은 질문'과 관련 있다.

좁은 시야

재빠르고 똑똑하고 일벌레인 수Sue는 좋은 성과 평가를 받았음에도 불구하고 매번 승진에서 미끄러졌다. 승진을 못해서 실망하기는 했지만 남들이 대개 그러듯 회사를 떠나지는 않았다. 지금의 동료들과 또 그 제품군과 일하고 싶었다. 회사를 그저 좋아하는 정도가 아니라 사랑했다. 그래서 일을 더 잘해서 승진 기회를 잡겠다고 부단히 노력했다. 어느 날 마침내, 수는 자신이 왜 최고위층으로 승진하지 못했는지를 통찰할 수 있게 되었다. 수의 상사의 상사가 이런 말을 해 줬다. "자네는 콕 찍어 맡겨진 일에는 개입을 해서 추진해 나가지만 자네 영역이 아닌 일에는 덤벼들지 않더군." 수는 자기 영역에서는 훌륭한 리더였지만 회사 차원의 리더로는 간주되지 않았다.

물론 수가 그다지 뛰어나지 않았을 수도 있다. 그 일은 수 개인과 수의 개인적 상황에 제한된 사건이었을지도 모른다. 하지만 물론 그게 다가 아니다. 수의 이야기는 회사에서 흔히 일어나는 제한적인 참여와 주저를 잘 보여준다. 그 회사는 내부 승진보다는 외부에서 인재를 데려와 다음 단계의 리더 자리에 앉히기를 계속했다. 나는 상사에게 수와 비슷한 말을 들은 중간 리더들과 이야기를 나눌 기회가 있었다. 그들은 자신이 왜 그렇게 행동했는지 내게 말해줬는데, 한마디로 요약하면 이렇다. 중간 리더가 자기에게 주어진 과제 이상의 일을 하는 걸 주저하는 이유는 남의 영역을 침범할까 걱정했기 때문이었다. 보다시피 이 회사의 문화는 '서로 잘 지내기'를 중시했다. 회사 문화 때문에 직원들이 암묵적이고 암시적인 행동 경계선 안에 머물도록 제한되는 것이 시스템적인 문제였다. '문제 해결을 위해 협동하기'의 우선순위가 '사이좋게 지내기'보다 낮았다. 협조적 행동과 태도에 필수적인 환경이 아직 갖춰지지 않았다.

대단하게도, 임원이었던 수는 영감을 준 그 대화를 회사의 운영방식을 바꾸는 도약대로 삼았다. 수는 자신의 전문영역을 벗어나 동료들과 함께 영역 간 협조를 확대하는 자리를 마련했다. 고위층 임원들은 더 광범위하게 문제를 바라보고, 수와 다른 사람들이 안전하게 행동할 수 있도록 회사 문화를 바꿨다.

왜 조직은 협조적 행동을 이끌어내야 할까? 사업이 번창하려면 왜 사람들은 자기 영역에서 벗어나야 할까? 답은 이거다. 신속한 시장대응은 영역 간 협업에서 나오기 때문이다. 즉, 새것을 창조하고 전체 회사가 더 신속히 움직이려면 경계나 영역을 넘어 협조해야 함을 뜻한다. 조직이 복잡할수록 영역 간 협조가 더 필요하다. 조직 구성원들이 각자 격리된 안전권만 고수하면 전체로 볼 때 구멍이 생긴다. 따라서 회사는 부문 간의 생산적 상호협조 행위를 방해하는 패턴을 막을 방안을 강구해야 한다.

과속하기

값비싼 대가를 치르게 하는 두 번째 패턴은 '생각은 공유하지 않고 행동에만 집중'할 때 생겨난다. 자기 사업부의 '원대한 차기 사업'을 육성하는 과제를 받은 이안^{Ian} 부장은 사업가 정신이 충만하고 열정적인 사람이었다. 사업부 인원 몇 명이 함께 일하면서 이안은 우리 회사가 추구할 전혀 새로운 시장을 찾아냈다. 그 시장은 구매자가 '잠재적 니즈'를 가진 시장, 즉 돈을 내고서라도 해결하고 싶은 깊은 고통의 원인이 되지만 현재는 어떤 해결책도 없는 시장이었다. 아이디어와 경쟁구도와 잠재시장 규모(20억 달러)를 철저히 점검했다. 회사 이사회에서는 신규 시장을 적극 개척하라는 오케이 사인을 줬다. 거기까지는 좋았다.

그때부터 일이 꼬이기 시작했다. 조직 생활을 하는 사람이면 다음 나오는 이야기에 공감할 수 있을 거다. '원대한 아이디어'를 승인받은 이안은 더 광범위한 수준으로 경영진과 실행을 책임질 다양한 구성원을 조직 내에서 소집했다. 마케팅, 기술, 납품 등에서 호출된 '행동대원'과 모두 함께 이사회 논의 결과를 공유했다. 최신 정보를 알려주고 질문을 몇 개 받은 후 다음 단계로 넘어갔다. 은근히 조바심을 보이며 "자, 합시다!"는 말을 강조했다. 전화로 회의에 연결됐던 참석자 한 명이 핵심적 질문을 꺼냈다. "어떻게 하자는 말씀인가요?" 이안의 표정은 질문자를 깔보는 눈치가 역력했다. 그게 어떤 표정인지 알 거다. 고의든 아니든 그 표정은 '나는 알겠는데 너는 왜 모르니? 너는 도대체 어떻게 된 거니? 이 굼벵이야'라는 뜻이었다. 그 자리에 참석한 다른 사람들은 자기가 훼방꾼으로 비쳐지기 싫어 입을 꼭 다물고 "자, 합시다."에 집중했다.

그래서 진도가 계속 나갔다. 이안은 사실상 '저 산을 정복하자!'(그림 1-1)라고 말한 셈이었고, 모두 그러려고 시도했다. 그 팀은 6개월 동안 신규 시장을 구체화하려 필사적으로 노력했지만 진전이 없었다. 사람들은 진이 다 빠지도록 해내려 노력했지만 언제나 계속 뭔가가 부족해서 실행에 실패했다. 이안은 본인에게 명백한 일은 남들에게도 모두, 심지어 그 신사업 기회를 조사하는 데 보낸 시간이 채 1년도 안 된 사람들에게도 명백하다고 생각하는 실수를 저질렀다. 부가적 업무와 위험 요소를 구별해내고, 왜 어떤 일을 먼저 해야 하는지 설명하지 않은 채 곧바로 실행에 들어감으로써 팀을 정렬하는 데 실패했다. 그래서 무성영화 〈키스톤 캅스Keystone Kops〉 시리즈에서 무능한 경찰들이 조그마한 경찰차에 구겨 탄 채 끝임 없이 사건현장으로 달려가는 장면처럼, 모두들 아무런 조율도 없이 최고 속도로 허둥지둥 달려갔다. 이야기가 어떻게 끝날지 이미 눈치 챘을 것이다. 프로젝트는 실패했다. 6개월간 아무런 진전이 없자, 전에는 열성적이었던 팀원들이 다른 일을 떠맡기 시작했다. 이안은 다른 역할에 배속됐다. 바로 그 '산'은 점령해보지도 못했고 사업기회만 많이 놓쳐버렸다. 팀원과 이안과 임원 모두 좌절했다.

그림 1-1 리더가 잘못된 신호를 보낼 수도 있다

물론, 신속히 움직여서 기회의 과실을 수확하려 출발하는 일이 나쁘다는 것은 아니다! 속도는 확실히 중요하다. 그러나 정말 곤란한 일은 사람들을 신속하고 올바른 방향으로 함께 가도록 하는 세부 사항이다! 내게 무엇이 정말로 필요한지도 모르면서 다른 모든 이를 정렬하는 핵심적 의사결정을 내릴 수는 없다. 아무리 노력을 하더라도 조금씩 삐뚤어진 방향으로

50

가게 마련이다. 이안의 입장에서는 8만 피트 높이에서 내려다보니 그 다음에 필요한 일이 '명백하게' 보였고, 사람들이 순조롭게 출발해서 일을 진척해 나가기를 바랐다. 사람들에게 생각하라고 요청하기를 잊은 게 아니었다. 생각한다는 개념 자체를 뭉개버렸다. 전략적 사고는 바꿔야 할 모든 것을 이해하고, 선택 안을 심사숙고해서 그중에서 힘든 선택을 하고, 사람별로 책임영역을 명확히 하는 일 등을 포함한다. 전략적 사고는 프로세스에 역행해서 만드는 것이 아니라 프로세스를 통해서 도출돼야 한다. 결국 효과적이고 협조적으로 사고하면 전략의 '방법'이 완벽해지고 실행에 속도가 붙는다. 바로 전략 수립 방식을 통해 사람들을 정렬할 수 있다. 무엇이 중요한가에 대한 생각과 '이유'가 조직 정신에 각인되어 향후 모든 행동의 기본 요소가 된다. 그때 당신 조직은 경쟁자를 앞지를 수 있다. 이러한 시스템의 문제를 고치려면 전략을 수립하는 방법 자체를 바꿔야 한다.

그건 내 일이 아니야

세 번째 실패 패턴은 문제의 근원, 부근에 있는 사람이 의사결정을 내리게 하는 일과 관련 있다. 전에 내가 함께 일해 본, 가칭 리버리Livery라는 어떤 성공적 기업은 유저용 소프트웨어 프로그램을 개발하는 '소프트웨어 도구 개발업체'에서 개발자가 프로그램을 만들 때 사용하는 소프트웨어를 개발하는 '플랫폼 개발업체'로 사업을 확장하고 있었다. 이런 커다란 전략적 변화를 달성하기 위해서는 개발 제품의 종류부터 제품 개발 방식까지 회사의 많은 것들을 바꿔야 했다. 리버리가 목표를 이루려면 외부 소프트웨어 개발자를 다수 끌어들여 새 플랫폼을 사용하게 해야 했는데, 이 일은 리버리가 더 이상 자사의 운명을 독단적으로 좌지우지하지 못한다는 뜻이었다. 리버리가 성공하려면 모든 계층에서 새로운 접근법이 필요했다. 이러한 변화는 한 사람의 일이 아니었다. 변화는 리버리 임직원 모두와 관련이 있었고, 따라서 임직원 모두, 자신의 해당부문 전략보다 더 상위 전략의 일부를 맡아야만 했다. 어떤 심각한 문제가 발생하면 어느 부문이 홀로 그걸 해결할 수는 없었다. 왜냐하면 그러한 문제는 다섯 명의 리더와 그 리더들이 맡은 부문의 책임영역과 관련이 있었기 때문이었다. 리더 중 한 명이 문제를 조사해서 근본원인을 찾고 어떻게 추진할지 의견을 내기로 했다. 거기까지는 좋았다. 뭔가 문제가 있었고 누군가 그걸 맡기로 했다. 하지만 그 리더가 자기 동료들과 공유하려고 의견을 내놨을 때 과연 어떤 이야기를 들었을까?

그는 자신이 내놓은 의견을 어떻게 적용할지 제대로 토론하기는커녕 반대의견만 들었다. "전부터 알고 있었어." "그 해결안이 먹힐지 어떻게 알지?" "그건 전에 해봤던 일이야." 이런 말이 대화의 골자였다. 그런 반응 때문에 많은 의문이 해결되지 않고 넘어갔다. 진척이 전혀 없었다. 모두 문제를 해결해야 한다는 데에는 동의했지만 이미 알고 있는 일에만 편안히 집중하다 보니, 다소 골치 아프지만 꼭 필요한 미래 지향적 대화는 생략됐다. 다섯 명의 리더는 전에 없던 일과 변화 주도 방법을 배우느라 고군분투했다. 리더 각자가 개인 목표를 잘 정의했지만 그걸 합해도 성공의 모습을 보여주지는 못했다. 각자의 역할 사이 간극에 대해서는 책임자가 없다 보니 사업성과가 위태로웠다. 모두에게 책임이 있으니 누구에게도 책임이 없는 꼴이었다. 폭넓은 시야와 결정 가능한 판단력까지 갖춘 딱 맞는 사람들이 있었지만 그들은 마음이 편치 않았다. 의사결정의 위험을 지고 싶지 않았고 달리 신경 써야 할 일도 있었다. 그래서 문제가 있다는 명백한 증거도 있고, 문제가 주위에 있다고 어느 정도 수긍했지만 리더들은 아무 일도 하지 않았다.

후유증도 있었다. 리더들이 문제와 씨름하길 꺼려하는 모습을 보이니, 변화에 착수해서 새로운 해결책을 주도하겠다고 열정적으로 출발했던 조직 내 다른 사람들이 멈춰버렸다. "신경을 왜 쓰나? 내 직급에 맞는 일이 아냐." 회사를 위해 뭔가 다른 일을 해야 한다고 누군가 말해주기 전까지 하던 (직책에 맞는 규정된) 역할로 사람들은 되돌아갔다. 진척이 없으니 모두 짜증이 났다. 리더는 자기가 명확하고 완벽한 해결책 또는 확실한 것에 은연중 집중함으로써, 실제로는 어떻게 진척이 안 되게 망치는지 알지 못했다. 확실한 걸 추구하다 보니 위험한 건 피하려고 하고, 결국 사업 성공에 필요한 협조적 문제해결과 힘든 선택을 결정하는 일이 약화됐다.

조직 안의 미해결 과제의 해결 주체를 정하는 것이 왜 중요할까? 회사는 대개 악화된 문제를 최고위층으로 그대로 올려버리지만 그렇게 하면 진행이 느려질 뿐이다. 게다가 복잡한 조직에서 대부분의 결정을 내릴 수 있을 정도로 최고 경영자가 전후사정을 이해할까? 문제에 가장 가까이 있는 사람이 해결안을 찾을 때 조직에게 이득이 된다. 운 좋게도, 최고경영자가 새로운 업무 방식을 주도하면서 리버리는 실행에 가까운 곳에서 의사결정을 내리는 새로운 방식의 해결책을 찾을 수 있었다. 자기가 써 온 명령과 통제 방식과 너무나 달라 몇 사람은 회사를 떠났지만 조직 내 책임감이 전반적으로 늘어나는 동시에 시장 경쟁력도 따라 올라갔다.

경고의 징후

이런 이야기들을 개별적 상황에서의 문제라고 보기가 쉽지만 실제로는 회사가 접하는 흔한 그리고 시스템적인 문제다. 또한 그 일은 수많은 회사가 전략 수립이 실패하도록 시스템을 짜 놓았다는 증거다. 협조를 가치 있다고 다들 생각하지만 회사의 사람과 프로세스, 조직 시스템은 협조하도록 되어 있지 않다. 이야기 하나하나를 보면 전략 수립 프로세스에서 다음과 같은 특정 요소가 빠져 있는 것이 눈에 띈다.

- 사람들이 나서서 조직의 미래를 함께 구체화하도록 북돋는 협조적 행동과 태도
- 그저 대단하기만 한 아이디어 수준을 넘어, 힘들고 때로는 복잡한 공동 전략 수립 프로세스를 활용하여 일하는 방법. 그러면서도 제시간에 최종 목적지에 도달하는 방법
- 권한을 공유하고, 함께 문제를 해결하고, 문제의 근원지에 제일 가까운 곳에서 의사결정을 해서 전체 조직이 신속히 움직이면서도 정렬되게 하는 조직 능력

회사의 목표 설정과 결과 달성 방식을 혁신하기 위해서는 사람들이 창조하고, 소통하고, 의사결정하고, 협동하고, 실천하는 방식을 이해하고 조율하는 것이 (때로는 혁신이) 중요하다. 간략히 문제를 조사하려 한다면 이 이야기들을 조직에서 우리가 찾아봐야 할 특정 경고 징후로 전환해 살펴면 도움이 된다. 전략이 실패할 때면 언제나 3가지 시스템적 경고 징후가 나타나고, 이들 징후에는 중요한 교훈이 있다.

그림 1-2 경고의 징후

이런 경고 징후는 전략과 전략 수립 프로세스를 폭넓게 볼 수 있도록 하는 실마리이며 명백한 실패를 암시한다(그림 1-2). 협조, 공동 창조, 면밀한 아이디어 조사를 꺼려할 때 조직은 사람들의 재능과 지식, 경험을 활용할 수 없다.

자신의 경험으로 비춰보아 표 1-1에 나오는 3가지 경고의 징후를 식별할 수 있는지 생각해 보라.

표 1-1 경고의 징후

참여와 주인 의식	
징후	**협조적 전략을 위한 교훈**
• 전략 수립 프로세스에 누구를 소집, 참여하도록 독려하는지 관심을 기울여라. 조직 내 엘리트만 참가하는가? 아니면 여러 명이 광범위하게 참가하는가? 참가자가 서로 상이한 폭넓은 관점을 제공하는가? 일단 참가한 후, 앞으로 나서 동참하라고 격려 하는가? • 사실을 어떻게 수집하는지 검토하라. 그 영역에서 일하는 사람이 참가했는가? 다른 목소리를 가진 여러 사람을 참여시키고 의견을 제시하라고 하는가? "팀을 관여시키고는 싶지만 그러면 속도가 떨어질 뿐이죠"라고 리더들은 말한다. 그럴 경우 프로세스는 발견, 책임감, 정답을 찾기보다는 동의와 현재의 일정 준수로 기운다. • "내 일이 아냐"라고 개인들이 말하면 협조에서 오는 혜택이 부족한 것이다. • 개인이 제안하거나 탐색 질문을 할 때 리더가 어떻게 대응하는지를 살펴보라. 시종일관 습관적으로 "그건 이미 생각해 봤어"라거나 "그건 나중에 이야기하지"라고 리더가 말한다면 큰 조직을 가치 있게 보지 않는다는 말이다.	• 모든 사람이 판단 및 선택하고 해결안에 대한 책임을 져야 한다고 기대하며, 사람들을 포괄적으로 참여시키는 조직은 참여율이 낮고 중요 참가자들을 누락하고, 전략을 최고 경영진의 업무라고 간주하는 조직과 매우 다르다. • 전략 프로세스가 배타적일 때 중요 견해, 관점, 정보가 누락되어 전략의 효과성이 떨어지고, 조직의 정렬과 전략의 실행에 방해가 된다.
조직적 지혜와 대응력	
징후	**협조적 전략을 위한 교훈**
• 사람들이 자기가 맡은 영역의 일만 훌륭히 해낼 때 보상을 받는지, 경계를 넘어서 회사가 성공하도록 일하는지 살펴라.	• 전략을 수립할 때는 과도하게 통제된 방식을 피하고, 그 대신 주기적이며 반복적으로 전략 수립 참가자로부터 배울 수 있도록 지원하는 프로세스를 갖춰라.

(이어짐)

징후	협조적 전략을 위한 교훈
• '이 양식을 채우시오'라는 지시를 따라가는 경직되고 기계적인 계획수립 프로세스를 가진 조직을 경계하라. 그런 조직에서는 해결할 문제를 밝혀내고 조직을 정렬하기보다는 이 정표에 더 신경 쓴다. 연출된 질문만 답해가는 통제된 방법으로는 빤한 답만 나올 뿐, 해결해야 할 문제점이나 갈등을 밝혀내지는 못한다.	• 먼저 배우고 생각해야 핵심 문제를 찾아내어 해결할 수 있다. 대안과 위험, 문제점을 초기에 검토하지 않으면 나중에 전략적 실패에 이른다.
• 리더가 전략 수립 프로세스를 질서 정연하고 결과물 지향적 방식으로 접근하는지 지켜보라. 그런 접근법이 바람직하기는 하지만 흔히 신속한 완결을 너무 강조한다. 과도할 정도로 결과지향적인 조직은 으레 경직된 프로세스를 갖는다. "제대로 대화를 했나?"보다는 "문서를 작성했나?"에 집중한다.	• 검토 범위의 확장은 실행 중심으로의 범위 축소와 균형이 맞아야 한다. 전략 수립에는 성공을 함께 책임자의 생각과 판단이 필요하다. 그렇지 않다면 단지 행동만 하는 사람이 모인 팀이 된다.
• ('중구난방의') 자유 토론을 건너뛰면, 면밀히 검토할만한 가치가 있는 아이디어를 보통 너무 늦게 발견하게 된다.	

분산된 의사결정

징후	협조적 전략을 위한 교훈
• 전략 수립 프로세스가 사실과 주장, 이미 알려진 것에만 집중하고 있다면 그 프로세스는 문제에 봉착한 것이다.	• 의사결정이 분산되어 있을수록 조직은 더욱더 문제를 공동으로 책임지고자 한다.
• "이 아이디어는 x, y, z가 빠졌다", "이게 성공할지 입증할 수 없다", "이건 전에도 해 봤어" 같은 말이 들리는가? 이런 말은 질문을 틀어막고 새롭지만 난처한 결정을 내리는 걸 회피할 때 쓰인다.	• 전략수립이 새로운 것을 창조하는 일이다보니, 그 프로세스는 조직 내 모든 계층에서 탐구하고 결정하도록 해줘야 한다. 학습과 공동 책임, 창조적 문제해결을 기반으로 의사결정의 분산이 필요하다.
• 어디서 문제가 해결되는지 찾아봐라. 모든 결정이 최고위층으로 떠넘겨진다면 그 최고위층에 병목현상이 일어난다. 그 와중에 조직 내 다른 곳에 존재하는 지혜와 판단은 사라진다.	• 학습을 중시하는 문화는 협조적 의사 결정에 도움이 된다. 학습 문화에서는 모든 종류의 정보 수집을 중시하고, 질문을 좋아하고, 공동 문제 해결을 장려한다. "필요한 관련 정보가 모두 있을까?", "발견한 이 내용은 어떻게 테스트한 걸까?", "더 알아야 할 게 뭘까?"는 모두 학습 문화에서 제기되는 질문이다.

우리 모두, 양식 또는 틀framework의 개요에 집중하는 것을 피해야한다. 그 대신 무엇이 중요하고, 왜 중요한지를 사람들이 생각하게 하는 데 집중하라. 전략 수립 양식의 기안자는 자기가 일은 잘 하지만 사람의 생각을 촉진하지는 않는다는 걸 대체로 깨닫지 못한다. 결과물을 잘 정의하고 신속하

게 일처리는 했지만 제대로 된 논쟁과 토의, 의사결정의 결여로 사업이 쇠퇴할 수도 있다. 다시 말해, 전략이 제대로 된 것 같아 보이더라도 협조가 없다면 실상 더 나은 사업 결과를 만들어 낼 알맹이를 빼 놓은 것이다.

이런 환경에서 수립된 전략은 불완전하고 실행 과정에서 실패할 위험이 크다. 에어 샌드위치가 사라지지 않는다. 어떻게 성공적 전략 수립 시스템을 구축하는지 살펴보자.

조직 시스템에서의 전략

전략 수립 프로세스가 사람들을 참여시키면서도 최적의 상태로 작동하려면 수많은 조직 구성요소가 통합되어야 한다. 우리는 사람들이 역동적 긴장감 속에 함께 일하면서도 훌륭한 아이디어를 도출하고, 숨은 가정에 도전하고, 아이디어를 검토하고, 책임감을 공유하고, 깊게 이해하고, 성공에 대한 책임을 설정하는 데 도움이 되는 환경을 조성하고자 한다. 다음의 내용은 조직이 어떻게 일치단결하여 전략을 수립하는지 전체 그림을 보여준다.

첫째, 똑똑하며 재능과 의욕이 있는 사람조차도 협조를 가능하게 하는 기초 요소가 준비될 때까지는 공동으로 효과적인 전략을(사람들이 실행할 수 있고 훌륭한 결과가 나오는) 수립할 수 없다. 책임 공유, 의사결정, 아이디어 제시에 대한 조직 규범이 공동 창조와 협조적 방식을 허용하지 않는다면, 개인이 장애물을 극복하고 성공할 수가 없다. 협조적 전략을 가능하게 하는 조직의 기본 요소는 3가지 영역으로 나뉜다(그림 1-3).

- 개인의 행동과 태도
  사람들이 개별적으로는 어떻게 행동하고 회사 내 단체 안에서는 어떻게 행동하는가?

- 전략 프로세스

  방향을 설정하는 도중에 문제를 연구하고, 대안을 만들고, 어려운 선
  택을 결정하고, 책임을 지도록 도와주는 조직구조나 방법이 있는가?

- 조직의 원칙

  회사 내 어디에서 결정을 내리고, 어떤 것에 보상이 있고, 어떻게 목
  표가 세워지고, 어떻게 학습이 일어날 수 있도록 논쟁을 해결하는가?

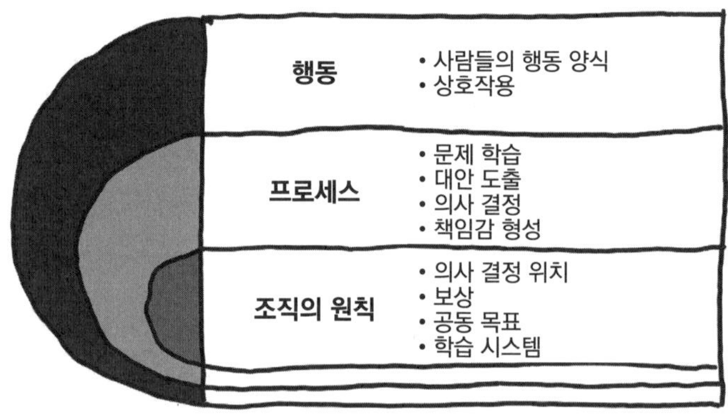

그림 1-3 전략 수립의 시스템적 구성 요소

물론 개인의 태도, 전략 프로세스, 조직의 원칙, 이 세 부분은 모두 조직
시스템에 묶여 있다. 조직과 팀을 위한 공동의 태도, 가치, 목표, 관습을 수
립한다면 협조적이고 생산적으로 일하는 시스템이 구축될 것이다. 구성요
소를 하나하나 살펴보자. 그리고 어떻게 이들이 궁극적으로 통합돼 나와
내 조직이 효과적 전략을 수립하고 새로운 결과를 획득하도록 도와주는지
알아보자.

협조적 전략 속에서 개인의 행동과 태도

모두 알지만, 사람들에게 무엇을 해야 하는지 말만 해서는 대체로 행동으로 이어지는 않는다. 하지만 많은 조직의 전략 프로세스에서 바로 그런 일이 자주 일어난다. 훌륭한 전략 수립은 조직 내 도처의 협조에 달려 있다.

이 책에서는 사람들을 완전히 참여시켜 '무엇'(아이디어)과 '어떻게'(아이디어를 실행할 방안 개발)를 정의하고 모두가 '왜'(무엇이 왜 중요한지 이유)를 이해하도록 도와서, 사람들이 한 방향으로 정렬하게 하는 새로운 전체론적 접근법을 조목조목 설명하겠다. '무엇'과 '어떻게'와 '왜'가 함께 할 때 사람들은 책임을 지며 자신이 하는 일에 믿음이 생긴다. 전체가 하나가 되어 성공이냐 실패냐를 바꿔놓을 미묘한 결정을 어떻게 내릴지도 알 수 있다. 어떤 변화 때문에 문제가 틀어질 위험이 있을 때면 앞으로 몇 주 동안 어떻게 대응할지도 안다. 이 새로운 접근법을 '뉴 하우'라고 부른다.

여기에는 특별히 함축된 의미가 있다. 협조적 전략 수립이 작동하려면 직위나 직책에 관계없이 많은 사람을 방향 설정에 참여시키는 방법이 있어야 한다. 게다가 그들의 아이디어를 소중히 여기고 그들의 공헌을 존중하는 것 또한 필요하다. 좋은 전략에는 새롭고 위대한 아이디어가 필요하다. 이런 아이디어는 누구에게서라도 나올 수 있으며 대개 개인의 산물이 아니다. 팀에 내재된 가치 있는 아이디어를 이끌어내려면 성공의 책임을 조직 내에서 공유해야 한다. 누가 내놓은 아이디어인가뿐만 아니라 아이디어 자체의 가치를 기초로 공을 인정해 주면 그 아이디어 배후의 개인이나 팀에게 어느 정도 칭찬과 인정을 해주는 모양이 된다. 이를 잘하면 아이디어 자체와 아이디어의 공동 책임으로 초점이 옮겨간다. 나중에는 분명해지겠지만 아이디어를 쌓아 올리고, 부수고, 다시 만들 수 있는 능력이 중요하다. 개인이 자기 아이디어와 너무 단단히 결속되면 좋지 않으며, 그럴 경우 아이디어 비판을 인신공격으로 받아들일 수도 있다. 게다가 팀원 전원이 아이디어 첨가를 편히 생각하는 것이 좋다. 그래서 아이디어를 공동으로 책임지고 가치에 따라 우선순위를 매겨야 한다. 이런 역동성을 '아이디어 능력주의'라고 부른다.

이 말의 뜻은 대개의 경우 사람들이 회의에 참가하기 전에 제안할 의견을 완벽하게 준비할 필요가 없고, 그 대신 사고하는 능력만 가져오면 된다는 말이다. 생각은 그 '순간에' 일어나며, 개인의 소중하고 단편적인 생각은 대개 완벽하게 유지되지 않는다. 리더라면 불완전한 생각을 비판하고 폐기하기보다는 유용한 조각은 쌓아 올리고 반복 과정을 통해 대안을 구체화할 것이다. 각개의 아이디어를 내놓은 사람은 자기가 공헌한 아이디어가 어떻게 진전되어 가는지 볼 수 있다. 그렇게 되면 사람들은 그 결과로 나오는 전략을 신뢰한다.

'아이디어 능력주의'라는 말이 듣기에도 좋지만, 동시에 관련된 모든 사람들의 이해관계의 증대라는 뜻도 있다. 조직 내 사람들이 책임을 공유하고 적극적으로 역할을 맡는다는 뜻이며, 이럴 때 사람들은 결과물에 대해 개인적인 책임을 진다. 참가 요청을 받은 사람은 자기 관점을 정리해서 제대로 참석하고, 목표 설정에 참여하겠다는 의지가 있어야 한다. 즉 자존심과 조직 내 정치는 옆에 치워두어야 하고, 남이 목표를 설정해 주기를 수동적으로 기다리며 방관자로 회의에 참석하는 일도 그만둬야 한다. 오히려 모두들 각자 새것을 발견하고 창조하는 데 완전히 참여하는 것이 기대된다. 말하는 것만큼 쉽지 않다.

결정을 나중에 내리면, 각자 자기가 할 말을 했다고 생각하고 결정이 실제로 '우리의 결정'이라는 느낌을 받는다. 이럴 때 우리는 최종 결정을 지지한다. 사람들의 완전한 참여 여부에는 회사 리더의 행동과 태도가 깊은 영향을 준다. 그러므로 생산적 협조가 가능하려면 어떠한 행동과 태도가 필요한지 정의를 내려보겠다.

하지만 사람들의 태도만으로 협조적 분위기를 만들기란 충분치 않다. 사람들이 함께 할 수 있는 업무 프로세스 구축도 필요하다.

협조적 전략을 위한 프로세스

조직의 에어 샌드위치라고 표현된 전략적 간극은 위에서 아래로 자료를 더 내려준다고 메워지지 않는다. 파워포인트 슬라이드는 그저 에어 샌드위치의 빈 속, 즉 공기의 다른 모습일 뿐이다. 에어 샌드위치가 생기는 이유는 상위 수준의 아이디어의 반복이 부족해서가 아니라 현실적 이해가 빠져있기 때문이다. 프로세스를 통해 사람들을 더 많이 참여시키면 두 가지 혜택이 생긴다. 첫째, 관점이 더욱 다양해진다. 성공할 만한 아이디어는 많아지고 함정은 일찍부터 피할 수 있다는 뜻이다. 둘째, 결정사항은 그냥 위에서 툭 떨어진 지시가 아니게 된다. 전략을 짜면서 전략에 대해 양방향으로 의사소통하기 때문에 후속 결정을 더 빠르고 제대로 내릴 수 있다. 이는 후속 결정을 하는 사람들이 전략 이면의 의도를 이해하고, 왜 X는 꼭 해야 하고 Y는 하지 말아야 하는지 알고, W와 Z 둘 중 결정에서 어떻게 선택할지를 알기 때문이다. 그러면 경영진이 의사결정 프로세스를 실행부서로 더 가까이 가져가게 되어 실행이 더욱 빨라지는 한편 위에서 내려오는 일련의 결정이 상호 정렬되게 하는 데 도움을 준다.

그러나 이의 달성을 위해서는 빠른 도달을 위한 천천히 가기가 필요하다. 적절한 사람을 참여시키고, 필요한 것은 파고들고, 실행이 가능하도록 세부 타당성을 탄탄히 다져야 한다. 이안이 옳다고 생각한 것과 달리 사람들은 전략의 '하우how'를 만들어 낼 필요가 있다. 그러나 프로세스를 영원히 끌고 갈 수는 없다. 한계를 둬야 한다. 참여적으로 조사하도록 지원하면서도 적절한 시간에 의견을 수렴하여, 간결하면서도 구체적인 일련의 행동 계획을 그려내야 한다. 사람들의 이해를 높이면서도 신속히 끝내려면, 전략 수립 프로세스와 그 프로세스를 이끌어가는 사람의 사고방식은 몇 가지 핵심 기준을 충족해야 한다.

- 프로세스와 사고방식은 반드시 현재 상황에 대한 맥락을 공유해야 한다. 명백한 맥락과 숨은 맥락을 둘 다 표면에 드러내면 팀원은 모두 같은 관점을 갖게 되며, 프로세스는 정렬을 주도하고 실행 중도의 분열을 막아 준다.
- 프로세스는 적당한 규모로 문제를 확인하는 데 도움을 줘야 한다. 큰 문제는 쪼개서 조직이 다룰 수 있게 해줘야 한다. 어떤 조직은 가장 큰 문제를 한 번에 전부 해치우려 한다. 나는 이걸 한 번에 코끼리 먹기라고 부른다(그림 1-4). 이런 조직은 정말로 자신의 한계를 모르고 무엇이 과제와 관련됐는지도 모른다. 너무 큰 과제에 덤벼들어 결국 실패한다.

그림 1-4 한 번에 코끼리 먹기 = 실패하는 비결

- 프로세스는 문제에 내포된 불안을 건설적이고 창조적인 에너지로 전환하도록 도움을 줘야 한다. 토론과 브레인스토밍이 환영받아야 사람들이 새로운 자료와 관점, 견해를 제공하고 처리할 수 있다. 토론이 없으면 문제가 표면으로 드러나지 않으며 사람들은 목표를 올바로 세울 수 없다. 토론을 억압하는 조직은 문제의 근본 원인을 먼저 제대로 이해하지 않은 채 문제해결로 뛰어드는, 전형적인 '부정 출발'을 한다.
- 프로세스에는 갈등을 식별하고 해결하는 장치가 포함되어야 한다. 전략을 하나로 통합해야 할 때가 되면 조직은 자주 어려움을 겪는다. 많은 사람이 관여했고, 모인 아이디어는 누군가가 각자 좋아하는 아이디어다. 아이디어 하나하나를 살리려다 보니 팀은 과잉투자하는 경향이 있다.[1] 협조가 작동하려면 프로세스에는 모든 선택안 가운데서 최고의 아이디어를 추려내는 방법이 제공되어야 한다. 어떤 아이디어에는 제초제를 뿌리고 또 다른 아이디어에는 거름을 주는 방법을 알아야 한다.

효과적 공유 프로세스를 정착하고 나면 조직은 드디어 필수적인 아이디어를 발견하고, 토론하고, 제거하고, 더 나아가 종래에는 성공을 이끌 수 있다. '뉴 하우'는 구체적이면서도 유연하고 통합적인 프로세스 틀을 포함한다.

그러나 사람들의 협조와 상호 정렬을 위한 규칙과 원칙이 조직에 정착되지 않다면 그 어떤 프로세스라도 효과가 없을 것이다. 그것이 협조적 전략 프로세스의 결정적인 부분이다.

협조적 전략을 위한 조직 원칙

미활용 재능과 아이디어를, 그리고 사람들의 통찰과 아이디어를 활용하자는 생각이 새로운 건 아니다. 그러나 실제 협조가 있기란 드문데 그건 협조에는 어려운 점이 있기 때문이다. 협조가 되려면, 협조하고자 하는 사고방식과 잘 조율된 프로세스가 있어야 함은 물론이고, 그 둘이 맞물려 돌아가야 하기 때문이다. 기존 조직에 협조를 추가하기란 매우 어렵다. 일종의 진퇴양난이다. 현재에도 악전고투를 하고 있는데 새로운 방식으로 전환할 방법까지 함께 고안해 내기에는 너무 바쁘다. 게다가 남들보다 앞서 있다면 굳이 바꿔야 할 이유가 있을까? 그러나 크면서도 성공한 조직이지만 그런 틀린 논리에 따르지 않는 조직이 종종 있다. 타이거 우즈Tiger Woods가 자기 스윙을 최적화하기로 결정한 것처럼 말이다. 존 챔버스는 네트워크 산업의 지배적 사업자인 시스코Cisco가 협조를 제도화해서 시스코란 전함이 가는 방향을 틀고 있다고 말했다.[2]

조직의 업무 규칙이 협조적 전략 수행에 치명적인 문제를 일으킬 수 있다. 그것은 어느 정도는 이들 규칙이 조직 바탕에 내재된 무형의 구조이며 추상적인 시스템이기 때문이다. 규칙의 주인이 누구인지 모를 것같이 느껴진다. 규칙 때문에 동기부여와 협조가 서로 충돌할 경우, 막 싹이 올라오던 팀워크 장려의 노력이 실패할 수 있다. 따라서 이들 규칙을 세밀하게 조사해야 한다. '뉴 하우'는 조직의 효과적 협조를 위한 네 가지 중요 원칙이 있다고 본다. 1) 현장에서의 의사결정, 2) 공동 성공을 장려하는 보상제도 구축, 3) 공동 목표 정의, 4) 학습의 조직 핵심 기능화가 그 원칙이다.

전략을 경직된 기계적 방식이라고 생각하는 대신 발견에 이르는 길이라고 보면 조직 내 상호 협조에 도움이 된다. 이럴 때면 내가 간단히 '전략화strategizing'라고 부르는 전략의 방법, '하우how'가 강조된다. 전략화를 하는 조직은 전략을 정적이면서도 동적인 것이라고 생각한다. 팀원은 성공 가능성을 높일 방법을 찾는 데 항상 깨어있다. 그리고 어떤 아이디어는 신속히 통합되어 실행될 것이고 또 다른 아이디어는 적절한 시간이 될 때까지 서랍에 넣어 둬야 할 것임을 안다. 조직은 개인 성과보다는 조직 성공에 기초해서 보상할 때 가장 잘 협조한다. 그와 마찬가지로 성과를 측정하고 진척도를 확인하고, 일이 어떻게 돌아가는지 사람들에게 계속 알려줄 때 협조가 잘된다. 진척도를 확인하지 않으면 협조가 잘 안되고 피드백과 책임감이 약해진다. 헌신과 추진력이 사그라질 것이다. 조직의 원칙이 사람과 프로세스를 조직 전체의 성공 능력과 이어주는 아교 역할을 한다는 사실을 깨달을 것이다.

시스템의 문제는 이름을 정하면 고칠 수 있다

이런 아이디어를 모두 고려해서 당신이 관여했던 전략 수립 프로세스(아마 제대로 작동하지 않았던 프로세스) 하나를 되돌아보면 취약한 시스템 패턴이 보일 것이다. 아마 내가 이 책 서문에 쓴 것과 같은 경험, 즉 일이 제대로 돌아가지 않는다고 어렴풋이 느꼈던 경험을 했을 것이다. 항상 징후는 있다. 그러나 준거 틀 없이 징후를 이해하기는 어렵다. 또 징후를 보더라도 조직이 전략 수립을 시스템 관점으로 보고자 하는 지향점이 없다면 그런 얘기를 꺼내기는 까다롭다.

이제 우리는 사람 탓만 할 일이 아님을 안다. 사람은 전략 수립의 역동성에 영향을 주는 핵심 요소 중 하나일 뿐이지만 전략이 망하면 으레 공격받는 핵심 표적이기도 하다. 전략 실패를 개인 탓으로 돌리면 경영자는 자신이 뭔가를 고쳤다는 기분이 든다. 그러나 손상된 시스템 안에서 전략이 수립되면 사람을 바꿔 봐야 나아질 게 별로 없다.

좋은 전략 수립은 좋은 시스템과 좋은 사람, 둘 다 필요하다. 유능한 팀이 있고 적절한 시스템 구성요소를(개인의 행동과 태도, 프로세스, 조직 원칙을) 조합했다면, 당신은 전략을 수립하기 위한 강력한 조직의 재료를 준비한 것이다. 이 책의 나머지 내용은 시스템 요소를 다루기 위해 3부로 나눠 구성했다. 1부는 사람들이 시스템 속의 개인으로서, 또 리더로서 어떻게 '존재'해야 하는가를 설명한다. 상호간에 어떻게 관계를 맺는가는 매우 중요한데, 이는 아이디어를 내는 것은 사람들이고 함께 어떤 가치를 창조할지 정하는 것도 사람들이기 때문이다. '서로 어떻게 행동하냐'는 '함께 어떻게 일하냐'와 떼어놓을 수 없는 관계다.

2부는 협조적 전략을 수행하는 방법론에 초점을 둔다. 목표 설정은 이론인 동시에 실기이기도 하다. 언제 어떻게 아이디어의 마개를 열어야 할지, 언제 마개를 닫고 뭔가 실천할지를 알아야 한다. 협조적 계획과 의사결정은 결코 '결론이 안 난다'는 수긍할만한 누명이 있다. 탄탄하면서도 유연한 프로세스의 틀을 도입하면 협조적인 동시에 신속할 수 있다. 2부에는 심사위원회에 대한 장도 포함되어 있는데, 이는 전략 선택 방법의 기반이 된다. 선택할 대안을 좁히는 방법에 관심이 있는 독자는 6장만 따로 읽어도 된다.

3부에서는 수준을 한 단계 높여, 협조적 문화를 조성하고 성공적인 전략 결과를 내는 조직 내 구축 가능한 참여 원칙에 대해 생각해 본다. 조직 문화 변화는 단순히 대담한 조치와 중대 발표만 있으면 되는 게 아니다. 어떻게 모든 사람의 사고 방식, 업무 방식, 행동 방식을 바꿀 수 있을까? 새로운 문화를 정착하려면 몇몇 중대 변화와 그 변화를 뒷받침하는 수천 개의 작은 행동이 필요하다. 3부에서는 이와 같이 협조를 회사 역동성의 일부로 통합하는 원칙을 다룬다.

협력자 되기

우리는 지금까지 전략이 실패하는 원인과 에어 샌드위치의 문제, 그리고 문제가 영구화되는 시스템적 이유를 이야기했다. 에어 샌드위치의 간극을 줄이는 일은 우리가 공동으로 일하는 방식을 바로잡는 데서부터 시작된다. 그 말은 우리가 방법을 찾아 거기다 이름을 붙여주면 사람들이 그 방법으로 협조하는 걸 장려하게 된다는 뜻이다.

"개인적인 게 아니야. 일이라서 그래."라는 말이 있다. 그 말을 믿는 사람이 있을까? 물론 없겠지! 그 말의 실제 의미는 우리가 일할 때 상호 관계 방식이란 것이 의미 없다는 뜻이다. 지금쯤이면 내가 그와 상반된 생각을 믿고 있음을 이미 알았을 것이다. 상호간에 어떻게 관계를 맺느냐는 매우 중요하다. 그건 우리가 사람들과 함께 일을 하고, 우리 일의 결과물 품질은 함께 창조한 아이디어에 좌지우지되기 때문이다. 따라서 우리가 서로를 어떻게 대하는가는 우리가 함께 만드는 창조물의 모양을 정한다.

과거에 우리는 알게 모르게 소수 엘리트가 전략을 수립하도록 내버려두었고, 전략 수립의 정당한 책임 공유를 포기했다. 이제 모든 것이 변했다. 핵심 신념과 관계 규칙이 변함에 따라 개인과 리더의 행동 양식도 변해야 한다. 우리는 전략을 만들 수 있을 뿐만 아니라 아이디어를 토론할 수도 있으며, 또 그래야만 한다.

따라서 개인적으로 어떻게 행동하고 자기표현을 할 것인가가 먼저 살펴볼 내용이다.

1부는 2개의 장으로 구성되어 있다. 2장은 시스템 안에서의 각자 역할을 논의하고, 3장은 몇몇 리더로서의 역할을 다룬다. 구성원이 어떻게 시스템에 관여하는지를 정의한 다음 2부로 넘어간다. 2부에서는 구체적 스텝과 행동을 또한 어떻게 바꿀지 다룬다. 이를 통해 행동 방식이 행동의 내용으로 어떻게 변모되는지 살펴볼 것이다.

회사 내부와 조직 내부의 갈등을 끝내고 전략 수립의 접근법을 개선할 존재 방식을 알아보자. 그런 식으로 존재 방식은 개인적이자 사업적인 존재 방식이 된다.

2장

우리 각자

나뭇잎만 한 새 한마리가 맑은 저녁을
지저귀는 소리로 온통 채우며 날아가네
– 웬델 베리Wendell Berry

개인 수준이 올라갈 때 전체 수준이 올라간다

내 경력의 중간쯤 되는 어느 날 나는 내가 일련의 어려운 질문에 대해 고민하고 있다는 걸 깨달았다. 어떻게 하면 내가 더 가치 있는 공헌을 할 수 있을까? 나는 전략적이 될 수 있을까? 어떤 면을 개발해야 내 일에서 최고가 될 수 있을까? 영향력 상승을 위해 내가 배워야 할 것이 있을까? 어떻게 하면 나의 차이점을 부각할 수 있을까?

이런 질문이 떠오른 것은 어떻게 해야 우리 회사 마케팅 부문이 200만 달러 예산을 가장 효과적으로 사용하여 매출 목표를 달성할 수 있을지를 다루는 중요한 토론에서 내가 승리한지 얼마 지나지 않아서였다. 나는 마케팅 부문이 어떻게 돈을 사용하는지 굉장히 신경이 쓰였다. 내가 회사 전체 4억 달러 매출 중에서 5,800만 달러나 되는 상당히 많은 매출을 책임지고 있었기 때문이었다.

물론 나는 돈을 어떻게 써야 할지에 대한 내 입장이 옳다고 확신했다.

그 사안을 면밀히 검토해서 내 입장을 뒷받침할 논증을 물샐틈없이 만든 후, 정치적으로 협조할 세력도 구축했다. 성공 가능성을 높이기 위해 사람들에게 왜 내 적수인 마케팅 부문 리더가 매출을 '따내지' 못하는지 이야기했다. 그리고 마케팅 리더의 주장과 의견에서 논리적 모순을 공개적으로 꼬집어 내기를 서슴지 않았다.

결국 내게 유리하게 결정이 났고 나는 고위층으로부터 상당한 칭찬을 받았다. 내가 이겼다. 이긴 이유는 내가 실제 사실과 세부 정보로 무장했기 때문이었다. 나는 꽤 논쟁적이고 설득력도 있어서 내가 옳음을 관련자와 의사결정자 모두에게 설득할 수 있었기 때문이었다. 그러나 어느 정도는 내 동료를 공격해서 이긴 것이기도 했다.

하지만 불행히도 나는 이긴 느낌이 들지 않았다. 허탈했다. 그래, 전투에는 이겼지만 (이전에도 수없이 이겼듯이) 어찌된 일인지 승리한 느낌은 들지 않았다. 덜컥 걱정이 났다. 뭔가 잘못됐다.

그때까지만 해도 나는 업무 경험을 통해 리더십의 외적인 면이 리더십의 목표라고 생각하고 있었다. 실행 가능한 통찰, 예산과 인원에 대한 책임, 석·박사 학위, 추진력과 결단력, 직위, 조직 내 파워, 이런 거 말이다. 그리고 그 전투에서 승리하고 나서 그런 걸 더 많이 갖게 됐다. 그런데도 결과가 즐겁지 않았다. 뭔가가, 뭔가 가치 있는 그런 게 없었다. 결과물 속에서 빠진 게 아니라면 어디에서 그게 빠진 것일까? 회사 안에서의 내 존재 실체성에서 그게 빠졌다는 걸 깨달았다. '존재의 실체성'이라고 할 때 내가 뜻하는 바는 나의 정체성이었고, 함께 일하는 모든 사람과 나 사이에서 일어나는 상호작용의 질과 속성이었다. 사실 나는 여러 동료들과 진짜로 함께 일하지 않았다. 한마디로 말해 협조적이지 않았다. 높은 성과를 내는 개인으로 일했지 단체의 일원으로 일하지는 않았다.

그 경험이 있기 전 나는 내가 내리는 선택에 대해, 나는 누구이며 직장에서 어떻게 되고자 하는 가라는 관점에서 생각해 본 적이 없다. 그 실망스러웠던 승리를 이해하고 나서야 어떻게 이겨야 하는지가 중요하다는 걸 알게 됐다. 그 사례는 여러 측면에서 중요했는데 하나하나 모두 교훈을 남겼다.

그건 개인적으로 중요했다. 놀랍게도 나는 이미 협조를 핵심 신념으로 생각하고 있었다. 그러나 어렵게 노력하는 와중에 조직 내에서 협조를 어떻게 전개해야 하는지 감각을 잃었다. 진부하게 들리겠지만, 첫 번째 교훈은 내가 모든 사람을 존중하겠다는 자신의 가치를 무시했고 그 결과로 협조의 핵심가치를 위반했다는 것이었다. 그게 내 불안의 원인이었다.

두 번째 교훈은 남을 짓밟으면서까지 '맞는' 선택을 강요하면 사람들이 자기 소신을 밝히길 꺼려하는 환경을 조성한다는 것이었다. 의견의 다양성을 억누르거나 잠재우면 아이디어와 자발성이 사라진다. 내 행동은, 그와 더불어 내 행동에 대한 임원진의 지지는, 조직 안에서 위험을 감수할 수 있게 하는 안전 의식을 훼손했다. 내 행동은 협조적 문화와는 상반된 문화를 조성하고 있었다. 그래서 내가 선호했던 마케팅 비용 지출 안은 회사에게 이로운 일이었지만, 나의 승리 스타일은 조직에 보탬이 되지 않았다.

그게 개인적으로 도움이 되었을까? 실제로 그렇지 못했다. 세 번째 교훈은 동료들이 상당수 나에 대한 신뢰를 잃음으로써 '승리' 이후 내 일이 훨씬 어려워졌으며, 길게 볼 때 내게 도움이 되지 않았다는 것이었다.

이런 교훈 하나하나는 내가 원하는 것을 얻는 방식에 대한 것이다. 내가 이야기 속 '악역'을 맡으려 했던 건 분명 아니었지만 당시에는 '옳은' 결과를 얻는 더 좋은 방법을 몰랐다. 남들처럼 나도 내 행동이 전체 회사의 효과성을 끌어내리는 문화 조성에 어떻게 기여하는지 알게 도움을 줄 멘탈모델Mental Model이 없는 상태였다. 돌이켜보면 각자 무엇을 하는가는 우리가 제공한 것의 일부일 뿐이라는 것을 알 수 있다. 어떻게 참가하고 어떻게 타인에게 행동해야 하는지도 알아야 한다. 다시 말해 어떻게 존재할 것인가를 알아야 한다. 전체 조직을 더 큰 성공으로 이끄는 환경을 조성하면서도 개인적으로는 어떻게 뛰어난 성과를 낼 수 있을지가 내 안에 있는 위기였다. 그리고 이 위기는 지난 10년 동안 경영 전반에 걸쳐 나 스스로를, 특히 전략 영역에서 사람들 개개인의 역할을 되짚어보도록 한 원동력이 되었다. 이 장에서는 회사 내에서 각자 어떻게 더 효과적으로 역할을 수행할 수 있는지 살펴본다.

관점 변화

개인의 '하우how' 변화 없이 협조적 전략으로의 더 커다란 조직적 전환은 불가능하다.

질문은 이렇게 된다. "어떻게 하면 팀과 전체 사업을 위해 가치를 창조하면서 각자 자기 자신을 위해서도 최고의 가치를 창조할 수 있을까?" 물론 우리는 이러한 수준에서 그리고 더 높은 수준에서 가치를 창조하는 일을 한다. 회사는 회사의 상위 차원인 산업 수준에서 가치를 창조하려고 노력한다. 그리고 산업은 주주뿐만 아니라 전체 사회에 가치를 추가하려 한다. 가치 창조가 사업의 원동력이다. 가치 창조는 우리가 회사에 출근하는 이유이기도 하다. 우리가 대부분 서류나 처리하려고 (또는 마케팅 예산을 어떻게 지출할지 논쟁하려고) 매일 아침에 일어나는 건 아니라고 나는 확신한다. 최선은 각자가 커다란 전체를 위해 창조하고 공헌하고자 일자리로 나올 때다.

이상하게도 나는 가치를 추가하는 차원에서 성공을 정의내리는 사람을 거의 보지 못했다.[1] 게다가 그런 정의의 기본이 되는 개인적 선택을 얘기하는 사람은 더욱 더 드물다. 그 대신 우리는 대개 다른 지표를 성공의 척도로 보고 매달린다. 경영대학원입학시험GMAT 점수, 상위 10개 대학교, 대학원 학위를 시작으로 어디서 일했는지, 상사가 누구였는지, 누구와 점심을 먹었는지, 이런 지표 말이다. 그게 아니면 자기 명함상 직위, 또는 어느 벤처투자가가 우리 스타트업을 얼마로 평가해서 자금을 대줬는지 하는 지표.

이런 것을 성공의 증거라고 자랑한다고 할지라도, 그건 창조된 가치라기보다는 지위에 따른 힘의 상징이라는 표현이 더 진실에 가깝다. 분명 그런 상징은 사람들이 매일 결정하는, 작지만 까다로운 수많은 선택을 표현해 주지 않는다. 시스템 내에서 그런 수많은 선택으로 가치가 창조된다. 밖으로 드러난 상징이 재능, 공헌 수준, 열정, 지혜, 리더십 능력을 측정해 주지 않는다. 직함, 학위, 소속은 일자리에서 어떻게 존재할까에 대한 누군가의 선택 결과를 암시할지는 몰라도 그 자체가 선택이 아닐뿐더러 창조한 가치의 척도나 지표도 물론 아니다.

제대로 성공하려면 개인의 접근법이 팀과 상위 조직의 효과성에 얼마나 큰 영향을 미치는지 인식해야 한다. 이는 단순히 '무엇을' 하는가를 보는 관점을 '무엇을 어떻게' 하는가를 보는 더 다채로운 관점으로 바꾸는 근본적 변화다.

외적 상징(직함, 소속)은 일자리에서 어떻게 존재할까를 선택한 결과를 측정해 주지 않을뿐더러 창조한 가치를 나타내지도 않는다.

일하는 방법이 특히 중요할 때는 언제일까? 그건 스트레스를 받을 때다. 새로운 로드맵을 정의 내리기 위해 남들이 자기가 가진 최고 아이디어를 공유해 주는 게 정말 필요할 때이다. 간단히 말해, 전략 수립을 통해 회사 목표를 설정하고자 협조할 때보다 '무엇을 어떻게'의 접근법이 더 절실한 시기는 없다.

그렇다면 어떻게 그것을 할까? 이 장은 업무의 '무엇'에만 한정해서 집중하는 관점에서 벗어나 각자 '어떻게'의 관점을 수용해서 볼지 이야기한다.

직함을 넘어서

내가 무엇을 하는가의 관점이 아니라 담당하는 역할의 관점으로 자신의 일을 생각하라. 역할에는 단순히 직함이 아니라 조직을 위해서 그리고 조직과 함께 가치를 창조할 일련의 행동이나 도구, 접근법이 포함된다. 협조적 전략을 전개할 때 개인이 맡는 역할은 직책이 뭐든, 또는 어느 순간 어디에 고용되어 있든 상관없이 일자리에서 각자 어떤 사람이 될지 새롭게 선택하는 방법을 배우는 일이다. 우리의 과제는 1장에서 논의한 시스템의 문제를 단절시킬 것이다.

공식 직함에 관계없이 당신은 직장에서 다양한 역할을 수행한다. 때로 리더가 될 수도 있고 그렇지 않을 수도 있다. 대부분 리더십에 대한 책은 어떻게 리더십을 활용하여 사람들의 업무 방식을 개선할지를 강조하는 경향이 있다. 어떻게 가치를 창조하고 추가할지를 판단하는 작은 선택들을 바꿈으로써 개인이 어떻게 모두 함께 일하는 방법을 개선할 수 있는지를 쓴 책은 거의 없다. 이런 공백에도 불구하고 모델로 삼을 협조자를 머릿속에 그리는 일은 그다지 어렵지 않다. 이미 그런 사람과 일을 하고 있을 수도 있다. 한 팀에 있기를 모두가 바라는 그런 사람 말이다. 근면하고, 청렴하고, 함께 지내기에 편하면서도, 어려운 질문을 던지고 모든가 최선을 다하도록 자극하는 사람. 훌륭한 팀원의 역할 수행이라는 수준에서는 생각하기 쉽지만 특정 행동이나 태도로 정의 내리기는 대개 어렵다.

나는 이 장이 각자 어떤 모습으로 직장에 출근해서 동료와 어떻게 관계할지에 대한 '뉴 하우'를 자극하기를 바란다. 이 장의 목표는 무엇을 할지 내가 정확히 말해주는 것이 아니라 설계도를 제공하는 것이다. 무엇을 받아들이고 행할 것인가의 결정은 당신에게 달려있다. 따라서 더 나아가기 전에 잠시 동안 다음 질문을 곰곰이 생각해 보라. 나의 공식 직함이나 직책이 주는 힘 또는 예산권과 상관없이, 조직의 더 큰 성공을 위해 나는 오늘 어떻게 기여했는가? 나는 나의 개인적 존재 방식을 통해 조직이, 구체적으로는 내 동료들이, 성공하게 만들어주고 있나?

위 질문에 대한 당신의 답변을 생각했는가? 됐다. 그렇다면 계속하자.

직장에서의 새로운 참여 방식 그리고 각자의 직업적인 희망을 달성하는 방법을 탐색하면서 우리는 직장 내 역할에 대한 전통적 정의와 결별할 필요가 있다. 전통적 정의는 협조적 업무 영역에 도움이 되기보다는 골칫거리가 될 때가 종종 있다. 현대 경영에서는 직원의 역할과 임원의 역할 사이에 커다란 간극이 있다. 일반적으로 볼 때 각 그룹에 속한 사람들은 상대방을 '남'으로 간주한다. 전략 수립과 실행에서의 실수는 이런 반응으로 이어진다. "임원들이 전략을 제대로 못 짰어." "직원들이 실행에 실패한 거야." 이런 고전적인 '내편 네편'의 역학관계는 앞서 설명한 에어 샌드위치 형성에 기여한다. 에어 샌드위치에서 전략은 최상층의 명확한 비전과 미래 목표에 기초해서 수립되고 일상의 행동은 바닥 층에서 맡고 있지만, 비전과 목표를 현실과 실제로 이어주는 연결고리가 전혀 없다.

내편 네편 가르기는 임원과 직원 양쪽 모두에서, 어떤 미흡한 성과에 대해서도 그 책임에 대한 '그럴듯한 부인 방법'을 찾는 상황이 나오도록 조장한다. 일이 생각대로 안 풀리면, 그저 '네편'을 비난하고 내가 어떤 영향을 주었을지 고민하지 않으면 된다. 전진을 위해 악전고투하고 있을 때 내편 네편 가르기 싸움은 조직이 함께 나아가고 신규 전략 수립의 책임을 함께 공유하지 못하게 가로막는다.

이런 내편 네편 가르기 역학관계에 대응하고 성공 가능성을 높이는 환경을 구축하려면 전통적 역할 지정으로 정의되고 강화된 인위적 경계를 각자 뛰어넘어야 한다. 그런 전통적이거나 형식적인, 또는 조직적인 꼬리표는 어딘가 서랍 속에 꼭 넣어두도록 최선을 다하라. 나는 당신이 제약하는 역할을 맡는 대신 공동 창조자가 되는 걸 고려해 보라고 제안한다.

우리는 각자 공동 창조자다

공동 창조자가 되는 일은 스스로를 특징짓는 새로운 방식이며, 공식적 역할과는 별개로 당신이 창조하는 가치에 집중할 수 있게 해준다. 조직적 계층으로 묶여있는 개별 자산인 당신을 자신의 모든 일이 조직 내에 파급효과를 일으킨다는 걸 인식하는 공헌자로 변모시킬 방법을 제공한다(그림 2-1).

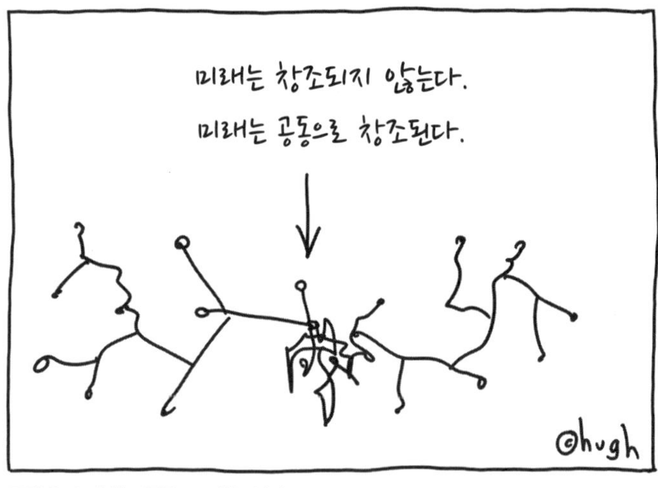

그림 2-1 미래는 공동으로 창조된다

공동 창조자가 제대로 전략을 수립하고 실행하기 위해서는 프로세스 개선의 추가적 책임을 각자 어느 정도 떠맡아야 한다. 성공 기반을 공동화할 책임을 각자 떠안게 된다. 게다가 이 일은 매우 중요하다. 비즈니스 세계는 창조성이 결과를 좌지우지하고, 아이디어가 전략 및 경쟁 우위의 핵심이 되는 세상으로 바뀌어가고 있기 때문이다.

전에는 다른 기업보다 더 많은 데이터와 정보에 접근할 수 있는 기업들이 있었다. 정보 가공 기술이 남보다 뛰어난 기업도 더러 있었다. 그 때는 탄탄한 데이터 분석만 하면 전략적 우위를 이룰 수 있었다. 이제는 모두 방대한 양의 고품질 정보에 접근할 수 있고 정보 가공 도구도 갖고 있다. 이제 중요한 것은 그 정보를 활용하여 행동할 수 있는 능력이다. 즉 주어진 상황 속에 숨겨진 황금 기회를 지금 바로 이해하는 것이다. 핵심은 함께 일하며 새로 아이디어를 도출하는 것, 그 아이디어를 기초로 추가하는 것, 그 다음은 우리가 독특하고 차별적인 방식으로 일할 수 있게 그 데이터를 기초한 통찰을 더하는 것이다.

로봇같이 '지식 노동자'로서 문서와 정보를 복사하고 조합하고, 이메일에 답하던 때와는 다르다. 이제 정례적 업무는 전부 사라지고 있다. 아이디어에 점점 더 권한이 생기는 것을 감안해 보면 임직원을 다르게 부를 필요가 있다. 아이디어가 회사의 성장과 활력에 중요한 수준에 맞는 호칭이 있어야 한다. 그것은 공동 창조자다. 공동 창조자는 회사 성공에 도움이 될 최선의 아이디어를 지원하고 옹호하고 로비하는 사람이다. 조직의 중요한 일원으로 활동하는 한편 어려운 문제에 대한 새롭고도 강력한 대안을 만들기 위해 조직 내 공식적 자기 역할이 무엇이든 상관하지 않고 사람들을 끌어들인다.

회사의 전략 수립 방식을 고치고 더 포괄적인 프로세스를 도입하려면 참여하고 행동하는 방식을 변경할 필요가 있다. 우리는 각자 현재의 우리 상황을 만드는 데 일정 부분 기여했다. 각자 과거에 여러 선택을 했다. 아마도 당신은 상사의 제안에 대해 질문하는 대신 침묵했을 것이다. 자신에게 '할당된' 역할이 아니라는 이유로 프로젝트에 도움을 주지 않기로 선택했을 수도 있다. 남들이 전략을 만들 때 '내 책임이 아니라는' 이유로 주저했을 수도 있다. 그 선택은 '무엇'을 할지가 아니라 '어떻게' 할지였을 수도 있다. 정말로 확신하는 아이디어인데도 불구하고 별로 내키지 않는 아이디어인 양 제시하지 않았나? 건설적 제안을 하지 않고 남이 내놓은 아이디어를 비난만 하지 않았나? 과거 당신 선택의 결과는 무엇인가? 아마도 이런 행위로 말미암아 새로운 전략 대안 만들기가 시들해졌을 것이다. 요점은 과거만 곱씹고 앉아 있지 말고 변화의 여력이 있음을 생각하라는 거다.

공동 창조자는 조직 내 공식적 자기 역할이 무엇이든 상관하지 않고 회사 성공에 도움이 될 최고 아이디어를 지원하고 옹호하고 로비하는 사람이다.

이런 형편없는 선택을 하고 나면 앞에 나서기보다는 뒤로 물러나기 마련이다. 사람들이 주저하면, 전략 수립 프로세스는 회사 성공에 필요한 좋은 전략을 만드는 연료를 제대로 공급받지 못한다. 시장 내 회사의 입지에 대한 중요한 정보가 누락될 수도 있다. 조직이 갖춘 실질적 역량에 대한 정보가 존재하지 않는다. 거기서 나온 전략에 대한 전략 실행자의 책임감이 다소 부족할 것은 거의 확실하다.

그걸 바꿔야 한다. 변화에는 두 가지가 필요하다. 첫째는 목소리를 높여, 사실인 걸 내가 알고 있는 관점을 표현하겠다는 의지이다. 둘째는 행동 또는 침묵의 결정도 또 다른 결정이라는 점을 기억하는 것이다. 말을 해야 결과를 바꿀 수 있다. 침묵만 해서는 기회도 없다.

지금껏 임원진은 '명사'로서의 전략strategy을 책임졌지 '동사'로서의 전략화strategizing를 책임지지는 않았다. 옛날부터 임원들은 전략strategy 수립의 기반인 방향 설정에 대한 책임을 주장해 왔으며 에어 샌드위치가 생기는

　　　　　　　　　　　　　　　　　　　　　　1부 협력자 되기

문화를 주도했다. 전략을 조직 전반에 걸친 반복적, 진보적 프로세스로 생각하지 않기 때문에 이 임원들은 형편없는 사업 결과가 나오는 걸 조장하고 있다.

80억 달러 규모 소비재 업체의 제품관리 담당 부사장인 아서Arthur의 이야기를 살펴보자. 아서의 이야기는 공동 창조자로서 어떻게 더 가치를 높일 수 있는지를 강조한다.

아서는 특이한 상황을 만난 매우 총명한 임원이다. 아서의 회사는 해가 거듭될수록 시장점유율을 잃고 있었고, 아서도 그에 대해 아무런 대응도 하지 않았다. 아서는 CEO가 가지고 있으리라 생각되는 자기에 대한 기대 때문에 갑갑함을 느꼈다. 아서의 공적인 역할은 제품의 목표 설정이다. 회사는 일련의 복잡한 산업 트렌드와 역동적 환경에 처했고, 그 때문에 아서 회사의 제품은 갈수록 현재 시장에 어울리지 않게 되었다. 아서는 상황을 타개하려면 회사에 무엇이 필요한지 강한 직감이 있었다. 아서는 회사가 어느 방향으로 가야 할지, 어떻게 그곳에 가야할지, 볼 수 있는 이상적인 지위에 있었다. 그 모든 것에도 불구하고 아서는 수수방관하고 있었다.

흥미롭게도, 사적인 자리나 둘만 만나면 아서는 "글쎄, 나는 'x'에 대해서만 승인받았어요. 나는 오직 'y'만 할 권한이 있어요."라고 말한다. 결과적으로 아서는 자기 아이디어가 조직 내에서 실제로 돌아가도록 로비하고 지지하는 것은 관두더라도 다른 임원에게 그 아이디어를 꺼내 놓지도 않는다. 자신에게 권한이 있다고 믿지 않았기 때문이다.

아서는 무엇을 해야 할까? 아서가 제품 전략을 주도할 수 없다면 누가 할 수 있을까?

내가 아서와 같다고 생각하고 싶어 할 사람은 없겠지만, 모두 어느 정도는 아서와 같이 행동한다. 남들이 내게서 이걸 기대한다고 스스로 믿는 바에 따라(역할이나 직무 기술서에 근거해서) 스스로 제약을 둔다. 그렇기 때문에 이 장은 당신의 이야기다. 즉 당신이 어느 특정 역할을 맡았는가에 상관없이 아이디어의 옹호자가 되어, 사람들이 그 아이디어에 따라 행동하기를 원하게 생각하도록 돕는 역할을 맡는 이야기다. 당신 이야기다. '직속부하'나 다른 사람들의 리더로서가 아니라 (통찰, 창의성, 혁신, 조직에 대한 기여의) 공동 창조자로서의 당신 이야기다. 비록 새로운 아이디어 제시와 똑똑함이 중요하기는 하지만 그것만으로 성공에 이르기는 충분치 않다는 점을 알고 나아가자. 똑똑함은 공동 창조자로 가는 그저 출발점일 뿐이다. 당신이 똑똑하면 옳은 것을 지지할 수 있으며 그건 매우 중요하다. 그냥 똑똑한 주장만 하고 싶은가 아니면 그 똑똑함을 옳은 대안을 지지하는 데 집중할 것인가, 그 선택이 차이를 가져온다.

그렇다면 실현 가능한 전략 수립 과정에서 가장 강력한 옹호자가 되려면 무엇이 필요할까? 비법을 공유하겠다. 그건 더 똑똑해지는 비법이 아니다. 물론, 전략 틀, 사업 모델, 시장 지식, 해당 분야 전문성은 전략 수립에 필수적이다. 그러나 위대한 전략 수립은 전략 수립 프로세스에 훌륭한 참가자로 참여하는 것과도 관련이 있다. 그리고 좋은 참가자는 어려운 프로세스에 사람들을 참여시키고, 주어진 상황에서 무엇이 중요한지 함께 찾아내고, 어려운 트레이드오프에서 통찰력을 갖고 함께 결정 내린다. 다시 말해 가장 크게 공헌하는 사람이 되는 일은 공동의 성공을 달성하기 위해 타인과의 관계 속에서 당신이 내린 일련의 선택과 관련이 있다.

싹을 틔우기 위한 다섯 가지 실천 사항

조직 내에서 어떤 일을 하든, 어느 자리에 앉든 당신은 항상 선택을 한다.

행동할 것인가 하지 말 것인가를 선택한다. 어떤 아이디어가 중요한지, 어떤 아이디어를 옹호할지, 언제 자기 관점을 주장할지, 회사의 고려가 필요한 가치 있는 게 무엇인지 선택한다.

어떤 선택은 사람을 리드하고 프로세스를 리드하는 일에 대한 것이다. 그런 유형의 선택은 3장에서 자세히 다루겠다. 여기서는 어떻게 동료로서 각자 전략 수립에 참가할 수 있을지 살펴보자.

선택과 관련해서는 두 가지 목표를 달성해야 한다. 첫째, 중요 선택은 물론이지만 모든 선택을 할 때 약간 더 깊이 생각하고 약간 덜 기계적으로 해야 한다. 둘째, '목표의 의도'가 무엇인지 명료하게 알아야 한다. 그건 크고 작은 선택을 종합해서 달성하고자 하는 목표가 큰 그림에 어떤 미묘한 영향을 주는지 인지할 필요가 있다는 뜻이다. 이런 목표를 달성하기 위해 사용할 도구는 다음 다섯 가지 실천 사항으로 구현된다. 이 실천 사항은 당신이 직장에서 이미 매일 하고 있는 선택에 대한 인식 수준을 높여줄 것이다. 실천 사항이 다소 신랄해 보인다면, 그건 전략 수립과 아이디어 제공 방법에 더 많이 영향을 줄 방안을 생각하도록 당신을 자극하려는 의도 때문일 것이다. 공동 창조는 도전적인 일이기도 하다. 몇몇 실천 사항은 당신이 느끼는 안전지대의 경계선에(심지어 경계선 밖에) 놓여 있을 수 있다. 공동 창조에 참여하면서 당신의 안전지대가 확장되는 경험을 할 수 있다. 실천 사항은 당신의 선택이 미치는 큰 영향도 같이 볼 수 있도록 도움이 되게 고안되었다.

다섯 가지 실천 사항은 다음과 같다.

- 지적하기
- 온전히 참여하기
- 이유를 이해하기

- 발견 모드로 살아가기
- 모순 포용하기

실천 사항을 하나씩 깊이 살피고, 전략 수립 시 이런 스텝을 활용하면 일자리 문화가 어떻게 바뀔지 생각해보자.

지적하기

옛날 이야기에는 이름만 알면 조정할 수 있는 강력한 마법의 용이나 짐승이 자주 나온다. 조직 안에서 '지적하기'도 바로 그렇다. 지적하면, 그 힘을 빼앗아 올 수 있다. 지적하면, 문제를 밝은 곳으로 끌어내어 조직에서 해결하게 하는 데 도움이 된다. 공동 창조자로서의 우리 역할은 중요한 아이디어를 비록 인기가 없더라도 제대로 다루는 것이다. 공동 창조자는 과거에는 금기로 여겼던 주제를 찾아 토론함으로써 현상에 도전하는 용기를 보여주는 선택을 할 것이다. 그런 선택 하나하나가 팀원이 모두 대화에 참여하도록 고무한다.

매출 추정 미달 시 드러날 문제가 보이는가? 아이디어가 사라지게 하는 부문 사이의 간극이 보이는가? 관련 정보를 움켜쥐고 있는 게 보이는가? 문제를 발견하는 능력과 발견한 것을 지적하는 능력이(더 중요함) 변화의 시작을 위해 제일 중요한 능력이다.

지적은 최대한의 호기심을 갖고 가장 명료하게 조직의 현상을 이해하는 데서부터 시작한다. 지적 능력은 이해력에 좌우된다. 조직의 강점은 무엇인가, 약점은 무엇인가, 놓치고 있는 것은 무엇인가, 회사의 요구에 부응하지 못하는 양상이 어디에서 발생하는가를 명확히 하라. 어디에 해결해야 할 문제가 있는지 확인하라. 직설적이고 솔직한 반면 평가와 비난은 자제하는 이야기 방식을 찾아라. 지적할 때 당신은 이런 말을 한다. "내가 보기에 우리는 여기서 A만 다루지 B는 다루지 않고 있어요.” “이 문제의 근본 원인은 X, Y, Z인 듯합니다.” “이 문제는 우리가 제품 라인을 폐쇄했던 작년으로 거슬러 올라가 봐야 합니다.” 비난하거나 평가하지 말고 관찰한 내용을 표현하라.

지적으로 토의가 더욱 명쾌해진다. 모든 사람이 회사의 현황을 인식하게 하고, 진행 중이라고 또는 일어났으면 좋겠다고 믿고 싶은 것 대신 실제 상황을 다룬다. 문제가 분명하지 않으면 팀과 부문 심지어 회사 전체가 조직을 위한 가치창조가 없는 프로젝트에 시간과 자원을 낭비한다. 이런 문제를 이해하려 노력하고, 문제가 발견되면 지적하라. 임금님이 벌거벗었다고 지적한 아이가 되라. 벌거벗은 임금이 있다면 모두가 그 사실을 알아야 한다.

다음은 회사 내에서 반복적으로 나타나는, 지적이 안 되는 세 가지 상황이다.

- 회사는 고객의 이탈 이유를 인정하지 못한다. 그래서 예를 들자면, 고객 서비스를 개선하지 않고 제품 기능을 바꾸려 한다.
- 회사는 경쟁사를 이기고 싶어 한다. 그런데 고객이 원하는 기능을 제공하지 않고 신기술에만 집중한다.
- 회사는 자사의 제품이나 서비스를 대체할 실용적인 제품과 서비스가 시장에 출현한 것을 인식하지 못하고 계속해서 가격을 올린다. 자기 회사의 제품과 서비스가 진부해지고 있다는 사실을 인지하지 못한다.

이런 예는 왜 지적하기가 전략 측면에서 가치가 있는지 보여준다. 지적하기는 회사가 임박한 일에 대비하게 한다. 지적하기가 가치 있음에도 불구하고 대개 진실을 ‘집중력을 해치는’ 일인 양, 생각만 해도 무서운 일인 양 회피한다(그림 2-2).

그건 마치 어둠 속에서 좁고 혼잡한 길을 운전하는 일과도 같다. 전조등을 켜야 할까? 아니면 그냥 끈 채로 놔둘까?

그렇긴 하지만 지적하기는 도발적일 수도 있다. 그룹의 규범에 반대했다고 질타를 받을까 봐 회의 내내 입을 다물고 있었던 적은 없는가? 문제를 조사할 시간이 더 필요해서 의견을 표현하지 않은 적은 없는가? 어떻게든 팀에서 방법을 찾으리라는 낙관적 믿음 속에 뭔가에 동의한 적은 없는가? 언제나 불확실성이 있기 때문에 지적을 하려면 용기와 헌신이 필요하다. 내가 지탄받을 수도 있다. 조사 결과가 내 주장을 지지할지도 확실치 않다. 팀에서 그런 공격적인 일정에 맞출 수 있을 거다. 이럴 때 흔히 다음처럼 된다.

- (실제로 확인하지 않고) 남들이 더 많이 알 거라고 스스로를 설득한다.
- 현재 있는 부분에만 (안전한 부분에만) 집중한다.
- (확신이 있는데도) 침묵한다.

그림 2-2 지적하기는 성공에 결정적으로 중요하다

지적을 대신하는 이 모든 대안은 고통 회피의 기법이다. 남들이 더 잘 알 거라는 속임수는 수정 책임을 회피하는 쉬운 방법이다. 그와 유사하게 당신이 현재 있는 부분에만 집중하면 자기 책임과 위험을 제한할 수 있다. 결국 문제를 조금이나마 다루면 아무것도 안 하는 것보다는 낫다고 자신에게 말한다. 그러나 문제 전체를 알아야 선택이 분명해진다. 문제를 피하려고 일부만 다룰 때 발생하는 위험이 있다. 그건 당신이 근본 원인은 차치하고 표면적 증상만 고치고 있을지도 모른다는 것이다.

침묵 지키기는 추가적 업무나 곤란한 상황을 피하려고 우리 모두 활용하는 기법이다(나 자신도 예외가 아니다). 어쨌든 링컨 대통령조차 "말을 하여 모든 의심을 없애기보다 침묵하면서 바보로 여겨지는 편이 낫다."라고 했다. 물론 링컨 대통령이 농담을 한 것이다. 침묵으로 미국을 움직이지는 않았다. 우리도 침묵하면서 회사를 움직일 수는 없다.

우리는 이렇게 자기를 보호하려는 인간적 성향을 택한다. 그러나 계속해서 단기적 고통을 피하려다 보면 장기적 문제가 생기는 함정에 빠지고 만다. 지적을 해보겠다고 선택하면 은근히 용감해져서 단기적 고통의 위험이 있을 걸 알더라도 적절한 행동을 취할 수 있다.

지적하기의 목표가 부정적으로 또는 비판적으로 되자는 것이 아님을 기억하라. 그건 불길한 예언이나 독설과는 다르다. 불길한 예언과 독설은 둘 다 부정적인 면에 초점을 둔다. 독설은 조직이나 제품의 결함을 부풀린다. 불길한 예언과 독설은 둘 다 건설적인 의도가 없으며 지적에 해당하지 않는다. 회사가 문제를 확인해야 팀이 어떻게 공동 대응할지 결정할 수 있기 때문에 지적은 본질적으로 긍정적인 행위다.

일단 지적하기에 동참하면 더 많은 기회를 발견할 것이다. 침묵하던 진실을 공표할 기회가 생기면 매번 응해야 할까? 지적하려면 최적의 상황과 언어에 대한 감을 기르는 연습을 약간 해야 한다. 그러나 연습을 해야만 기술이 향상된다. 전혀 안 통하는 것은 지적하기를 완전히 회피하기만 하는 것이다.

일단 무엇을 해결해야 할지 확인했고 이름까지 붙였다면, 변화를 리드하기 위해 다음에 취할 행동은 대화를 시작하여 문제를 다루는 것이다. 원더우먼이 힘든 일을 피한 적이 있던가? 물론 아니다. 원더우먼은 진실의 황금 올가미 밧줄을 꺼내 들고 문제로 뛰어들었다. 당신도 그래야 한다.

온전히 참여하기

우디 알렌Woody Allen은 성공의 80퍼센트가 참석에 있다고 말했다. 나머지 20%는 무엇일까? 온전한 참여다! 온전히 참여하라! 용감해져라! 자신의 관점을 표현하라. 당신이 무지함을 보여줘라. 당신의 걱정을 보여줘라. '멍청한' 질문을 하라. 의식적이든 아니든 당신이 직장에서 하는 가장 중요한 선택은 어떻게 참여할지 선택하는 일이다!

사람들은 대개 특정 직책에 있지 않아서, 특정 권한이 없어서, 특정 수준의 계급이 아니라서 자신이 질문을 하거나 끼어들면 안 된다고 생각한다. 우리 중 누구도 자기 관점을 갖는 데 지정된 역할이 있어야 하는 건 아니다. 그건 고리타분한 사고이며 전략을 수립할 때 전혀 도움이 되지 않는다.

전략 수립은 아이디어를 이해하고 토론하고 공동으로 구축하는 일이다. 위대한 전략 도출은 사람들이 한 팀이 되어 하는 창의적 행동이다. 그것이 왜 중요할까? 그건 당신이 제공해야 하는 것을(본질적으로, 회사에게 이득이 되도록 아이디어의 가치를 놓고 논쟁하기) 주장하고 심의하고 기여하기 위해 회의실 안으로 들어와 있지 않다면, 당신과 회사는 커다란 기회를 잃고 있는 것이다. 그냥, 동의하지 않는다고 말하거나, 아직 제대로 알지 못한다고 말하거나, 충족해야 할 조건을 발견했다고 말해 주기만 하면 당신의 참석이 모든 것을 작동하게 하는 열쇠가 될 수 있다. 각자 최고로 기여하며 참석하지 않는다면 전략 수립 방식을 바꿀 수 없다. 참여하고 관여해야 한다.

대개 질문하기 전에 답부터 알아야 한다고 생각한다. 왜 그럴까? 뭔가 '알거라고' 또 가끔은 전부 다 알거라고 남들이 내게 기대한다고 우리는 생각한다. 정말 왜 그럴까? 모든 사람이 답을 알 거라고 기대하면 질의응답의 의미는 뭘까? 왜 질문을 하면 자기가 멍청해 보인다고 느끼는 사람이 많을까 하고 잠시 곰곰이 생각해 볼만하다. 몇몇 발표자는 여러 가지 이유로 질문받기를 좋아하지 않아 사람들이 질문을 못하게 한다. 질의응답을 잘난 척하는 시간으로 생각하는 사람도 있다. 이런 발표자는 질문자를 바보로 만들고, 이런 경우 회의실 안 다른 사람들을 즐겁게 하는 부가효과를 가져오기도 한다. 그런데 어떤 발표자는 사람들이 질문하도록 격려를 매우 잘한다. "훌륭한 질문이군요!"라고 말한다. 우리는 질문을 받았을 때 어떻게 대응하는가? 우리의 대응이 회사의 문화에 어떤 영향을 주는가?

문화는 우리가 자기를 어떻게 제한하는지에 대해 큰 영향을 주는 요소다. 하이테크 실리콘밸리 문화에서는 똑똑해 보이는 게 가장 중요하다. 그 말이 암시하는 바는 멍청해 보일 짓은 어떤 대가를 치르더라도 피해야 한다는 것이다. 당신이 저녁 파티에 적절히 차려 입지 않고 나타나고 매너조차 엉망이라면 사람들은 당신을 괴짜라고 생각하겠지만 벤처투자자들이 놀라 도망가지는 않을 것이다. 심지어 꼭 청결할 필요도 없다. 그러나 멍청해 보이면 어떨까? 절대 안 되지! 신도 당신이 멍청해 보이는 걸 용납 못하지(헉!). 그림 2-3을 보라.

그림 2-3 멍청해 보이려면 용기가 필요하다

이제 한 걸음 물러나서 이걸 생각해 보라. 가끔 바보처럼 보이는 게 정말 끔찍한 일인가? 그렇지 않다. 멍청해 보이더라도 침묵하면서 모르고 지내는 것보다 배우는 게 분명히 낫다. 가끔씩 "나는 몰라"라고 말을 해 아는 게 없어 보일 위험을 감수하려 않는다면 배움의 문을 열 수가 없다. 더 배울 것이 있다고 인정하는 건 다소간 용감한 행동이다. 게다가 다른 사람도 정보가 더 필요할 가능성이 꽤 있다. 배우고 성장하는 능력은 성공으로 나아가게 하는 단 한 가지의 중요 요인이다. 때로 멍청하고 실없어 보이는 게 분명 신나는 일은 아니지만 스타일을 구길까 하고 두려워하는 것은 기여를 하는 데 주요한 걸림돌이 될 수 있다.

멍청해 보이더라도 침묵하면서 모르고 지내는 것보다 배우는 게 분명히 낫다. 이를 배우고자 하는 용기라 부른다.

당신은 개인적으로 어떤가? 온전한 당신이 직장으로 오는 데 방해하는

것은 무엇인가? 진짜 생각하는 걸 말하려면 무엇이 필요할까? 일자리에 온전히 참여하려면 무엇이 필요할까? 잠시 이런 중요한 질문을 생각해 보라.

두려움은 대부분 사람들이 온전히 참여하지 못하게 막는 주요 요인이다. 두려움이 언제나 나쁜 건 아니다. 두려움도 정보다. 두려움의 가치는 그 맥락과 당신이 보이는 반응에 따라 다르다. 두려움에 회피적 패턴으로 늘 반응한다면 그 대가는 매우 비싸다. 두려움에 대해 주의를 깊게 기울여야 할 신호라고 생각하면 그건 매우 유용하다. 그게 바로 내가 두려운 느낌에 반응하려 하는 방식이다. 나는 머릿속에 두려움의 목소리가 들리면 멈춰서 귀를 기울인다. 아마 내 생각 가운데 설명이 필요한 어떤 위험이 존재한다고 그 목소리가 말해주고 있기 때문이다,

두려움은 진짜 생각을 말하지 못하게 당신을 마비시키는 힘이 될 수도 있다. 또는 중요한 뭔가에 관심을 기울여야 한다는 분명한 신호일 수도 있다. 사람들이 말하는 걸 듣지만 말고 그 말 저변의 욕구와 두려움에도 각별한 주위를 기울여라.

다음 쪽에 나오는 '그들이 하려 했던 말'에서 묘사했듯 두려움을 파헤치는 건 시간이 걸렸지만, 그 속에는 모두 귀 기울여 곰곰이 생각해야 할 타당한 문제가 있었다.

완전한 참여는 당신이 하는 기여가 전체에게 도움이 될 걸 본인이 알고 있기 때문에 모든 걸(통찰, 관점, 질문, 걱정, 두려움) 공유하겠다는 뜻이다. 정말로 무엇이 필요한지 솔직하게 드러내고 공유하지 않으면 매우 중요한 게 땅속으로 사라진다. 그러면 의도적으로 최적의 사업성과를 내기가 더욱 어려워지고 의도하지 않았던 결과가 흔히 발생한다. 일을 땅속에 파묻어버리면 의도했던 것과는 반대 현상이 생겨난다. 좋은 전략을 선택할 확률을 높이고 제대로 실행하려면 왜 우리가 뭔가를 원하거나 필요로 하는지 사람들과 공유해야 한다. 그걸 알면 처음에는 그 방법이 명확해 보이지는

않을지라도 의도한 성과를 달성할 수 있게 남들도 도움을 줄 수 있다. 결국 그건 투명성 그리고 우리가 추구하는 투명한 문화가 주는 이득이다.

내가 완전히 참여하고 의견을 공유하면 다른 참가자도 완전히 참여하고 공유하라고 허락하는 추가 이득을 얻는다. 그건 은폐와는 정반대다. 조심조심 일 추진하기와도 정반대다. 작가 비렌더 카푸르Virender Kapoor는 "지능지수IQ, Intelligence Quotient가 아니라 열정지수PQ, Passion Quotient가 당신을 성공의 정상으로 데려다 줄 것이다"라고 말한다. 카푸르의 말이 맞다. 그게 바로 완전히 참여하기의 핵심이다.

그들이 하려 했던 말

언젠가 나는 "지금 당장 비용을 줄여라."라는 CEO의 지시를 받자마자 회의실에 갇혀버린 임원진과 함께 일한 경험이 있다. 우리가 무엇을 삭감하고 무엇을 놓아둘지 알아내는 데 허락된 시간은 23시간이었다. 우리는 거의 하루를 누가 무엇을 포기해야 할지 싸우면서 보냈다. 그런데 어느 순간 한 임원이 "내 팀에서는 누구도 자를 수 없소."라고 선언해버렸다. 상상이 되겠지만 그 말은 누구도 용납할 수 없었다. 모두 곧바로 그 임원을 집단적으로 괴롭혔다.

어느 순간 누군가가 그 임원에게 그렇게 생각한 논리를(최종 선언이 아니라) 알려달라며 개입했다. 그 임원은 자기가 팀을 처음부터 만들었고 모든 팀원을 직접 뽑았다고 답했다. 그건 회의실에 있던 사람들 대부분 마찬가지였다. 따라서 그 임원의 답변은 충분치 않았다. 내 머릿속의 목소리가 말했다. "좀 진지하게 하지 그래!" 그러나 나는 내 좌절감은 제쳐두고 그 임원에게 혹시 빼놓고 말하지 않은 게 없는지 물었다. 그때 상황의 핵심을 알게 됐다.

그 임원은 자기 팀에 산업의 최고 인재가 모였다고 설명했다. 팀원 모두 같은 도시에 살았고 사이좋게 일했다. 그 임원은 자기가 누구를 한 명 해고하면 팀원이 모두 회사를 그만두고 나가 자기 사업부의 경쟁자가 될 것이라며 걱정했다. 굉장한 직원들을 잃을 뿐 아니라 결과적으로 훨씬 까다로운 경쟁자를 만나게 될 것이었다. 그 임원의 진심이 마침내 드러났다. 이 사실을 말하면서 그 임원은 마침내 온전한 참여를 선택했다. 사방에서 한숨 소리가 뚜렷이 들렸다. 이제야 모두 무엇이 위태로 온전히 참여하면 자신의 열정을 토론에 불어 넣는다. 열정을 일으키는 방법 배우기는 더욱 뛰어난 전략가가 되는 데 중요하다. 온전한 참여를 위한 간단한 방법을 몇 가지 소개한다.

- 자신의 욕구, 욕망, 아이디어, 생각, 질문, 두려움을 남들과 공유하라.
- 결과에 영향을 미치는 당신 목소리의 힘을 절대로 과소평가하지 말라. 사람들이 당신의 우려를 진지하게 받아들일 거라고 믿어라.
- 회의할 때 뭔가 꺼내놓지 않았다는 걸 깨달았다면 쪽지를 보내고 후속조치를 취하라. 항상 두 번째 기회가 있는 법이다.

이유를 이해하기

어떤 사람은 그런 결정을 내린 이유를 공유해서는 안 된다고 생각한다. 공유해서는 안 되는 사항에는 결정 통보를 위해 어떤 데이터를 사용했는지, 누가 판단에 관여했는지, 어떤 위험요소가 고려됐는지 등이 포함될 수 있다.

왜 그런 결정이 내려졌는지 소수의 리더 그룹만 안다면 조직 내 나머지 사람들은 어둠 속에 남는다. 그건 신비로운 커튼 뒤에 어떤 '전지전능한 마법사'가 있고 그 마법사만이 일을 성사시키는 능력을 지니고 있으며, 우리 각자는 공동 창조자가 아니라는 걸 사람들에게 암시해준다. 그건 조직 내 참가자들이 자기는 결정사항에 대한 발언권이 없다고 지속적으로 믿게 한다. 이쯤이면 당신도 그런 결과는 피해야 함을 알 것이다.

결정을 내린 이유를 정확히 알면 알수록 모두에게 좋다. 사람들은 무엇이 중요한지 이해하고, 모든 수준에서 끊임없이 발생하는 트레이드오프 관계에서 판단 근거가 되는 정보를 얻는다. 또한 결정 사항에 대한 호응과 조직의 사기가 올라간다. 결정 사항 이면의 논리를 공유하지 않으면 그게 작위적이며 아마 자기들 이익만 챙기는 걸로 비춰질 수 있다. 즉 의사결정권자의 이익을 대변하는 결정이지 조직의 이익을 위한 결정이 아니라고 비춰질 수 있다.

'이유'를 알려주지 않으면 결정이 작위적이며 자기들 이익만 챙기는 걸로 비춰질 수 있다. '이유'를 알면 모든 사람이 하부 결정의 정렬 능력을 개선할 수 있다.

사람들이 자신의 지적 능력을 최대한 활용해 '여기'에서 '거기'로 이동하는 최선의 방법을 구상하게 해야 한다. 즉 자유롭게 데이터와 가정을 공유해서 조직 전체의 위대한 전략적 사고를 얻게 된다는 뜻이다. 무엇이 중요한지 사람들에게 알려주면 사람들은 목표 달성을 위해 어떤 트레이드오프 결정을 해야 할지 안다.

여기서 나오는 질문 하나는 모순적인 데이터를 공유할지 여부다. 나는 데이터가 계획한 목표와 잘 정렬되지 않아도 투명하게 공유해야 한다고 강력하게 믿는 사람이다. 그 이유는? 만약 시장에서 뭔가가 바뀐 걸로 판명되면 핵심 결정을 완전히 되풀이 할 필요 없이 그저 처음에 신호가 뒤섞였구나 하고 생각하기만 하면 되기 때문이다. 그럴 경우 결정한 사항에서 30도만 방향을 틀어 조정하자고 할 수도 있다. 경우가 어떻든 모순된 데이

1부 협력자 되기

터를 수용하자는 결정은 까다롭다. 왜냐하면 데이터를 이미 알고 있던 사람은 의사결정권자가 어둠 속에 있었고 그래서 판단에 결함이 있었다고 생각할 것이기 때문이다. 되풀이하지만, 지금 데이터를 더 많이 공유하면 할수록 나중에 더 잘 정렬이 된다.

궁극적으로 투명성은 필요 시 목표를 조정할 수 있는 힘을 사람들에게 부여하면서도 전체와 완전히 정렬된 상태를 유지할 수 있게 한다. 의사결정권자가 보여주는 투명성은 다른 곳에서의 투명성을 촉진한다. 그러면 조직 내 도처에 산재한 유용하지만 불편했던 토막 정보도 숨기지 않게 된다.

좋은 소식은 다른 걸 안 했더라도 지적만 하면 조직의 변화를 리드하게 될 것이라는 점이다. 더 많은 변화를 리드하고 싶다면 온전히 참여하고, 모범을 보이면서 적극적으로 리드하고, 조직에 새로운 힘을 불어넣어라. 더 추가적인 변화를 리드하고자 한다면 조직 투명성 제고의 주도를 택할 수도 있다. 이런 선택들은 당신 것이다. 혼자만 갖기에는 너무나 큰 힘이다.

이런 행동은, 서로 결합됐을 때, 조직 내 변화 주도의 탄탄한 시발점이 된다. 문화인류학자 마가렛 미드Margaret Mead는 언젠가 "사려가 깊고 헌신적인 적은 수의 시민 단체가 세상을 바꿀 수 있음을 절대 의심치 말라. 실로 세상을 바꾼 이는 그런 소수의 사람들이다."라고 말했다. 우리 조직 속에서는 우리가 시민이다. 회사가 앞으로 나가도록 이끌 그런 변화를 우리가 각자 시작할 수 있다. 사려 깊고 헌신적이기만 하다면 말이다. 문화는 위에서 명령한다고 바뀌는 게 아니며, 남들이 보고 따라오도록 함께 모여 행동을 시작해야 바뀐다. 생각, 존재, 행동이 에어 샌드위치의 속을 채울 때 우리는 더 많은 가치를 함께 창조하기 시작한다.

발견 모드로 살아가기

결정을 내리고 나서야 나중에 바로 코앞에 놓여 있던 핵심 증거를 무시했음을 깨달은 경험이 여러 번 있지 않나? 왜 그걸 못 보았을까? 자기 경험, 우선적 업무 방식, 일이 이래야 된다는 선입견에 얽매여 있었을까?

그건 전적으로 인간이기 때문에 생기는 일이다. 다들 가끔씩 자기가 세상을 바라보는 방식이 자신의 무의식적 현실관에 제약받는다는 걸 깨닫는다. 그러나 그와 대비되며 누구에게도 가능한 의식적인 선택도 존재한다. 그건 발견 모드로 살아가겠다는 선택이다.

위대한 전략의 핵심은 미래 설계에 대한 것이며, 그 미래를 성취하려면 무엇이 필요한지에 대한 것이다. 발견 모드로 살지 않는다면 장래에는 상상, 발명, 노력할 만한 가능성의 수가 제한된다. 발견 모드로 살아가려고 노력할 때 새로운 아이디어를 다루고 가정을 다시 검토할 의욕이 생긴다. 훈련을 하면 이전에 가진 생각을 버리고 다른 아이디어를 만들기가 쉬워지고, 그래서 다른 사람이 기여한 아이디어에 개방적이 된다. 흥미로운 부가효과도 있다. 타인의 관점을 알려고 내 관점에 대한 집착을 줄이면, 남들이 더 이상 나를 '정치적'이라고 보지 않는다.

발견 모드로 살아가기는 적극적인 선택이다. 그건 의식적으로 사고의 틀을 계속 확장하고, 새로운 지식, 관점, 경험에 대해 계속적으로 개방적이 된다는 뜻이다. 나는 이를 '호기심 갖기'라고 부른다. 그건 세상, 타인의 관점, 내 주변에서 일어나는 일에 대해 호기심을 갖고, 심지어는 내 자신에 대해서도 새로운 생각을 갖는 일이다. 이 모든 게 긍정적이고 신나는 일로만 들린다면, 발견 모드로 살아간다는 것이 싫어하는 사실도 인정하고 오랜 사실을 새로운 관점으로 봐야 한다는 것도 뜻하는 걸 알아야 한다.

호기심과 개방성의 유지는 각자의 정신적 민첩성 유지에도 도움이 된다. 그와는 반대로 자신의 경험과 지식 또는 통찰을 '완전하다'거나 '완성되었다'라고 생각하면 미래를 수용하지 못하고 자신을 과거에 묶게 된다. 들어오는 데이터에 한계를 두면 나쁜 아이디어뿐만 아니라 좋은 아이디어도 막게 된다. 핵심 정보를 놓치게 되고, 미래를 개발, 재개발, 창조하는 (그리고 공동으로 창조하는) 우리 능력이 제한받게 된다.

발견 모드로 살아가기를 채택하는 데 겪는 흔한 어려움은 경청하기를 배우는 일이다. 빤한 말 같지만 잘 들으려면 일부 우리의 자연적 본능에 대항해야 한다. 정말로 소중히 여기는 어떤 관점이나 개념, 또는 공유하고 싶은 주요 통찰이나 데이터가 있을 때 '듣기'는 특히 더 어렵다. '표현'하고 싶은 욕망 때문에 유입되는 통찰을 포착하기보다는 밖으로의 흐름에 간혹 더 많이 집중한다. 미래를 만들 때 뭐가 필요한지 이미 다 알고 있다는 인상을 사람들에게 주면, 협조적 프로세스로 새로운 대안을 만들 여지가 별로 없다. 핵심은? 양쪽이 균형이 맞는 흐름이다. 공유하고 배운다.

장기적으로 볼 때 정말 중요한 것은 각자 현재 알고 있는 내용이 아니라 각자 시각을 계속 확장하고 미래를 이해하는 능력이다. 단기적으로는 제대로 질문하는 법을 배우면 누구나 자신의 기술을 보강할 수 있다.

발견 모드로 살아가려면 지속적으로 훈련해야 한다. 그건 끊임없이 움직이고 훈련하고 잡아당기고 보강할 수 있는 근육이다. 호기심을 갖고 남의 관점을 받아들이기로 결정하면, 무의식적으로 자기만의 현실 관점에 집착하지 않고 개방적으로 새로운 아이디어, 다른 관점, 새로운 시나리오, 예상치 못한 현실을 받아들이게 된다(그림 2-4). 이런 개방성은 인간관계를 강화하고 각자 더 현명한 전략가가 되도록 분명히 도움을 줄 것이다. 이는 훌륭한 협조적 전략 수립의 필수 요소다. 즉 타인이 나에 대해 기존에 갖고 있는 생각에는 개방적이어야 하고, 내가 가진 타인에 대한 기존 생각은 옆으로 치워둬야 한다.

발견 모드로 살아가기를 배우는 일은 직장에서 매일 그리고 매순간 경험하는 중압감을 고려할 때 힘든 과제일 수 있다. 이 핵심 기술을 계발하려면 몇 개의 간단한 기법부터 시작하라.

- 적어도 3개의 개방형 질문을 하겠다는 마음을 먹고 회의에 들어가라. 이런 질문은 기본 사실만 얻거나 그저 '예' '아니오'로 답하면 되는 이 분법적 질문이 아니라, 무엇이 중요하며 무엇이 가능한지를 묻는 내용이어야 한다. 자신이 내향적이라도 준비를 약간 하면 내가 무엇을 발견하기 바라는지 아는 데 도움이 될 것이다. 외향적이라면 준비는 더 많은 학습이 되도록 질문하는 것과 관련 있다.

- '발견 모드로 살아가기' 위한 목표를 정하라. 어느 프로젝트에서나 뭐가 됐든 질의응답을 하려면 먼저 공부부터 해야 한다는 게 분명한 때가 있다.

- 답을 이미 모른다고 자신과 남을 은근히 비판하기를 멈춰라. 흥미롭게도 정말 똑똑한 사람들은 자기가 이미 알고 있지 않다고 스스로를 심판하며 필요 이상으로 자기를 괴롭힐 때가 많다. 본인과 타인 비판하기는 개방적으로 배우는 능력을 방해하니 없애는 게 최고다. 새로운 현실에 개방적으로 되려면 잠시 동안만이라도 판단을 제쳐놔야 한다.

그림 2-4 새로운 현실에 개방적으로 되어라

아마도 발견 모드로 살아가기의 가장 강력한 기법은 언뜻 보면 모순적인 데이터, 정보, 의견, 이야기를 판단하는 걸 잠시 미루는 것이다. 즉 모순을 포용하는 거다.

모순 포용하기

전략가 또는 공동 창조자가 되려고 할 때 가장 까다로운 일은 내가 끼어들 때쯤이면 쉬운 문제는 이미 거의 다 해결이 됐다는 점이다. 간단한 사안은 비용과 효용의 트레이드오프 관계가 명백한, 상대적으로 명쾌하고 선형적인 의사결정을 하면 된다. 이 말은 투자의 내용과 실행의 장벽이 대개 돈과 자원이라는 뜻이다. 한 가지 예는 결정이 명확하고 자원을 배분하는 게 일인 기계적인 마케팅 프로그램이다.

그러나 어려운 문제는 새로운 영역을 개척할 때 생긴다. 그런 문제는 방법과 목표를 함께 찾아야 한다. 그것은 흔히 직관적으로 또는 전체적으로 판단을 내리는 일인데, 그런 때는 답을 찾는 프로세스 자체가 변할 수도 한다. 이런 유형의 판단은 복잡하기 때문에 공개적인 갈등 수준의 저항을 만나 꼼짝 못할 때도 자주 있다. 문제를 해결하려면 관련 조직과 사람은 기존에 정의되지 않은 어떤 방식으로 변화하고 적응해야 한다. 전형적인 전략 판단은 신 시장 진입 또는 두 회사의 통합이다.

따라서 어려운 문제에 대한 전략 수립은 그 본질상 믿기 어려울 정도로 복잡하다. '해답'이 무엇인지 명백한 경우는 거의 없다. 문제 자체가 대개 명쾌하지 않기 때문이다. 소매를 걷어붙이고 파고들다보면 이상적인 해결안이 없는 듯한 매우 복잡한 상황을 만나게 된다. 가시밭처럼 어려운 전략적 문제의 특징은 그런 문제가 모순을 내포하고 있다는 거다. 즉 객관적으로 해결이 안 되며 긴장을 유발하는 상반된 목표와 명령이 포함되어 있다. 미래에 관한 무엇과 현재의 어떤 면이 대립하든, 혹은 미래의 어떤 두 가지 측면이 서로 대립한다. 이게 아니라면 문제가 수월할 거다. 해결법에 대한 나의 직관은 다른 사람의 직관과는 대개 다를 것이다. 물론 그게 바로 많은 이들의 발목을 잡을 수도 있는 해결안 도출의 난관이다.

복잡한 문제의 특징은 '역설'이다.

내가 늘 좋아하는 작가, 도리스 컨스 굿윈Doris Kearns Goodwin은 링컨 대통령과, 링컨 대통령의 내각에 대한 『권력의 조건』(21세기북스, 2013)이라는 기념비적 책을 썼다. 이 책에서 굿윈은 훌륭한 리더가 대립 상황을 만나 어떻게 대응하는지의 특징을 묘사했다. 굿윈에 따르면 링컨 대통령은 대통령직을 맡았을 때 자신의 '적'을 끌어들여 내각에 참여하라고 초대했다고 한다. 링컨 대통령은 반대파를 소집해서 자신을 위해 일하게 했다. 당시에는 노예제도가 농업을 주도했고, 농업은 미국 대부분 지역, 특히 남부지역 경제 성장의 원동력이었다. 노예제도를 폐지하면 여러 사람의 생계가 위협받고 미국의 경제 구조가 바뀔 것이었다. 관점에 따라 노예제도는 필수적인 제도일 수도 있고, 폐지해야 하는 제도일 수도 있었다.

남북전쟁 반대파는 링컨 대통령이 노예제도 문제에 대한 타협을 거부했다며 그를 비난했다. 노예제도 폐지에 너무 시간이 걸린다며 링컨 대통령을 비난하는 사람도 있었다. 링컨 대통령은 정치적 반대파의 재능이 필요함을 알고 그들을 내각으로 불러 모았다. 굿윈에 따르면 링컨 대통령은, 다른 위대한 리더들도 그렇지만 모순되는 관점을 그냥 참은 게 아니었다. 오히려 그런 관점을 장려했다. 결국 내각 각료들은 모두 남북전쟁 이후의 미국 만들기에 힘을 보탰다. 오늘날 우리는 모두 노예제도를 인류의 야만적 비극이라고 생각한다. 하지만 링컨 대통령 시대에는 노예제도가 경제와 도덕 사이의 모순이었다.

모순은 심각한 변화를 수반하는 판단에서 항상 자연스레 생기는 일이다. 각자 반대 아이디어를 인내하며 분석할 수 있을 때, 처음에 기대했던 것보다 훨씬 더 창의적인 해결안을 도출하는 공간을 만들 수 있다. 남북전쟁 시기에는 서로 간의 차이를 조율해서 하나의 나라를 유지하기가 불가능하다고 다들 생각했다. 그러나 변화하고 전진할 수 있었다.

전략가이자 공동 창조자로서 발전하려면, 복잡한 사업 문제에서의 훌륭한 전략 개발은 긴장 관계에 있는 반대 아이디어와 관련이 있다는 개념을 각자 궁극적으로 내면화해야 할 것이다. 복잡한 사업 문제를 다룰 때 옳은 답이 하나만 있는 경우는 드물다. 계속 흑백논리만 주장하는 사람은 진척이 곧 계속되는 전쟁임을 깨달을 것이다. 모순을 그냥 인내하지만 마라. 모순을 포용하고 모순과 함께 일하라.

모순 포용을 배우기란 대부분 사람들에게 편치 않은 일이다. 그렇긴 하지만 충분한 보상을 주는 일이기도 하다. 까다로운 논쟁을 하며 암묵적 문제를 찾아내고, 충분히 상황 이해 없이는 기안이 불가능한 해결안을 내놓도록 각자에게 힘을 위양해 주기 때문이다.

모순 포용을 시작하기 위한 몇 가지 기법을 살펴보자.

- 주어진 판단 상황에서 자신이 불확실성보다 확실성을 얼마나 선호하는지, 갈등보다 평화를 얼마나 선호하는지 살펴라. 옳고 틀린 답은 없지만 자신의 타고난 분기점이 어딘지 알아야 전략 수립 기간 중에 관리할 수 있다.
- 확실함 또는 평화가 자신에게 얼마나 중요한지 평점을 매기고, 불확실성이나 갈등을 참는 인내력을 조금씩 높여라. 평화롭게 지내자며 사람들에게 호소하고 있다면 자신이 문제에 그냥 위장막을 씌우고 있을 뿐 문제는 갈수록 악화될 것이다.

- "둘 다 맞으려면 어떻게 해야 할까?"라고 자신에게 질문하라.

의심할 바 없이, 모순 포용 배우기는 전략 수립 프로세스에서 가치 있는 기여자가 되는 핵심이다. 모순 다루는 법에 대한 정보가 더 필요하면 부록 B를 참조하라.

의자 당겨 앉고 일 추진하기

우리는 일을 하며 끊임없이 선택의 순간을 만난다. 한편으로는 우선해야 하는 일은 아닐지라도 금일 중 처리해야 할 문제를 끊임없이 발견한다. 또 다른 한편으로는 이제 그만 끝내고 '흐름에 따라' 안전과 편안함을 선택하고 싶은 유혹도 느낀다. 문제를 일으킬 필요가 없잖아! 왜 틀릴 위험을 감수해! 혹시 갈등을 일으킬지도 모르잖아! 틀릴지도 모를 위험은 그냥 피하는 게 더 안전하지 않을까? 문제에 맞서기보다는 조용히 있는 게 훨씬 더 편하지 않을까?

회사를 위해 최선을 다하거나 전략가이자 공동 창조자가 되고자 하는 사람에게는 비록 선택이 쉽지는 않지만 분명하다. 몸을 뒤로 빼면 더 안전하고 편하고 쉬워 보일지 몰라도 속마음도 정말로 그런 건 아니라는 걸 우리는 안다. 몸을 뒤로 빼면 조직에서 우리의 지식과 통찰, 특별한 관점을 활용할 기회가 없어지는 것이다. 우리의 관점이 회사가 성공하도록 돕는 데 결정적일 수 있다. 게다가 회사가 성공하지 못한다면 우리 누구도 성공하지 못한다.

에어 샌드위치의 속을 채우려면 공식적으로 규정된 개인 역할만 하며 팀 그리고 사업 '경기'에서 일어나는 일을 무시하고 있을 수만은 없다.

개인의 역할에서 다섯 가지 실천사항의 채택하는 일은 의자 당겨 앉기와 같다. 의자 당겨 앉기란 당신이 행동할 준비 자세로(듣고, 배우고, 상이한 아이디어를 연결하고, 대안이 나오게 도움을 주고, 창조하고, 궁극적으로는 뭔가 실질적인 걸 만들 자세로) 세상을 만나는 방식이다. 세상에 관여하는 것이지 수동적으로 관조하는 게 아니다.

전략 수립에 참여를 적용하면 뭐가 가장 중요한지 드러나고 그에 따른 기준이 만들어진다. 그래서 적절한 사실을 수집하고, 무엇이 작동할지 무엇이 작동 안 할지를 측정하고, 결국 비전과 그 비전 실현 사이에 잠재적 간극을 처리해 좁힐 수 있다.

의자를 당겨 앉겠다고 마음먹는다고 그런 문제가 바뀌지 않을 수도 있지만 문제에 대한 인식은 바뀔 것이다. 그리고 당신 덕분에 다른 사람도 상황을 더욱 완전히 인지할 수 있게 되길 바란다.

협조적 참여의 이런 기본 입장은 많은 사람들이 위대한 리더십, 훌륭한 아이디어, 과감한 행동을 보여주도록 주도해준다. 이들이 성공할 경향이 높다는 건 놀랄 일이 아니다. 그러나 성공이 행동만으로 되는 건 아니다. 성공은 태도나 입장, 그리고 지속적으로 참여적 행동을 유도하는 더 심오한 존재 방식에서 나온다.

일 속에서 명백히 드러나는 문제와 도전을, 뭔가 배우고 자신을 단련하고 미래를 준비할 기회로 간주하면 도움이 될 것이다. 비록 처음부터 항상 이득이 분명한 건 아니더라도 문제를 회피하지 않고 의자를 당겨 앉아 포용할 때, 당신은 배움을 얻고 성장해서 더 빨리 강해진다.

동양 철학에는 이런 말이 있다. "물고기를 키울 때 물고기를 더 크고 강하게 키우고자 한다면 연못 가운데에 바위를 놓아라. 물고기는 반대쪽에 가기 위해 바위를 계속해서 돌아 헤엄칠 것이다."[2] 탐색하고 움직이는 건 물고기의 본능이다. 그게 환경에 반응하는 방식이며, 가능성에 능동적이고 개방적으로 반응하는 방식이다. 물고기와 마찬가지로 우리도 각자 환경에 어떻게 반응할지 결정할 수 있다. 연못 속 바위에 수동적으로 반응하길 택할 수도 있고 환경에 관여하길 택할 수도 있다. 앞의 두 가지 태도 중 하나는 분명 나와 세상의 관계를 바꾸고, 도전을 만났을 때 취하는 자세를 바꾼다. 그 태도는 우리 한 명 한 명을 더욱 강하게 만든다.

명백한 일이지만 우리가 의자를 당겨 앉을 때 큰 영향을 미칠 수 있다. 우리는 지적하고, 온전히 참여하고, 이유를 이해하고, 발견 모드로 살고, 복잡한 판단에 내재된 모순을 포용함으로써 조직의 현재 전략 수립 방식을 바꿀 수 있다.

각자 내 목소리를 찾아 내 주위에서 진행되는 합창에 참가해야 한다. 이럴 때 우리는 함께 일하는 방식을 바꾸기 시작할 것이다.

당신은 실제로 이 실천사항들이 작동하는 걸 아마 봤을 거다. 필요한 만큼 자주는 아니더라도 또는 현재 조직에서는 아니더라도, 보기는 봤을 거다. 팀이 손발을 맞게 협조했던 경험을 돌이켜보면 팀원들이 다섯 가지 실천사항을 규범으로 삼아 지냈음을 알게 될 거다. 이 실천사항이 본래부터 어려운 건 아니지만 개인적 강인함, 내 목소리를 내서 동등한 일원으로 전체에 기여함, 함께 최선의 해결안을 만들겠다는 각오가 필요하다.

각자 공동 창조자로서 자기 방식대로 기여하면 한 명이 모든 짐을 지지 않아도 된다. 임원진만이 짐을 질 필요가 없다. 소수의 핵심 인재, '전략 리더'가 아니어도 된다. 각자 자기 영역을 책임지고 그에 따르는 짐을 지는 것이다. 각자 자기 짐을 지면서 일에 대한 접근 방식을 바꾸면, 조직 내 협조가 시스템적으로 일어날 것이다.

사람 또는 프로젝트를 이끄는 리더라면 (공동 창조자 되기는 물론이고) 협조적 업무 방식을 가능케 하는 구체적인 책임을 수행하길 기대한다. 그것이 다음 장의 내용이다.

3장

리더의 자세

성공으로 가는 길에는 쉬었다 가라고
유혹하는 주차 공간이 여기저기 널려 있다
― 윌 로저스Will Rogers

조직의 속도 올리기

어떤 사람은 아이디어를 옹호하고 거기에 추가로 사람과 계획을 리드해야
하는 어려움을 겪는다. 이렇게 역할이 확대되면 협조적 전략 수립 측면에
서 볼 때 훨씬 더 많은 기회가 생긴다. 대개 리더 되기란 각자 실수 없이 해
내야 하는 통상적 일상 업무량에 추가로 부가되는 영광이다. 원하는 만큼
또는 필요한 만큼 자원(재능, 예산, 인원, 일정)이 풍부하지 않기 때문이다.
협조적 전략을 리드하기란 보기보다 쉽지 않다.

아마도 새로 보임된 어느 사업부장의 이야기가 요점을 강조해 줄 거다.

얼마 전 우리 회사 루비콘Rubicon의 한 동료가 내게 루카스Lucas를 만나달
라고 요청했다. 최근 루카스는 어느 글로벌 미디어 회사에서 중요한 역할
을 새로 맡았다. 전문가들이 성숙기 사업이라고 생각할 그 사업부에서 '급
격한 성장'을 이끌어낼 새롭고 창의적인 방법을 모색하는 기회를 제공한
다는 게 그 모임의 목적이었다.

우리는 북적거리는 어느 그리스 식당에서 점심을 먹으며 대화했다. 루카스는 매우 똑똑하고 창의적이며 의욕에 넘쳤다. 자신감 넘치는 임원이며 강인한 리더라는 인상을 주었다. 성장에 관련된 문제를 중심으로 전체 회사와 사업부 차원의 전략 문제를 얘기하다 보니 2시간이 후딱 지나갔다. 우리는 루카스가 맡은 제품과 서비스에 대한 열정을 이야기했고 루카스가 주도하고자 하는 과제와 목표에 대해 이야기했다. 루카스는 세부적인 사실, 예리한 관찰, 광범위한 아이디어를 공유했다.

특히 루카스는 자기 사업부가 현재 연간 매출이 3억 3,800만 달러이고 회사 전반에 걸쳐 기대되는 낮은 두 자리 수의 성장률을 초과달성할 유리한 입장이라고 말했다. 사업을 이끄는 역동성에 대한 참신한 관점과 새로운 해석을 바탕으로 훨씬 더 높은 목표를 달성할 수 있다고 결론을 내렸다. 사실 루카스는 어떻게 세 자리 수의 성장을 달성할지 생각하고 있었다.

루카스는 자기 팀이 나서서 이 커다란 잠재적 기회를 어떻게 처리할지 알아냈으면 좋겠다고 내게 강하게 말했다. 그렇지만 적어도 한 가지 제약 요인이 있다는 걸 인지하고 있었다. 자기가 팀의 개별적 세부 업무에 너무 관여하고 있다는 걸 충분히 인식하고 있었다. 자기에게 보고하는 사람들의 재능을 감안할 때, 자기가 필요 이상으로 구체적인 방향을 제시하고 있다고 말했다. 게다가 사람들이 어째 망설인다고 어렴풋이 느꼈다.

음식을 먹고 마시며 말하던 중간 중간, 루카스의 사업을 좀 더 알고 그를 도울 다양한 방법을 살피려는 목적으로 나는 내가 고안한 '사실 수집' 인터뷰를(4장에서 다룰 내용) 간략히 실시했다. 우리는 성장을 촉진할 접근법을 10여 가지 살폈고, 신 시장을 개척하고 쟁취할 새로운 제품과 서비스 개발을 검토했다.

내가 루카스에게 질문을 하고 그의 기본 관점에 도전하기만 하면 루카스의 눈이 반짝였다. "와! 그거 좋은 아이디어인데요" 또는 "내 생각에는 그건 먹힐 것 같아요"라고 말했다.

루카스는 특정 영역의 질문에 더 열정적으로 대답을 했다. 즉 루카스는 유통 채널 최적화, 신규 고객 제안 개발, 고객 요구 조사 실시, 계량 분석 실시에 열정적이었다. 구체적이고 실제적인 답변이 있는 질문을 받으면 루카스는 의자를 당겨 앉았다.

그와는 대조적으로 루카스의 마음을 조금도 움직이지 못하는 질문도 더러 있었다. 예를 들어 "사람들이 아이디어를 내게 하려면 어떻게 하세요?" 또는 "팀원들도 이런 성장이 가능하리라 생각하나요?" 또는 "사람들이 구체적으로 어느 측면에서 판단과 계획의 한계를 보이나요?"라는 식의 질문을 내가 하면 루카스는 그다지 관심을 보이지 않았다. 밋밋하게 대답했다. 기껏해야 뭔가 예절이나 정중함에서 나온 말을, "음, 그건 아마 검토해 볼 만하겠네요."라는 식으로 우물댔다.

나는 그 후 이삼일 동안 내가 그 대화를 곱씹으면서 루카스가 내 질문에 뒤섞인 반응을 보인 원인이 무엇일까 꼬집어내려 노력하고 있음을 알게 됐다. 의도적으로 그 주제를 한쪽에 치워두고 나서야 그 상황의 기묘한 사실을 볼 수 있었다. 루카스가 스스로 자기 길을 가로막고 있다는 사실을 말이다.

루카스는 분명, 성공을 위한 창의적이고 혁신적인 방식을 찾는 데 관심이 있었다. 성장을 이끄는 리더로서 자기 팀이 시장 기회를 제대로 주도하기를 원했다는 건 의심의 여지가 없다. 그러나 상대적으로 계발이 덜 된 협조적 기술보다는 문제해결자로서의 타고난 강점을 루카스가 왠지 더 마음에 들어 한다는 게 내게는 분명히 보였다. 달리 보면 유능한 대개의 임원들과 마찬가지로 이러한 역학이 루카스의 발목을 잡고 있었고, 전략 수립이나 성공을 위한 과정에서 내가 종점에 있고 제일 똑똑한 사람이라는 방식으로 루카스를 몰아갔다.

루카스는 비록 팀원들이 앞장서도록 해야 함은 잘 알고 있었지만, 팀원들이 문제를 공동으로 소유하고 해결안을 공동 개발하게 하는 자신의 역할은 인식하지 못했다. 그러는 사이 대개는 혼자 하는, 익숙한 문제 해결 방식이 루카스의 날카로운 지성을 말 그대로 좀먹었다. 나는 이런 일을 전에도 봤다.

내 과거 경험을 길잡이로 삼아보면 루카스가 만났던 개인적 도전은 모순적 의무 때문이었다. 루카스는 어찌 보면, 자신이 그리는 성공으로 이끌어 줄 수 있는 어려운 질문에 대한 답을 찾아야 할 대표자는 결국 자기 자신이라고 믿었다. 또 다른 한편, 자기 혼자가 아닌 자기 팀이야말로 획기적 결과를 앞장서서 달성하게 할 지식, 재능, 능력을 갖고 있다는 사실을 느끼고 있었다. 둘 다 할 수는 없을까? 달리 표현하자면, 루카스의 위치에 있는 사람이 전략의 '답'을 찾는 동시에 사람들이 앞장서서 참여하게 할 수는 없을까? 이 질문이 바로 대부분 임원들이 갖는 도전의 핵심이다.

재능 있는 사람들은 예리한 재능, 통찰, 비전, 그리고(또는) 비범한 문제 해결 기술을 지녔기 때문에 리더의 위치에 선발된다. 그리고 대개, 이러한 기술을 가르치거나 남들이 자기 재능을 더 많이 활용하도록 코치하기보다는 이러한 기술을 직접 사용하는 게 더 쉽다고 생각한다. 게다가 협조를 장려하는 시도는 현재의 직장 문화에서는 대체로 보상받지 못한다. 따라서 리더들의 아킬레스건은 대개 스스로 답을 찾아 까다로운 문제를 직접 해결하려고 시도하는 데에 있다.

그림 3-1 '정답제시형 리더(Chief of Answers)'가 출현하다

루카스 이야기에서 당신은 아마도 자신의 일면을 발견할 것이다. 개인적 경험을 통해 문제를 직접 해결하는 편이 단체 해결보다 더 신속하다고 믿게 되지는 않았는가? 그건 리더인 우리가 빠지기 쉬운 위험한 함정이다. 나만이 골칫거리 문제의 답을 알아낼 수 있고 아주 까다로운 문제를 해결할 수 있다고 믿게 유혹을 하기 때문이다. 그래서 사람들과 협조하면서 지식을 끌어들이고 조직 내의 재능을 활용하기보다는 혼자서 해낸다.

내가 이 이야기 속 주인공이란 생각이 들면 남들과 같은 처지이다. 이건 예외라기보다는 표준이다. 사업 문제가 복잡할수록 사람들은 '혼자 해내기'를 할 가능성이 더 높다. 그 결말은 리더가 흔히 혼자서 또는 소그룹으로 '답'을 궁리하고 방향을 설정해서, 자기 팀에게 '실행'하라고 말하는 것이다. 자, 어떤가 보자! 에어 샌드위치가 뚜렷해지고 조직의 속도는 올라가지 않는다.

나중에 나는 루카스에게 이렇게 말했다. 그리고 그건 비슷한 상황을 만난 모든 사업부장, 부사장, 이사, 그리고 관리자들에게 하고 싶은 말이다.

"현재의 특정 질문에 대한 답은 현재의 문제를 푸는 해결책의 일부일 뿐입니다. 다음 주에 있을 문제는 다른 해결책이 필요할 겁니다. 그리고 다음 달의 질문에는 또 다른 답이 필요할 겁니다. 자신이 정답제시형 리더가 되기란 이득이 거의 없는 어려운 일을 맡는 것이죠. 그럴 때 당신은 팀을 '실행을 하는 부족'으로 만듭니다. 결국 당신이 바꿔야 할 바로 그 비생산적인 악순환을 더 키우기만 할 뿐이죠."

과거의 성공 때문에 편견이 생긴다. 과거의 성공 때문에, 내가 여기에서 제일 똑똑하니 공동 문제 해결이라는 골치 아픈 역학은 피해도 된다는 암묵적 세계관이 강화된다. 신뢰할만한 자료, 뛰어난 연구결과, 탁월한 분석, 영민한 식견만 있으면 된다. 과거의 성공은 사람들과 협조하느라 속도가 늦춰지는 것보다 내가 직접 하는 게 최고의 전략 아이디어를 더 신속하고도 효율적으로 내놓을 수 있다는 왜곡된 믿음을 강화한다.

정답제시형 리더 모델은 여러 측면에서 조직을 실패로 이끈다. 몇 가지 측면을 살펴보자.

- 확장성. 모든 것을 리더 한 사람(또는 소수의 리더)을 거치도록 하면 성장이 제한된다. 유형이 다른 사업 과제의 숫자는 시장의 발전 속도가 빨라지면서 늘어난다. 정답제시형 리더가 문제 가까이 있는 사람만큼 다양한 이슈를 알 수는 없다. 변화하는 문제의 속도, 그 변화율의 추이, 조직에 필요한 반응 속도는 향후 경쟁력에 결정적이다.
- 책임감. 실패한 이유를 알고, 그렇게 결정을 내린 원인 등을 이해하면 사람들은 결국 생각에 대한 책임을 지게 된다. 즉 사람들이 결과를 책임진다는 뜻이다. 이러한 이해가 없을 때 몇 사람만이 전략 성공에 대한 책임을 느낀다. 나머지 사람은 월급만 챙긴다.

　　　　　　　　　　　　　　　　　　　　1부 협력자 되기

- 직원유지. 21세기에 새로 입사하는 직원들은 조직이 방향을 설정할 때 자신이 큰 역할을 하리라 기대한다. 새로운 생각을 가진 이들은 자기가 어떤 조직에서 일할지 선택할 수 있다.
- 동기부여. 회의실 밖에 앉아 있으면 동기 부여가 되지 않는다. 사람들은 회의실 탁자 앞에 앉고 싶어 한다. 정답제시형 리더가 리드하면 최고의 인재는 자기가 더 의미 있게 영향력을 미칠 수 있는 조직으로 자리를 옮긴다.

정답제시형 리더 모델은 개인의 똑똑함에 주로 의지한다. 그러나 우리는 방향 설정이 사실, 프로세스, 비법, 개인적 통찰의 축적만으로는 부족함을 다들 알고 있다. 그건 자료와 통찰, 모델을 넘어서는 것이다. 여러 다른 관점을 적용하고, 현상에 도전하고, 조직 내 변화를 이끌고, 함께 새롭고 강력한 미래로 향해 조직을 운전해 가는 것이다. 여러 사람이 이해하고, 믿고, 공동으로 창조하고, 전략의 결과를 함께 책임지고, 그래서 목표를 현실로 바꾸는 것이다.

정답제시형 리더 시대의 종말

리더 자신이 정답제시형 리더로서 모든 전략 주도의 책임을 지는 주요 인물이 되면, 자신이 조직의 병목이 된다. 전략 프로세스에서 다른 사람들을 참가시키지 않아 매사가 교착상태에 빠지고(그림 3-2), 그러면 효과적 전략 수립 수행에 곤란을 겪는다. 이런 환경 속에서 사람들은 항상 그에게 의지하고, 의견을 달리 했다면 신속하며 즉시 반응하는, 적응적인 방향으로 발전할 조직을 가로막는 제한 요인이 될 것이다. 우리가 대신 원하는 건 공동으로 창조하는 리더다.

정답제시형 리더 모델이 진부하다고 느끼고 인정하기는 항상 쉽지 않다. 많은 이들은 정답제시형 리더 모델이 좋은 거라고 아직 인정하고 있을 때 일하기 시작했고, 우리는 여러 기술을 습득하고 아마도 정답제시형 리더로서의 명성을(그렇게 불리지는 않았더라도 '신동'이나 '야심찬 젊은이'이라 불렸을 수 있다) 쌓는 데 투자했을 것이다. 일부 산업에서는 변화 속도가 느려 아직도 정답제시형 리더가 변화를 뒤쫓아 갈 수 있다. 그러나 복잡하고 역동적인 산업에서 정답제시형 리더 모델을 고수하면 망하기 십상이다. 명복을 빈다! 그리고 이런 현실은 활기차고 강력한 팀을 이끌어, 그런 시장에서 성공하고자 하는 이라면 모두 몸소 배워야 한다. 정답제시형 리더 모델의 실패와 전략의 실패 사이에는 공통점이 아주 많다.

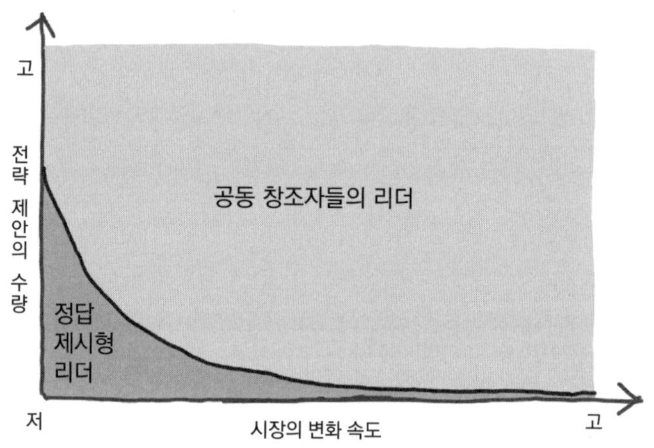

그림 3-2 전략 제안의 수량 vs. 시장의 변화 속도

반응속도는 미래 경쟁력의 핵심이다. 개인이나 소규모의 인물로는 1) 문제의 수, 2) 문제의 변화 속도를 따라갈 수 없다. 게다가 물론 변화의 추세도 갈수록 더 많고 빨라진다. 우리에게 의지하는 고객도 이런 추세를 경험

하고 있으므로 회사 간의 핵심 차별요소는 반응속도가 된다. 신속하고 올바르게 반응하려면 정보와 판단을 조직 내에서 얼마나 신속하고 정확하게 소통하는지가 중요하다. 반응을 하려면 고객이 돈을 지불할 대상에(고객이 오늘 원한다고 말하는 게 내일이면 바뀔 수도 있음을 충분히 알면서) 신속히 반응하기 위해 어떻게 경청하고 파악하고 학습하고 조직구성을 할지도 중요하다.

변화 속도가 빠른 오늘날의 산업은 대개 10년 내지 15년 전만 해도 적당히 관리할 만했었지만, 그 후로 온갖 종류의 복잡성이 추가됐다. 외주, 현지화, 자동화 증가, 오픈 라이선스, 공유 응용프로그램 프로그래밍 인터페이스Shared API, 서비스로서의 소프트웨어SaaS 모델, 미들웨어 역학Middleware Dynamics은 모두 이전에는 주변적 요인에 불과했지만 이제는 의사결정의 중요 요인이 될 수 있다.

'정보 경제'와 '지식 근로자'로의 변화는 단순 업무가 별로 남지 않았다는 뜻이다. 일상적이고 예측가능한 일을 할 때면 경쟁력을 얻기 위해 기계, 소프트웨어, 해외 노동력 농장을 지렛대로 언제나 활용할 수 있다. 예상하는 대로 이제는 신중함과 판단력이 필요한 일을 하기 위해 고학력의 풍부한 경험과 전문성을 갖춘 사람들로 팀이 가득 찼다.

우리는 그들이 자기 일에 관심 갖도록 해야 하는 한편, 그들이 보고 기대하고 상상하는 것도 이용했으면 한다. 리더인 우리는 그들이 우리의 비전을 이해하고 그 비전이 멋진지 아니면 결점이 있는지 말해주길 바란다. 어떻게 그들이 비전을 더 훌륭하게 바꿀 수 있는지 알고 싶어 한다. 심지어 그들이 각자 다른 사람은 무엇을 생각하는지 알고 싶어 하고, 달리 가능하지도 않을 개념과 해결안을 도출하길 원한다.

이렇게 완전히 참여적인 '지혜 근로자wisdom workforce' 모델은 정답제시형 리더 모델과 양립할 수 없다. 조직 내 모든 사람들을 적극적으로 참여시키지 않으면 뭐가 제일 중요하고, 성공이란 어떤 것인가에 대해 의견을 모으기 어려울 것이다. 좋은 사람을 뽑아놓고 벤치에 앉아있으라고 하면 만족하지 못할 것이다. 그들은 신나게 일하고 싶어 한다!

그러나 조사에 따르면 우리는 사람들을 사업의 성과를 내는 참여자나 공동 창조자로 대우하지 않는다.

5퍼센트의 직원만이 자기 회사의 전략을 이해한다.[1] 20명 중에서 단지 1명만이 자기 회사가 무엇을 해야 하고 자기 개인의 노력이 그 전략을 어떻게 뒷받침하는지 명확하고 실질적으로 대답할 준비가 되어있다. ("전략을 모른다고? 파워포인트 자료를 보내줬잖아!") 그림 3-3을 보라.

그림 3-3 모두 전략을 알아야 한다

5퍼센트의 직원만이 자기 회사의 전략을 이해한다.

전략을 모르면서도 사람들이 효과적으로 일할 수 있을까? 그렇지 않을 거다.

회사 내 다양한 곳, 그리고 고객과 파트너와 공급자에게서 오는 정보를 바탕으로 전체 조직이 심사숙고하고 신속히 판단하게 할 여지는 실제 있다. 이래서 전문가 팀이 구축된다.

목표는 반복적인 성공이다

현재 리더이거나 리더가 될 야심이 있는 사람이며, 루카스 이야기에서 자기 모습의 일부를 발견한 사람이라면, 협조적 근로자라는 비전을 듣고 두가지 반응을 보일 수 있다. 첫째, 당신은 더 이상 핵심 전략가가 아니요 라고 내가 말하는 것처럼 들릴 수 있다. 둘째, 최고의 리더가 되려면 새로운 기술들이 필요할까 하고 궁금해 할 수 있다.

첫 번째 우려에 대한 답은 '아니요'다. 핵심 전략가의 역할을 포기하는 게 아니다. 그저 새로운 지렛대를 얻을 뿐이다. 한 번에 큰 성공을 이루고자 하는 목표를 잠재우자. 궁극적인 목표는 일회성 성공이 아니라 지속적이고 반복적인 성공이다. 리더로서 이걸 하는 방법은 팀이 협조하고 공동 창조하도록 해서 아이디어의 품질을 높이고 판단의 속도를 올리고, 까다로운 문제를 해결하는 능력을 조직 전체로 확산하는 것이다. 그런 방법이 함께 했을 때 우리 회사가 경쟁사보다 더 나은 생각을 하고, 더 나은 걸 만들고, 더 나은 혁신을 해서 더 빛날 수 있게 하는 환경이 만들어진다. 반복적으로 말이다.

두 번째 우려에 대한 답은 '예'다. 당신에게는 몇 가지 새로운 접근법이 필요하다. 사람들이 아이디어를 내고, 대안을 개발하고, 판단을 내리는 방식에 영향을 미치는 조직 프로세스를 바꿔야 한다. 그리고 사람들이 서로 아이디어를 검토하고 위협 요인과 상호 의존 관계에 대해 소통하는 방법의 프로토콜에 영향을 줘야 한다. 그래서 모든 결정이 한 방향으로 정렬되게 해야 한다. 그 프로토콜은 불필요한 요식 행위, 관료주의, 조직 정치는 피하면서도 생산적인 심사숙고와 점검에 대한 여지는 줘야 한다.

영웅이 아닌 자로 변신하기

위의 생각을 염두에 두면 사람들을 리드하고 목표를 설정하는 방식에 커다란 변화가 생긴다. 이걸 어떻게 할까 하고 궁금한가? 어떻게 사람들이 현재 문제의 답을 찾는 것 이상의 일을 하도록 할 수 있을까? 더 전략적이며 조직 전체 차원에서 생각하는 능력을 지속적으로 개발하도록 아이디어를 이끄는 책임자들을 정말로 도와줄 수 있을까? 간단히 말해, 어떻게 하면 에어 샌드위치의 속을 팀이 채우게 할 수 있을까?

궁극적인 목표는 일회성 성공이 아니라 지속적인 성공에 있다.

간단한 답은 이렇다. 그 일이 중요하다는 걸 분명히 하고, 사람들이 참여하도록 촉구하고, 도움을 청하고, 설명하라. 리더의 역할을 하다 보면 조직의 부문, 기능, 부서 간 대화를 촉진해서 전략을 수립하고 실행하는 속도를 올릴 수 있는 기회가 수없이 많다. 따라서 리더인 당신이 이제 해야 할 일에는 사람들을 연결하는 촉매가 되어 그들이 힘을 합치고, 아이디어를 개발하고, 집단의 지식, 경험과 강점을 활용할 수 있도록 하는 역할이 포함된다. 사람들에게 무엇을 하라고 말하는 대신 나만의 독특한 관점을 공유함으로써, 모두의 통찰, 근심, 요구, 필요, 문제, 경험을 다방면으로 따져봄으로써, 사업상 요구를 어떻게 처리할지 다들 마음속에 품고 있는 의문을 질문함으로써, 사람들을 안내할 기회가 생긴다. 어떻게 보면 당신의 역할은 새로운 유형의 기업 영웅이 되는 것이다.

각자 약간은 영웅이 되고자 하는 동경은 자연스러운 일이다. 그리고 당신은 협조적 전략 리더로서 영웅이 될 것이다. 그러나 일종의 '영웅이 아닌 자Un-Hero'도 되어야 한다. 영웅이 아닌 사람은 꼭 필요하다. 심지어 배트맨에게도 영웅이 아닌 알프레드Alfred가 필요하다. 뛰어난 조연이 없다면 주인공 캐릭터가 너무나 비현실적으로 보이기 때문이다. 배트맨 팀에서 당신은 동시에 로빈Robin도 됐다가 알프레드Alfred도 될 수 있다. 공동 전략 수립이라는 새로운 문화 조성에 기여할 때 당신은 영웅이 될 수 있다! 분위기를 조성해서 사람들이 아이디어를 공동 창조하도록 할 때 당신은 영웅이다! 일은 도전적이며 사람들은 존중받고 이직률은 낮을 때 당신이 주인공이다! 조직과 회사 전체에 성공이 정착되도록 적극 리드할 때 당신이 주인공이다! 당신 팀이 스포트라이트를 받을 것이 것이며, 그건 당신이 배트맨의 평소 캐릭터인 '브루스 웨인Bruce Wayne'으로 보내는 시간이 많으며 망토를 두르고 전신 타이츠를 입는 시간은 적다는 걸 말한다. (그건 좋은 일이다. 어쨌든 타이츠를 너무 오래 입으면 몸이 간지러울 테니까.) '영웅이 아닌 자'로서 해야 할 일은 태산이다. 직접 판단하는 만큼 판단의 조력자 역할도 해야 하고, 직접 행동하는 만큼 촉매 역할도 해야 하고, 지시하는 만큼 코치도 해야 한다.

큰 성공을 위해 당신이 하는 기여는 명확하고 중요하지만, 성공을 나눌 것이기 때문에 포상도 함께 나눌 것이다. 남들이 성공의 다양한 부분을 맡고 개발하고 책임질 것이다. 새로운 역량을 갖춘 당신은 권위만이 아니라 영향력과 아이디어로 사람들을 리드할 것이다. 결국 사람들은 당신이 제의하고 자신들이 구체화한 목표에 따라 개발하고 맡고 책임질 것이다. 당신은 교향악 지휘자가 되어 단원들과 함께 작곡한 음악을 연주할 것이다.

리더로서 당신의 실제적 힘은 이제, 정답을 알거나 완벽한 판단을 내리거나 어떤 목표를 추구할지 아는 통찰력이 있어서라기보다는 주위 사람들이 다음과 같이 일할 수 있는 환경을 만드는 능력에서 나온다.

- (그저 증상이 아닌 실질적인 문제를 해결할 수 있도록) 상황을 학습하고 충분히 이해한다.
- 서로 의미 있는 관계를 맺어 어떤 문제나 어려움이 발생하더라도 일찍 감지할 수 있다.
- 함께 전략을 짜며 서로의 아이디어를 기반으로 새로운 미래를 구상한다.
- 공동으로 개발해야 할 전략의 부분을 리드한다.
- 트레이드오프를 할 때, 결정이 필요할 때 계속해서 큰 그림을 염두에 둔다.

효과적으로 일하는 능력은 어떻게 일에 접근하느냐에 많이 의존한다. 처음부터 확인하기는 어렵지만 리더십 스타일이 큰 영향을 미친다. 예를 들어 당신이 매우 행동지향적인 리더 유형이라면 리더십 스타일은 도전적인 과제일 수 있다. 당신은 '예/아니오'나 '해낸다'는 식으로 단호히 자기 역할을 처리하고자 하는 유혹을 느낄 수 있다. (대화를 촉진했다고? 물론! 사람들이 아이디어를 개발하도록 도와줬다고? 그랬지!) 저항하라! 아이디어를 함께 만드는 사람들을 리드하고, 상호 협조적 방식으로 영감을 주려면 더욱 세심한 접근법, 특히 처음에는 참을성 있는 접근법이 필요하다.

성공 하려면 두 가지가 가능해야 한다. 해결안을 함께 만드는 새로운 역할을 사람들이 시작할 수 있게 하고, 그를 장려해야 한다. 전체 조직이 더욱 전략적으로 사고하도록 도와야 한다. 이 두 가지 일을 해내는 능력이 리더로서 갖춰야 할 새로운 접근법의 핵심이다.

리드하는 방식이 매우 중요하다. 사람들이 창의력을 쏟아내도록 하는 환경을 조성해야 할 사람이 바로 당신이기 때문이다. 사람들이 새로운 대안으로 문제를 생각하도록 격려할 사람도 당신이다. 그들이 해결안을 맡게 하고, 더 빨리 시장에서 실행하도록 격려할 사람도 당신이다. 당신은 사람들이 자기가 가장 소중히 여기는 것을(자신의 아이디어와 열정을) 당신과 조직에게 제공하는 토론의 장을 만든다.

그러나 리더가 자신의 아이디어와 열정을 소중히 대하지 않는다 생각한다면, 사람들은 아이디어와 열정을 내놓지 않을 것이다. 따라서 당신은 사람들의 신뢰를 받는 믿을 만한 사람이 되어야 할 것이다. 사람들의 아이디어를 존중해야 할 것이다. 까다로운 논의를 할 수 있도록 창조적 긴장관계에 참여하겠다는 의지를 보여야 할 것이다. 자신의 아이디어가 실제 작동하는 아이디어로 바뀔 수 있도록 비전에 유연성을 줄 것이다. 함께 만드는 사람들의 리더가 되는 일은 나약하고 줏대 없는 사람에게는 적합하지 않다. 이런 유형의 리더십은 리더가 어느 정도 감성적으로 성숙하고 똑똑해야 작동한다. 이런 유형의 리더십을 발휘하기 위해 필요한 기술을 현재 모두 다 갖고 있지 않을 수도 있지만, 그걸 인식하고 두려움 없이 자기 주도적으로 배워 나간다면 도중에 습득하지 못할 기술도 없다(그림 3-4).

전략을 짜는 도중에 팀원들과 전략 시사회를 연다면 무엇이 조직에 중요한지 팀원들에게 보여주는 가치 있는 일이 된다. 어떤 일이 일어날지 알 때 팀원들은 미리 생각하고, 장애물을 예상하고, 심지어 문제가 일어나기도 전에 가능한 해결안을 상상할 기회를 얻는다. 이런 생각-예견-상상 프로세스는 팀원들이 변화를 편하게 생각하도록 도와주기도 한다. 함께 이해하고 준비하고 공동으로 책임지면 대화의 속도와 전략 실행의 품질이 높아진다.

대부분 회사에서 5퍼센트의 직원만이 전략을 이해한다는 사실을 기억하라. 리더로서 일할 때, 팀과 조직과 회사가 20전 1승이라는 최악의 점수를 내는 대신 20전 20승이라는 점수를 내는 걸 돕도록 힘써라.

그림 3-4 자신의 문제를 스스로 관리하라

그것이 규범을 바꾸는 방법이다. 당신은 훨씬 더 조직의 리더에 가까워진다. 즉 조직의 성공을 우선시하고, 대안을 함께 만들 수 있는 안전한 환경을 조성하고, 전략과 동시에 전략 수립의 방법도 할지도 만든다. 당신은 뉴 하우를 만드는 것이다.

일곱 가지 책임

각 아이디어를 옹호하는 사람도 그렇지만, 당신이 일하는 방식은 팀이 협조할 준비 수준에 큰 영향을 미친다. 당신의 리드 방식은 회사 내 사람과 아이디어 간 연계 수준 설정(또는 재설정)에 영향을 준다. 우리가 보여주는 생각과 행동 패턴으로 사람들은 새로운 사업 전략 수립과 실행 방식의 잠긴 문을 열 수 있다. 당신은 사람들을 리드하며, 에어 샌드위치의 근본 원인이 자연적으로 해결될 수 있도록 사람들의 업무 방식, 상호관계 형성 방식, 대화 방식을 혁신할 수 있다.

　　　　　　　　　　　　　　　　　　　

협조적 리더의 역할을 수행하는 가운데 당신은 일곱 가지의 책임을 맡음으로써 업무 방식을 쇄신할 수 있으며, 사람들의 힘과 그 사람들의 아이디어가 지닌 힘을 묶어 온 족쇄를 풀 수 있다. 이 책임들이 함께 결합할 때, 우리 스스로 새로운 사고방식을 확립하고 팀 멤버 각자에게도 유사한 사고방식을 계발할 수 있게 해 준다. 일곱 가지 책임은 다음과 같다.

1. 운율을 맞춰라.
2. 아이디어를 도출하라.
3. 안전한 문화를 조성하라.
4. 관계를 진전시켜라.
5. 작은 성과에 만족하라.
6. 문제에 뛰어들라.
7. 지형을 살펴라.

이들 책임을 하나하나 조사하고 왜 그들이 협조적 전략을 이끄는 방식의 일부분인지 알아보자.

1. 운율을 맞춰라

운율 맞추기란 속도를 조정한다는 뜻이다. 리더의 관점에서 보이는 진행현황을 팀원들에게 보여줄 수 있다. 그럴 때 팀원들은 성과의 진척을 느끼고 진행 방향에 대한 감각을 유지할 수 있다. 사람들에게 지속적으로 정보를 제공하면 그들은 자기의 현 위치와 기타 목표점의 위치를 알 수 있을 것이다. 당신은 적절하고 수월한 모든 방식을, 그것이 일대일 면담, 이메일, 보이스메일, 스탠딩 회의든 모두 활용할 것이다.

의사소통의 빈도와 양과 지속시간에 유의하라. 속도가 중요하다. 사람들을 너무 몰아붙여 그들이 피로감을 느끼고 효율이 저하되지 않도록 조심하라. (이건 리더 자신에게도 적용되는 말이다! 헬스클럽, 정원, 그리고 어디든 당신이 균형 감각을 유지할 수 있는 곳으로 가라. 규칙적으로 정신을 재부팅할 수 있는 곳으로 가라.) 오랜 시간 동안 자기가 수용할 수 있는 수준보다 다소 높게 일하다 보면 사람들은 압박감을 느끼고 참여하기를 주저한다. 세게 몰아붙였다 휴식을 취하고, 속도를 점검한 후 다시 몰아붙여라.

당신의 목표 제시와 의사소통에 사람들이 에너지가 넘치고 매번 새롭게 도전하길 기대하는 게 보이면 알맞은 속도를 찾은 것이다. 그렇지만 팀에 적절한 속도라도 일부 팀원들에게는 맡은 책임에 따라 너무 빠를 수도 있음을 잊지 마라. 팀 차원뿐만 아니라 개인 차원에서도 속도를 조율하라.

사람들이 프로세스에 대해 하는 말에 특별히 주의를 기울이고 그들이 어떻게 느끼는지 주저 말고 물어보라.

협조적 전략 프로세스가 뒤죽박죽되어 있으면 사람들에게 방향을 다시 제시하고, 기대치를 관리하고, 필요시 항상 전후 맥락을 설정해줘야 함을 잊지 마라.

당신은 우리가 2부에서 자세히 다룰 기법의 다양한 단계를 관리해야 한다. 속도에 대한 사람들 반응을 확인할 때 맥락을 염두에 둬라. "어디가 위인지 모르겠어."라는 식으로 사람들이 말하면 다음 사항을 고려하라.

- 어디든 적절한 쪽으로 사람들에게 방향을 다시 제시하라. 프로세스가 제대로 굴러가고 있다고 사람들에게 상기시켜 주는 것이 의미가 있을 수 있다.
- 사람들에게 자신이 프로세스의 어느 단계에 있는지 상기시켜 줘라.
- 다음에는 어떤 일이 일어날 것 같은지 알려줘라.
- 현 단계에서는 시간이 얼마나 남았는지 지적하라.

- 활동을 잠시 멈추고 쉬면서 두뇌를 재부팅할 여유를 줘라.

일반적으로 볼 때, '공식 프로세스 안내자' 역할은 큰 그림을 명확히 유지하며 모두가 그 그림 속 어디에 위치하고 있는지 알기만 하면 쉬운 일이다. 남도 알 수 있도록 초기에 그림을 그리고 그걸 자주 이야기하기를 잊지 마라.

사람들이 전진할 수 있게 하는 안내가 당신 일이라는 걸 명확히 하면 사람들은 안심한다. 그러면 팀원들은 각자 자기 안전지대에서 벗어나 향후에 성과가 나올 일에 따른 위험을 감수할 수 있다.

사람들에게 적절한 정보를 주고 의사 결정에 참여시키는 한편 어떤 다른 일들이 벌어지고 있는지 알려줘라. 한 줄짜리 이메일을 보내거나 마이크로블로그 도구를 사용해서 일이 제 궤도에 있다고 알려주는 걸 주저하지 말라. 팀원 중 누군가가 유용한 통찰을 얻었다면 이를 짧은 메모로 보내는 것도 좋은 생각이다. 예를 들자면, "조엘이 방금 30명의 고객과 통화를 했는데 광고주들이 우리 경쟁사를 이용하는 이유가 xyz라고 합니다."

주요 이정표에 도달하면 이를 축하하라. 무언가 성과를 내면 큰 일이 아니더라도 메시지를 보내거나 트위터에 올리면, 간단하지만 강력한 효과가 있다. 때때로 협조적 전략 수립은 반복적이고 도전적인 프로세스일 수 있으므로, 팀원들이 자기 일에 의미를 부여하고 하나로 정렬될 수 있게 하라. 뭔가 회사 차원의 중요한 결정을 팀이 방금 했다면, 이를 축하하라. 팀이 "이건 우리에게 정말로 중요한 일이야"라고 선언했다는 사실을 축하하라. 내가 커다란 조직의 일원이며, 팀은 팀 이상의 것에 기여한다는 관점을 팀원들이 견지하도록 도와줘라. 당신이 행동과 언어로 강조하면 뭐가 중요한지 보여주는 일이 되고 사람들도 주목할 것이다.

팀 관점을 견지하도록 노력하면 사람들이 계속 행동하는 데 도움이 된다. 그러면 전반적으로 가속도가 붙는다. 그리고 사람들은 움직임을 느끼며 계속 진행을 위해 노력할 가능성이 높아진다.

2. 아이디어를 도출하라

번뜩이는 아이디어란 통찰을 부각하고, 이미 아는 걸 새롭게 조명할 수 있도록 사람들에게 권한을 준다는 말이다. 이런 임무를 수행할 때 종종 당신은 자신이 기존의 관련성을 다시 활성화할 뿐만 아니라 새로운 관련성을 생성하며 아이디어를 도출하고 있음을 알 수 있다. 아이디어의 거품이 불어나 표면까지 올라와 팽창하는, 펑 터지기도 하는, 새로운 기회를 만들기 위해 이런 상호 작용을 활용할 것이다.

현재 문제를 풀 새로운 아이디어와 해법이 구름 한 점 없는 맑은 하늘에서 갑자기 뚝 떨어지는 경우는 거의 없다. 전형적으로 새로운 아이디어를 촉발하는 것은 대립하는 아이디어 사이의 긴장감 또는 촉박한 기한에 예상치 못한 어려움을 만났을 때의 압박감에서 발생한 생각의 변화다. 때로는 신기술이 생각의 변화를 유발할 수 있다. 아이디어를 촉발할 수 있는 또 다른 풍부한 기회는 구체적 개선점을 남들과 얘기할 때 생기는데, 그 개선이 외부 시장의 역동성에서 나올 때 특히 더 그렇다. 브레인스토밍 회의를 하는 것도 개념을 촉발하는 좋은 원천이 될 수 있다. 그런 회의는 사람들이 상반된 아이디어 간의 갈등에서 생긴 자연적 긴장감을 조사하게 하는 부가적인 가치가 있다.

가끔 팀이 아이디어를 제기했는데 그 아이디어가 리더의 경험이나 소망에서 오는 직관과 다를 때가 있다. 그런 일이 생기면 그 관점을 사람들이 마음속에 숨기지 않게 바로 그 자리에서 다뤄야 한다. 열띤 토론으로 아이디어를 도출하면, 각자 아이디어를 형성할 수 있기도 하지만 어떤 일이 제대로 작동하지 않는 진짜 이유를 설명해 주기도 한다. 그 말은 사람들이 아이디어를 도출하는 대중 민주주의적 성향에 리더가 굴복해야 한다는 뜻이 아니다. 협조는 민주주의라기보다는 엘리트주의나 자애로운 독재를 뜻하며 그럴 때 회사는 큰 이익을 성취한다.

사람들에게 마음을 정리하고 새로운 생각을 불러일으킬 방법을 찾으라고 요구하라. 산업에 대한 통찰력이 있는 강사의 강의를 듣고, 흥미진진한 블로그를 뒤지고, 테드TED 강연을 보라고 해라.[2] 주제는 매번, 업무와 지엽적으로만 관련이 있을 수도 있다. 급진적인 신개념을 공유하고, 사람들이 분발해서 자기가 믿는 바를 당신에게 설득하도록 연습할 수 있게 당신이 틀린 걸 증명해보라고 할 수도 있다. 그러면 내 모든 말을 진리로 사람들이 간주하지 않기를 바란다고 보여줄 수 있다.

가정에 자주 도전하라. 현상을 의심하라. 어떻게 해서 현재 상태로 되었을까? 용납이 되고 타당한, 팀이 배울 수 있는 상황일 때는 탐구하고 도전하라. 팀이 특정 전략 문제를 해결할 최상의 아이디어를 낼 때 반드시 팀을 완벽하게 지원하라.

사람들은 적당한 환경에 있을 때 가장 효과적으로 아이디어를 공유할 수 있다. 그리고 당신의 또 다른 책임은 새로운 아이디어가 나오도록 안전한 문화를 조성하는 일이다.

3. 안전한 문화를 조성하라

협조적 전략을 리드하려면 사람들이 안전하다고 느끼는 문화를 조성해서 새로운 해결안을 창조할 때 사람들이 느끼는 근심을 줄여줄 필요가 있다. 협조의 간단한 진실은 사람들이 서로 믿지 못하면 함께 새로운 걸 만들 수 없다는 거다.

일정, 예산, 상반된 이해관계에 따른 압박이 등장하기 전에 팀 빌딩 활동을 하면 서로를 알고 신뢰를 쌓아 갈등이 배제된 대화를 할 수 있다고 생각하는 사람들도 있다. 중요한 자기 생각을 표현할 정도로 안전하다고 사람들이 일단 느끼고 난 후에는 모든 사람이 최상의 자기 모습과 창조적 아이디어를 내놓도록 용기를 줘야 한다. 당신이 할 일은 통제가 아니라 조율이다(그림 3-5).

그림 3-5 통제는 진짜 요점이 아니다.

사람들이 놀림이나 비난을 받을까 걱정하지 않고 자기 의견을 표현할 수 있는 장을 만들려면 당신 자신과 다른 사람의 비판을 부드럽게 만들어야 한다. 비판을 통해 대화가 진전되고 배움이 생기도록 건설적 비판을 하도록 고집하라.

큰 의미에서 보면 당신 일은 모순된 목소리를 환영하고 받아들이는 것이다. 비판을 하고 빈약한 아이디어를 폐기하기에 적절한 시간이 있지만(프로세스의 틀을 다룰 때 강조하겠지만), 대부분 조직에는 '돌 던지기'에 능숙한 팀원이 일부 있다. 좋은 아이디어를 찾으려면 모든 아이디어가 나오도록 해야 하는데 자기 생각이 돌에 맞을 거라고 사람들이 걱정하면 아이디어가 쉽게 나오지 않는다. 사람들에게 자기 의견과 아이디어를 표현하라고 요청하고는 그 의견이나 아이디어를 조금씩 깎아내리기보다 그 의견과 아이디어를 기초로 덧붙이라고 요청하라. 참가자들이 "아니오, 그렇지만……" 대신에 "예, 그리고……"라고 말하는 법을 배우는 즉흥연극이 좋은 예다. 이 기법을 쓰면 대화가 진행된다. 구글Google과 홀푸드Whole Foods 두 회사 모두 직원들에게 즉흥연극 수업을 제공해서 이런 기법을 직원들이 업무에 적용할 수 있도록 가르친다.[3]

다음 '어느 협조적 리더의 약력'에 나오는 한스 그란데Hans Grande 이야기는 내가 직접 경험한 기억에 남는 예이다. 한스는 사람들이 편안하게 느끼고 협조하도록 하는 문화를 매우 성공적으로 일궜다.

어느 협조적 리더의 약력

어도비(Adobe)와 매크로미디어(Macromedia)라는 두 거대한 소프트웨어회사가 2005년 합병하고 한스가 승진과 동시에 통합업무를 맡기 조금 전, 나는 한스를 만났다. 한스는 명성, 똑똑함, 대화촉진 능력과 아울러 산업에 대한 깊은 지식을 갖췄고, 그 때문에 어도비의 당시 최고운영책임자(COO)는 통합업무를 맡기려고 한스를 직접 선발했다. 최고운영책임자는 한스에게 공식적으로 팀을 리드하라고 요청하지는 않았다. 한스에게 다른 중추적 업무, 즉 문화적 간격에 다리 놓기를 맡아달라고 요청했다.

공식적 리더들은 안전한 문화를 조성할 수 있는 기술이 있고, 그 승인을 받은 사람이 필요함을 첫날부터 이해했다. 그런 책임을 리더 스스로 맡을 필요가 없다는 것도 이해했다. 어떤 면에서 보든 한스가 최선이었다. 한스는 하스(Haas) 경영대학원에서 경영학석사(MBA)를 받았고 어도비 내에서 눈에 띄는 여러 프로젝트의 중요한 팀원으로 활동했다.

대부분의 합병은 예언했던 목표를 달성하지 못하는데,[4] 어도비와 매크로미디어 사이의 통합 노력도 쉽지 않아 보였다. 두 회사는 근본적으로 문화가 달랐다. 어떻게 일을 하는가에 대한 기본적 가치와 믿음이 달랐다. 어도비 사람들은 프로세스 중심의 언어를 사용하는 반면, 매크로미디어 사람들은 결과 중심적 언어를 사용했다. 좀더 '세련된' 어도비 사람들이 보기에 매크로미디어 사람들은 일을 해 가며 규칙을 정하는 '다루기 힘든 카우보이' 같았다. 매크로미디어 직원들은 어도비 사람들을 '진흙에 빠진 관료'라고 생각했다.

한스는 호감이 가고, 눈에 띄게 똑똑하고, 많은 존경을 받기 때문에 이런 문화 정립 역할에 완벽한 인물이었다. 잘 모르는 사람이 기업 통합 사무실에 있으면 한스는 다가서서 이렇게 말했다. "피자 한 조각씩 먹으면서 X에 대해 (그게 뭐든 당면한 일에 대해) 말해볼까요?" 또는 "새로 문을 연 볼링장에 가려는데 같이 갈래요?" 한스는 함께 일하고 놀아야 할 사람들을 초대함으로써 변화의 촉진제 역할을 맡았다. 한스는 보통, 그 사람만 초대한 게 아니라고 말해주지 않았다. 그리고 나서는 피자를 먹으려고 만났을 때, 볼링장에 갔을 때, 혹은 커피숍에 갔을 때, 서로 모르는 사람들을 (아마 왜 만나야 하는지 이유도 모르는 사람들을) 모아서 즐거운 환경을 만들고, 관계를 형성하고, 더 훌륭히 일을 해냈다.

근본적으로 한스는 어도비와 매크로미디어에 안전 공간을 마련해서 사람들이 중요한 트레이드오프를 결정하고 매우 곤란한 문제를 함께 풀도록 도움을 줬다. 사람들을 엮어주고 공식적인 통합 규약이나 중역실의 압력을 벗어나서 놀 수 있는 맥락을 만든 일은 통합 업무 작동에 필수적이었다. '틀에 매이지 않은' 상호작용 덕분에 팀원들은 문화적 고정관념 뒤에 존재하는 사람을 볼 수 있었고, 신뢰와 공동 이해를 쌓았고, 그리고 나서야 관리하고 풀어야 할 문제를 다룰 수 있었다.

한스는 당면 주제에 어떻게 사람들이 동의하게 할지 사전에 각본을 짜지 않았다. 사람들이 꺼릴 수도 있는 일을 신청하거나 약속하라고 하지도 않았다. 사람들 사이에 공통기반이 어느 정도 생기면 문제가 더 부드럽게 해결될 것이라고 이해한 반면, 상호관계가 적대적이기만 하다면 통합이 실패하리라고 이해했다. 그래서 사람들이 민감한 주제에 대해 경쟁자로서보다는 동료로서 접근할 수 있도록 공통기반을 찾는 환경 조성에 집중했다.

놀랍게도, 한스는 '부드럽기만 한' 사람이 아니었다. 양쪽 회사 사람들은 모두 한스를 아는 것이 많고 인정할 만한 '숫자의 달인'이라고 생각했다. 한스는 누구에게도 뒤지지 않게 계량 데이터를 완전히 분해해서 분석할 수 있었다. 그러나 전략적 사안은 머리로만 접근하지 않았으며 합병이 그런 사례였다. 한스가 가진 비상한 강점 조합은(감정적 공명, 지적 기량, 타고난 직관) 성공의 열쇠였다. 한스는 분석능력 때문에 이성적인 핵심 리더들 사이에서 쓸 만한 친구로 인정받았고, '생산적' 대화를 시도하기 전에 양쪽 회사 사람들이 서로 친해지고 고정관념을 부술 수 있는 안

한스가 어떻게 자기 임무에 접근했는가를 되돌아보면 그가 단순히 안전 문화를 만든 것 이상의 일을 했음을 알 수 있다. 한스는 관계를 수립했다. 사람들을 한데 모아 한 팀으로 만들거나 특정한 도전이나 문제를 다루기 위해 같이 합주하듯 일하도록 관계를 진전시키기는 일은 리더 역할의 일부다. 경계를 넘어(기업 내 장벽, 사업부, 기능, 부문, 팀을 넘어) 관계 맺기는 정말로 생산적이고 협조적인 환경을 수립하는 핵심이다.

4. 관계를 진전시켜라

관계 진전은 그것이 크든 적든, 나뉜 것 사이에 다리를 놓는 일이다. 문제를 다루기 위해 적절한 사람들을 소집하는 과제를 수행하면서 당신은 조직 내의 부문, 사업부, 개인을 새롭고 때로는 예상 밖의 방식으로 엮을 것이다. 조직 내 다른 부문의 운영방식에 대한 지식을 활용할 것이고, 과거에 사람들이 함께 일하는 것을 막아왔을 수도 있는 보이지 않는 장벽을 뛰어넘는 대화를 장려할 것이다.

어떤 팀이든 팀을 만들 때는 개인의 성격 유형과 스타일을 고려하라. MBTI 검사, 좋아하는 색깔, 에니어그램Enneagram 유형과 같은 시스템에 기대든 '스파이더맨 감각'과 같은 직관을 이용하든, 특정한 스타일이 잘 호환될 수도 있고 호환이 안 될 수도 있다는 점과 '호환'된다는 게 '유사'한 건 아닐 수도 있다는 점을 기억하라.

모든 관계를 일종의 창조적 동업자 관계가 되게 격려할 수 있는 일을 하라. 그러나 특정 관계가 손발이 잘 맞지 않다면 다른 사람, 더 좋은 화학반응이 일어나는 사람과 관계를 맺어라.

관계를 맺는 가운데 선택을 매번 깊이 생각하고 그 선택이 팀에 어떤 영향을 줄지 생각하라. 선택을 통해 누가 회의에 참석하고 누가 어떤 역할을 할지 결정하기 때문이다. 구체적으로 누가 참여해야 할지 알아내고 제대로 된 관계를 촉진함으로써 조직 내 다른 부분이 함께해서 당면한 문제를 풀 수 있도록 당신은 도울 것이다.

매우 까다로운 사업상 도전을 다루려면 적절한 사람들이 공유된 성공 비전을 갖고 정렬해서 함께 일해야 하기 때문에 관계 진전은 특히나 어렵다.

조직의 경계를 넘는 사람들 간의 연결은 회사의 강점을 발견하기만 하면 그걸 지렛대로 사용할 수 있게 한다.

관계를 시작할 때는 토론할 사업 사안에 대한 맥락을 제공하라. 서로 맞는지 검사하려면 각 관계에다 새로운 아이디어의 불꽃을 당겨봐라. 새로운 아이디어는 끝없이 변화하는 문제를 창조적으로 해결할 새로운 대안을 개발할 연료와 에너지를 공급한다. 새로운 아이디어는 협조적 전략 수립을 위한 힘을 준다.

모두 알고 싶어 하는 건 언제 목적지에 도착하는가이다. 프로젝트 완료로 가는 여정에는 여러 중간 목적지가 있다는 점을 주목하라. 쉬운 것처럼 들리지만 결승선 도착 여부를 인지하는 프로세스를 찾고자 다들 얼마나 고생하는지 알면 놀랄 것이다. 체크무늬 깃발을 흔들어주지 않아도 다 끝났다는 걸 어떻게 알까? 리더인 당신은 언제 어떻게 판단할지에 영향을 줘서 어디가 결승선인지를 명확하게 할 수 있다. 특히, 절대적 최선안을 찾는 것이 이치에 맞지 않는 경우를 인지하라고 팀에게 지시할 수 있다. '적당한' 이정표에 도달했거나 결과를 달성하면, 상황에 맞는 요구를 충족 또는 초과달성했다는 충분한 의미로 상당히 자주 인정할 수 있다. 이것이 작은 성과에 만족하기 프로세스다.

5. 작은 성과에 만족하라

이제 다 된 거라며 언제 끝을 낼지 (또는 언제 계속 시도할 필요가 있는지) 판단하는 일은 각자의 해석에 달려있다. '작은 성과에 만족하기satisficing'라는 개념을 수년 전 발견했을 때 (다른 곳도 아닌 『사이언틱 어메리컨Scientific American』지에서) 나는 그 단어가 그만두기에 완벽한 시점을 뜻함을 알게 되었다.[6] 작은 성과에 만족하기는 '완벽성'보다는 '적절성'을 판단기준으로 삼는 의사결정 전략이다. 언제 끝났는지 알 수 있도록 도와주는 개념이다. 언제 이 정도면 충분하다 하고 다음 단계로 넘어갈지 정하는 일이다. 최대화와 최소화, 최적화의 실용적 대안이다. 이 기법을 사용하면 시간과 자원의 제약을 관리하면서 뭔가를 멈추고 다른 일로 넘어갈 수 있다. 팀이 당면한 상황에서 최선의 판단을 내릴 수 있게 해 주고, 나중에 후속 결정을 해야 할 수도 있음을 알게 한다.

작은 성과에 만족하기란 '완벽한' 해결안 구하기와 상반된다. 볼테르Voltair가 말했듯이, "완벽함은 좋음의 적이다." 십여 개의 요구들이 경쟁관계에 있고 그들 사이의 균형을 잡을 때, '완벽함'의 명확한 개념이 잡히지도 않고 완벽을 찾는다고 가치가 올라가지도 않는다. 또 다른 경우, 일부 요소에만 투자를 하면 전체 결과에는 아무런 영향을 주지 못한다. 회사의 웹사이트에 '고객의 소리' 양식이 있어야 할까? 아니면, 이메일 주소만 알려주면 될까? 아몬드와 캐슈넛을 제공하면 고객이 사우스웨스트 항공을 더 자주 이용할까? 아니면 고객이 사우스웨스트 항공을 이용하는 진짜 이유는 낮은 운항료와 정시 도착일까? 작은 성과에 만족하기는 사람들에게 자기 일의 범주를 알려줘서 성공여부를 판단할 수 있도록 돕는다(그림 3-6). 때로는 땅콩만 있으면 완벽한 답이 될 수 있다.

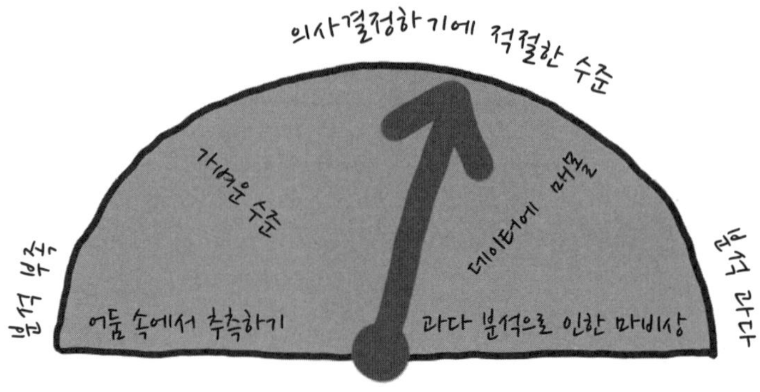

그림 3-6 작은 성과에 만족하기란 이 정도면 충분한지 여부를 아는 것이다

6. 문제에 뛰어들라

문제에 뛰어듦으로써 당신은 사람들이 말을 꺼내는 간단한 일을 이끈다. 당신은 이런 질문을 한다. 이 문제를 다루려면 무엇이 필요할까요? 이게 바로 당신이 지금 바로 다루고 싶은 일입니까? 무엇이 전체 문제인지 모두 동의하십니까? 다른 사안을 고려할 때 이게 더 시급한 일이라는 데 동의합니까? 성공하려면 어느 것이 가장 중요한 요소일까요?

문제에 뛰어들기는 문제를 정면으로 다룰 능력이 있음을 보여주기 때문에 용기가 필요한 행동이다. 문제에 뛰어들기는 답이 있다는 것이 아니라 배움에 전념한다는 뜻이다. 예를 들어 누군가는 x가 가장 중요한 문제라고 하고 다른 사람은 핵심 문제가 y라고 한다면, 이렇게 질문해야 한다. 어떻게 하면 둘 다 맞을까요? x는 고객에게 제일 중요하고, y는 재무부문에(혹은 운영이나 유통 채널 협력업체에) 제일 중요함을 배우기는 가능하다. 문제에 뛰어들면 조직이 하고자 하는 일을 더 자세히 배울 기회가 생긴다.

문제에 뛰어들면 극적으로 문화를 형성하는 다음 두 가지 일이 달성된다.

- 주변의 근무자에게 당신이 개방성과 위험 부담을 중요하게 생각함을 소통할 수 있다.
- 모범을 보임으로써 사람을 리드할 수 있다. 진실을 인정하고 얘기해도 된다는 걸 사람들에게 보여준다.

모든 계층의 사람들은 실제로 문제를 이해하고자 하며, 어떤 일이 일어나는지 말할 수 있기를 원하며, 두려움 없이 그 일을 하고 싶어 한다.

문제에 뛰어들어 당신이 그런 노력을 리드할 때, 다른 사람들은 자기 생각을 말하고 질문하고 자유롭게 기여할 수 있다. 문제에 뛰어들기로 선택하면 어둡고 외진 곳에 빛을 비추고, 회사 내의 토론을 더 높은 수준으로 끌어올린다. 무언가 중요한 일을 간과하고 있다는 걱정을 없앨 수 있다.

사람들은 대부분 갈등이 사업에 어떻게 도움이 되는지 알지 못한다. 모두의 요구를 들어주면 평화가 온다고 생각하지만 그것은 해결책을 희석시킬 뿐이다. 문제를 해결하고 새로운 해결책을 만드는 것은 긴장을 헤쳐 나가는 우리의 능력이다.

일반적으로 사람들은 자기 보호를 위해 문제에 뛰어들기를 꺼려한다. 까다로운 대화를 무서워하고 불편하다는 느낌, 무능하다는 느낌, 성공적이지 않다는 느낌, 비난받는다는 느낌을 회피하려 한다. 갈등을 일으키는 사람으로 평가받는 걸 싫어 한다. 상반된 관점과 갈등을 분명하고 공평하게 다루는 예가 별로 없는 문화에서는 그런 회피성 태도가 자연적으로 나올 만도 하다. 건강하지는 않지만 이해는 된다.

그러나 문제에 뛰어들기는 비난하고 비판하고 갈등을 일으킨다는 뜻이 아니다. 고객이탈, 경쟁자의 승리, 시장 소멸과 같은 현재와 미래의 위험을 서로 이야기한다는 뜻이다. 문제에 뛰어들어 얻는 장점이 침묵을 지켜 나온 결과보다 궁극적으로 유리하기 때문에 이런 대화를 한다.

문제에 뛰어들려면 사람들이 어떻게 정보를 받아들이는지를 고려할 필요가 있다. 인신공격적인 토론은 피하고 사업에 주는 영향에 집중하라. 예를 들어, "크리스틴 때문에 골치 아파."라고 하지 말라. 그 대신 "이 상황이 우리에게 주는 영향이 큽니다. 문제를 해결하려면 실제로 어떤 대가가 필요할까요?"라고 말할 수 있다.

이성적인 행동 때문에 문제가 생기는 경우가 자주 있는데 다음처럼 인정하면 때때로 도움이 된다. "마지막 단계를 서둘러 하다 보니 지름길로 질러 간 경우가 몇 번 있어 보입니다. 이해는 됩니다만, 으레 그렇듯이, 몇몇 지름길 때문에 문제가 일어났고 그걸 정리해야 합니다. 이 문제를 지금 해결하면 우리가 감당할 수 있을까요? 6개월을 기다리면 어떤 영향이 있을까요?" 어떤 영향이 있는지 보여주고 선택의 여지를 남기고 질문할 때, 어떻게 하면 제일 잘 진행할 수 있을지 결정할 권한을 동료들에게 넘겨준다.

문제에 뛰어들고 대화의 장을 열면 회사가 핵심 결정 사항의 토론을 시작하게 할 수 있다. 문제를 해결하겠다는 확약을 받지 않아도 그저 대화를 진행시키기만 하면 조만간 어느 순간에 문제를 해결할 수 있다. 어떤 경우에는 특정 문제를 나중에 다시 다루자는 그룹의 결정이 절대적으로 옳을 수 있다. 예를 들어 먼저 처리해야 할 더 큰 문제가 있을 때 그렇다. 당신이 갈등을 처리할 수 없는데도 그걸 회피하다 보니 본인과 사업에 피해가 갈 정도가 된다면, 그 근본 이유를 찾아내고 부록 B에 참고로 실은 호프만 Hoffman 프로그램에 참가해서 그걸 해결하라.

문제에 뛰어들기를 더 쉽게 하려면 다음과 같은 유용한 힌트를 참조하라.

　　　　　　　　　　　　1부 협력자 되기

- 다른 사람의 관점을 염두에 두고 동료처럼 이야기하라. 진실을 분명히 그리고 힘차게 말하는 방법에 대한 자료는 부록 B를 참고하라.

- 강한 리더한테 그에게 뭔가 부족한 게 있다는 말을 하려면 어떻게 해야 할까? 그 답은 그의 마음속에 들어가 그의 눈으로 바라보는 것이다. 그 말은 "우리는 X, Y, Z가 일어나리라고 가정하기 때문에 A, B, C를 하는 것 같습니다. 그러나 Y는 우리가 기대한 대로 되지 않을 가능성이 큽니다. 그 대신 D, E, F를 하면 더 좋겠습니다. 그에 대해 함께 얘기를 나눌 수 있을까요?" 분명하고 구체적으로 표현하면 할수록 뭔가의 옳고 그름이 아닌 사실에 대해 더 많이 대화할 수 있다.

- 주제에 대해 계속 대화하라. 문제를 다루다 보면 이상하게도 사람들은 자주 샛길로 빠지고 싶어 한다. 별로 관계가 없는 주제가 튀어 나올 수 있는데, 그러면 사람들은 불편해서 주제를 바꾸고 싶어 할 것이다. 비난하는 사람이 없어도 자기 행동을 종종 방어하고 싶어 한다. 불안해 하고 자기에게 은근히 책임을 씌운다고 느낀다. 잠시 멈추고, 정당하면서도 이성적인 노력을 해도 현 상황이 생길 수 있음을 인정하면 불안을 대개 잠재울 수 있다. 지금 토론으로 전진하는 데 집중하게 하고, 뒤돌아보는 데는 집중하지 않게 하라.

- 목적에 이름을 붙여라. (그리고 필요하면 계속 보강하라.) 왜 당신이 관여를 하고 관심이 무엇인지 이야기해 주면 사람들이 당신의 간섭을 받아들이기가 쉬워진다. 주제를 사람, 회사, 사업부, 팀이 원하는 바와 엮는 것도 도움이 된다. 어떤 사안을 조사하라는 요청을 받았을 때, 당신의 의도가 안 되는 걸 찾아다니는(그리고 비난하는) 것이 아니라 팀이 그 다음에 무엇을 해야 하고, 또 다시 성공할 수 있도록 하는 것임을 관련된 모든 사람과 공유하면 도움이 된다.

- 자기 잘못과 실수를(만약 있다면) 인정하라. 혹시 현 상황까지 오는 데

과거에 한몫 했다면 솔직히 인정하고 현재와 미래에 대화를 집중하라. 인간다움을 보이고 솔선수범하라. "임금님은 옷을 안 입었어요." 라고 남들이 말할 때까지 기다리지 마라.

- 특정한 결과를 찾으려 하기 보다는 문제에 관여하는 데만 집중하라. 좋은 의도를 지니고 주제에 집중하면 종종 오해가 있는 부분을 찾아낼 수 있다. 해결책을 찾으려면 시간이 걸릴 수도 있다. 특정 결과에 적게 집착할수록, 사람들이 말하고 진행하도록 하는 데 더 잘 집중할 수 있다.

- 토론에 직접 적극적으로 참여하고 싶다면, 전문 퍼실리테이터Facilitator 나 회사 내의 타부서에서 일하는 사람을(한스 그란데와 같은 사람) 참가시켜라. 전문 퍼실리테이터는 토론이 이성적 측면에서, 감성적 측면에서, 그리고 직관적 측면에서 어떻게 진행되는지 당신이 확인하고 관리할 수 있게 한다. 그래서 당신은 자유롭게 온전히 대화에만 대화를 참가할 수 있다.

- 배움을 순순히 받아들여라. 그러면 모르던 것, 알고 싶지 않았던 것을 아마 배울 것이다. 뭐든지 개방적으로 받아들이지 않으면 긴장을 헤쳐 나갈 수 없다.

무엇이 일어나도록 용인하는지, 무엇을 강화하고 무시하는지에 따라 당신은 조직의 분위기를 정한다. 관여를 할 때는 항상 건전한 방식으로 하라. 내 앞에서 공격적인 힘겨루기가 일어나는 걸 지켜보며 "자네 둘이서 알아서 해결하도록 놔두겠네."라고 말하는 임원과 일한 적이 있다. 그게 제대로 작동하는 경우는 거의 없다. 그 대신 조직 내에서 힘겨루기를 해도 좋다는 신호를 줄 뿐이다. 힘겨루기를 막지 않고 그대로 두는 건 사업의 파국적인 실패를 준비하는 것이다. 편을 들고 싶지는 않겠지만 문제가 정치적으로 변질되게 놔두지 않으려면 문제의 옳고 그름을 따져야 한다고 강하게 주장할 수 있다.

힘겨루기와 수동적 또는 공격적 행동을 통제권 안에 둬라. 통제하지 않고 놔두면 사람들이 지위의 힘을 사용하도록 용인하게 되고 좋은 아이디어의 장점이 약화된다. 지위의 힘을 남용하는 게 옳지 않음을 말해야만 힘겨루기가 끝난다. 내편 네편 나누기를 협조적 문화로 바꾸려면 내편 네편 나누기를 더 이상 용인하지 말아야 한다(그림 3-7).

그림 3-7 협조를 제한하는 행동을 묵인하지 마라

향후 우리의 문화 규범은 우리 모두 미래를 함께 만들고, 팀과 사업부와 회사를 위해 무엇을 구축할지를 함께 정의하는 일이다. 따라서 사람들에게 문제에 집중하고 같은 쪽에 앉아 앞을 바라보는 관점을 갖도록 요구할 필요가 있다.

서로를 당황케 하는 데 쓴 에너지는 낭비이며 그 대신 시장에서 승리하는 데 에너지를 쓸 수 있었을 거라고 사람들에게 말하라. (비결: 힘겨루기를 보면 나는 그저 깔깔 웃고 나서 "왜 이러세요. 당신의 주장을 뒷받침할 비용·효익 분석을 제대로 못했나보죠?"라고 말한다. 그러면 마술처럼 사람들은 힘겨루기를 그만둔다.) 갈등을 피할 요량으로 문제를 묻어두는 성향이 있다면 배움의 기회도 상실하는 것임을 기억하라. 갈등은 현상을 개선할 기회가 있다는 신호다. 변화가 일어나기 전까지 (새로운 사실이나 관점 배우기처럼) 변화와 성장은 결코 일어나지 않는다.

전략을 수립할 때 일관된 방향성을 유지하는 일는 전체적인 성공에 꼭 필요하다. 작은 성과에 만족하기가 방향성 유지에 도움을 준다. 당신이 이런 책임을 맡을 때 미래를 구축하고 사람들이 한 곳에 너무 오랫동안 빠져 있지 않게 해 준다. 그 다음 책임은 지형을 안내하는 일이다.

7. 지형을 살펴라

협조적 전략 프로세스는 팀원들이 2부에서 설명한 프로세스 단계를 사용할 때 가장 효과적이다. 그러나 언제나 쉬운 건 아니다. 성가시고 정신 산만한 일들이 필연적으로 불쑥불쑥 생겨난다. 이것들을 관리해야 한다. 이 임무를 수행한다면, 팀이 울퉁불퉁한 지형 속 사소한 일에 빠져버리는 곤경에 처했더라도, 당신은 팀이 어디에 있는지를 보여주는 '지형도'를 들고 있을 것이다. 당신은 팀원들에게 더 큰 목표를 상기시키고 당신이 아는, 막다른 골목에 이어지는 길을 피하라고 안내한다.

이 역할을 할 때 당신은 질문에 답할 것이며, 방향을 제시할 것이다. 팀이 길을 잃었다고 느낄지라도 계속 나아가도록 격려할 것이다. 결정을 내려야 할 때면 그 결정이 조직의 가장 아래 계층에서는 어떻게 보일지 알고, 당신이 추구하는 더 큰 그림에서는 어떤 위치에 있는지를 알 것이다. 이것은 물론 당신이 큰 그림을 유지하고 행동에 매몰되지 않는다는 말이다.

　　　　　　　　　　　　　　　　　　　　　1부 협력자 되기

흔히 일어나는 귀찮은 일 한 가지는 팀원 중 누군가가 새로운 프로세스를 시작하는 단계에서 자기가 할 일을 준비도 않고 등장하는 것이다. 이건 사람들이 여러 가지 일을 한 번에 할 때 정상적으로 일어나는 일이다. 그러나 참가자가 적절히 준비를 하지 않아 뜻하지 않게 프로세스 진행이 방해받지 않게 하라. 책임 역할의 일부는 팀원들에게 미리 준비하라고 촉구하는 것이다.

그와는 반대로 어떤 팀원들은 아주 신이 나서 다른 팀원들이 현재 프로세스를 종료하자고 동의도 하지 않았는데 다음 단계로 넘어가고 싶어 좀이 쑤신다. 이것도 정상이다. 정상이든 아니든 협조적 전략은 사람들이 계속해서 진행하는 걸 요구한다. 사람들은 지속적으로 진행하기 위해 필요 업무를 적당한 시간에 적절한 품질로 끝낼 수 있도록 유연히 조율하는 방식으로 함께 일해야 한다. 당신 일은 그들을 돕는 것이다.

창의적이고 의욕적인 사람들이 집중을 하고 함께 일하게 만드는 가운데 생기는 모든 성가시고 도전적인 일에는 순서 정하기가 필요하다. 무엇의 순서를 정한다는 말일까 하고 궁금할 것이다. 순서 정하기란 다음 영역의 관리와 관련된 높은 수준의 고급 기술이다.

- 사람들 사이 대화의 논리적 흐름
- 연계된 일의 순서
- 계층적 의사결정

순서 정하기는 변화에 대한 준비 정도를 관리하는 일이다.

방향성을 관리하는 최선의 방법은 시간에 따라 전개되는 사건이나 활동의 맨 윗자리를 차지하고 있는 것이다. 일이 생길 때 무슨 일이 생겼는지 예민하게 그저 인식만 하고 있으면 이 일을 할 수 있다.

이를 달성하는 손쉬운 방법이 있다. 두 가지 일을 일관되게 하면 된다. 팀이 해야 하는 모든 일에 대한 뚜렷한 목적 또는 목표를 설정하라. 그리고 문화 규범 때문에 하든 자동적이며 반복적인 일정이 편리해서 하든지 간에 습관적 정례 회의는 피하라. 맞다. 이전보다 회의를 적게 하는 게 좋다. 조약돌처럼 반짝이는 눈망울로 진행되는 격주 회의? 그 회의는 취소해도 상관없다.

그 대신 팀에 활기를 주는 방식으로 사람들을 소집하라. 소집단으로 나눠 활동하거나 다른 유연한 방식을 활용해서 전략을 '위원회에서' 짜지 않도록 하라. 답을 사전에 구하려 들이는 시간을 줄이고, 그 대신 어떤 부문, 팀, 집단, 하위 집단을 만나든 매번 문제를 명확히 하고, 무엇을 함께 달성해야 하는지와 왜 그게 중요한지 얘기하며 시작하라.

프로세스를 활용, 강한 추진력을 유지하려면 성가신 일들을 최소화하는 걸 주도할 필요가 있다. 리더의 역할을 할 때 협조적 전략에 대해 단계별로 깊이 이해하면 다음 일을 할 때 도움이 된다.

- 다음에 어떤 일이 올지 예견한다.
- 다음 단계를 준비하기 시작한다.
- 현재 진행 중인 단계의 모든 목표를 달성했음을 축하한다.

간단히 말해서 당신은 팀원들이 언제 다음 단계에 착수할 수 있는지를 알고 신호를 보낸다.

말할 필요도 없지만(그러나 어쨌든 말하겠다) 다음 단계 준비는 현 단계의 협조적 전략 프로세스를 충분하고 완벽하게 끝내고 다음 단계를 완료할 주요 자원을(특히 시간을) 충분히 준비하는 일을 포함한다.

다음은 나의 지원 하에 장기 전략을 수립하고 있는 고객에게 최근 있었

                                                    1부 협력자 되기

던 순서 정하기의 간단한 예이다.

판매 운영 부문장과 그녀의 확대 구성 팀은 채널 전략 일부를 다시 정의하기 위해 열심히 일했지만 곤경에 빠졌다. 한편으로는 비용을 줄이기 위한 어떠한 단기적 변화를 시행하라는 압력을 받았다. 다른 한편으로는 장기적 제품 구색 문제를, 즉 어떤 제품을 어느 채널을 통해 판매해야 할지를 생각할 시간이 필요했다.

그걸 풀 열쇠는 어떤 문제를 즉시 해결해야 할지 판단하는 동시에 나중에 제품 팀이 다른 결론에 도달했을 경우에 제품 구색을 바꿀 수 있는 여지를 충분히 남겨 두는 것이었다.

이런 경우 대화, 업무 흐름, 의사결정의 순서를 정한다는 건 판매 팀이 채널 협력업체와 실행을 위한 단기적 의사결정을 하려고 대화를 시작한다는 뜻이었다. 동시에, 내부의 제품 팀은 일을 시작하고 향후의 더욱 더 큰 질문에 답을 구할 충분한 시간이 있었다. 리더로서 판매 운영 부문장은 전략적 흐름을 짜는 협조적 접근법을 개선하기 위해 이 활동들을 어떻게 조직하고 순서 매길지 생각해냈다.

현재 활동을 완료하면서 어떤 활동은 새로 시작하고, 다른 활동은 연기하고, 다음 대화와 과제 혹은 의사결정에는 시작 신호를 주는 일은 협조적 전략 수립 프로세스가 계속 진행되게 해주기 때문에 전부 다 중요하다.

당신이 모든 걸 제대로 하라고 기다려 주는 사람은 아무도(세상도, 경쟁자도, 고객도) 없다. 어느 시점에 무슨 일이 일어나야 할지를 알면 사람들은 지평선 너머에 무엇이 기다리는지에 대한 감을 얻고, 충분히 시간을 두고 배우고 곰곰이 생각하고 우아하게 행동할 수 있다.

협조적 리더가 되라

일곱 가지 책임과 그에 상응한 임무는 (운율 맞추기, 아이디어 도출하기, 안전한 문화 조성하기, 관계 진전시키기, 작은 성과에 만족하기, 문제에 뛰어들기, 대화와 업무 흐름과 의사결정의 지형 살피기) 과제에 따라 달라지지 않는다. 그 말은 이 일을 할 때 당신은 어느 특정 문제를 해결하는 리더가 아니라 리드하는 공동 창조자라는 뜻이다.

사람들이 이런 방식으로 상호작용하도록 함으로써 당신은 조직의 성공을 제한하며 여기저기 만연한 에어 샌드위치의 속을 그 사람들이 채울 수 있게 한다. 리더로서 당신은 필수적인 배움, 논쟁, 토론을 촉진하고, 맥락을 제공하고, 속도를 정하고, 언제 계속 진행할지 결정하고, 다음에 무엇이 올지를 안다. 힘들지만 재미있는 역할인데, 그건 당신이 전체 팀원이 회사의 이익을 위해 자기의 열정과 아이디어를 내놓을 수 있도록 돕기 때문이다.

이런 책임을 관리하는 사람이 없다면 협조적 프로세스는 작동하지 않을 것이다. 의도가 좋고 사람들도 협조하겠다고 마음을 먹었다 할지라도, 사람들에게는 함께 참여하고 힘든 주제에 도전하며 신속히 전진할 방법이 필요하다. 이번 장에서 설명한 리더의 역할이 협조하는 업무의 핵심이다.

물론 정답제시형 리더 되기는 재미있다. 그러나 공동 창조자의 지휘자 되기는 더 재미있다. 재즈와 같이 협조적 전략은 어느 정도 형식이 있기는 하지만 즉흥적인 작업이다. 리더로서 당신은 밴드의 편곡자가 되어야 한다. 공연을 어떻게 구성할지의 책임은 당신에게 달려있다. '연주자'들이 제때에 참여하도록 초대해야 한다. 당신이 어느 단계에서 속도를 냈는지, 연주자가 각자 맡은 부분에서 무슨 기여를 했는지, 모두 함께 미래를 함께 어떻게 공동으로 창조했는지가 합주단이 만들어내는 '음악'의 품질을 결정한다. 이런 역할을 맡음으로써 당신은 조직이 방향을 설정하고 달성하는 능력의 속도를 높일 수 있다.

지금까지 우리는 많은 내용을 다뤘다. 우리가 각자 담당하는 역할과 리드 방식을 바꾸지 않으면서 제대로 협조하려고 하는 과제에 도전할 수 없다. 여러분 중 몇몇, 이미 협조적으로 행동하고 있는 사람들은 사업성과에 있어 '방법'의 중요성을 이미 알고 있을 수 있다. 우리는 이제 실용적이며, 직접 소매를 걷어붙여 뛰어들어야 하는 방식, 지금까지 다룬 내용을 적용할 준비가 되었다.

따라서 이제 그것들 전부를 실행하는 데 주의를 돌려보자. 리더와 개인이 어떻게 역할과 책임을 새롭게 이해해서 협조적 전략 프로세스 단계에 적용하는지 살펴보자. 그것이 다음 내용이다.

2부

협조적 전략을 위한 퀘스트 프로세스

우리는 사업 운영 방식을 바꿔야 한다는 개념과 함께 이 책을 시작했다. 사업이 번창하려면 회사는 '내편과 네편'을 가르는 적대적 관계에서 '우리와 기회'라는 입장으로 변모해야 한다. 협조적으로 전략을 수립하려면 우리는 각자 공동의 결과를 책임지고, 사업성과를 개선해야 한다. 신속히 움직이고, 정렬하고, 함께 일하며 발생하는 창의적 갈등을 환영할 것이다.

방금 전에 마친 1부에서 우리는 창의적이고 생산적인 협조적 전략 활동이 가능하도록 회사에 어떻게 하고 나타나야 하는지를 다루었다. 우리 각자의 역할에 집중했고 리더로서는 무엇을 해야 하는지에 집중했다.

이제 시작할 2부에서는 필요한 성과를 얻기 위해 해야 하는 행동을 다룬다. 협조에는 질문Question, 구상Envision, 선택Selection, 수용Take이라는 네 가지 단계, 퀘스트QuEST가 있다. 다음에 오는 4개의 장에서는 이들 단계를 살펴본다.

제일 처음 나오는 '질문'은 해결해야 할 대상의 전체 그림을 보여주는 데 집중한다. '무엇이 진실인가'에 대한 명확한 그림뿐만 아니라 인식한 문제가 맞는 문제인지를 확인하는 프로세스를 배울 것이다. 그럼으로써 현재의 위치에서 마음먹은 미래로 이동하는 방법에 대한 탄탄한 기초를 쌓는다. 이 단계에서 가장 중요한 측면은 초기부터 조직이 문제를 이해하는 것이다.

두 번째 단계, '구상'은 조직 내 아이디어의 시장 전체에서 대안 만들기를 강조한다. 어느 대안이 더 중요한지 알기 위해 우리는 언급되는 기준을 수집하기 시작하는데, 이는 나중에 아이디어를 분류하는 프로세스에 포함된다. 기준은 지금 이 상황에서 무엇이 중요한지를 보는 렌즈를 만들어 준다.

그 다음에는, 아마도 가장 중요한 단계인 '선택' 단계로 들어간다. 이 단계는 사업에서 반드시 해야 하는 힘든 선택을 결정하게 함으로써, 끝없이 반복되는, "우리는 무엇이든 할 것이며, 그걸 모두 다 잘 할 것이다."라는 주장이 일으키는 문제들을 피할 수 있다.

마지막으로 '수용'에서는 시스템 안에 책임감을 만든다. '수용'은 일을 소유하고, 책임을 지고, 주도한다는 뜻이다.

이 네 가지 단계가 퀘스트QuEST 협조적 전략의 틀framework을 구성한다(그림 Ⅱ-1).

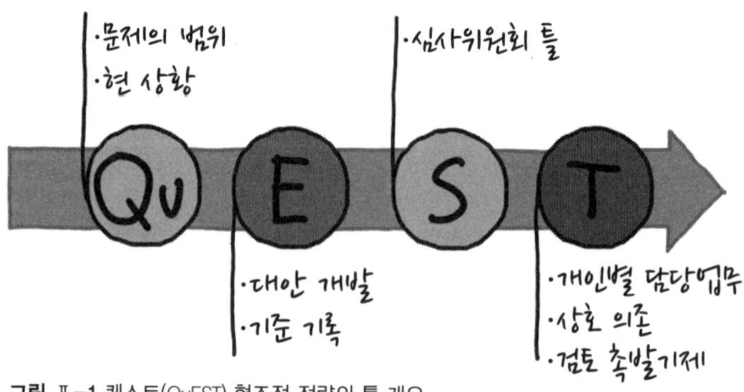

그림 Ⅱ-1 퀘스트(QuEST) 협조적 전략의 틀 개요

프로세스 안의 각 단계별로 대략적인 기간과 구체적인 목표를 이해하면 개념 틀을 빨리 이해할 수 있다(표 II-1).

표 II-1 퀘스트(QuEST) 협조적 전략 프로세스의 틀

단계 / 단계별 목표	단계별 기간 / 비고
1. 질문(Question): 필요한 내용을 알아낸다. 이 단계의 핵심은 지름길을 피하고 엄격하게 모든 관련 정보를 수집해서, 다루고자 하는 필요나 기회를 명확하고, 깊이 있게, 그리고 풍부히 이해하는 일이다.	**중간 수준: 1~10주** 기간은 범위 규모, 가용한 토론 인원, 조직 내 우선순위, 문제의 복잡성에 달려있다. 10주나 그 이하를 최대 허용기간으로 설정하라. 그 기간이 넘어가면 열정이 사라진다.
2. 구상(Envision): 현재 조직과 시간과 장소에서 조직에 중요한 문제의 대안을 만든다. 이 창의적 단계는 실용적인 대안과 그 대안이 중요한 이유를 찾기 위해 조직 내 모든 곳에서 전략적 아이디어를 도출하는 데 집중한다.	**범위에 따라 단기 또는 장기 (보통 1~6주)** 기간은 관련된 사안이 지리적으로 얼마나 흩어져 있나와 얼마나 많은 분야와 팀이 토론해야 하는지에 달려있다.
3. 선택(Select): 힘든 선택을 한다. 이 단계의 목표는 아이디어를 분류한 후 최종까지 살아남는 전략이 나올 때까지 수정하고, 융합하고, 조율하고, 폐기하기 위해 독창적인 심사위원회를 활용하는 것이다. (6장에서 설명)	**단기** 보통 하루면 되지만 여러 날이 걸릴 수도 있다.
4. 수용(Take): 책임을 조성하라. 이 단계의 목표는 최대한 성실히 최종 전략의 다음 세부 사항을 지정하는 것이다. • 책임 소재 • 전략 실행에 필요한 행동 • 전략 성공에 필요한 변화 • 전략이 의도한 목표에 얼마나 잘 부합하는지 감지하는 수단	**단기** 보통 하루면 되지만 여러 날이 걸릴 수도 있다. 사전 준비와 프로세스 후속조치가 있다. 보통 시스템적 프로세스(분기별 사업 점검과 같은)가 뒤따른다.

이 네 가지 단계가 협조적으로 전략을 수립하는 데 필요한 새로운 구성요소다. 각 단계는 본질적으로 협조적이지만 그 방식은 다르다. '질문' 단계는 문제를 공동으로 완전히 이해하는 것이며 모든 참가자가 도전 과제에 대해 자기 관점을 표현하느냐에 성공이 달려있다. '구상' 단계는 협조적 창의성을 사용하여 나중에 선택할 아이디어의 창고를 만든다. '선택' 단계는 전략적 대안의 선택을 드러내고 합의하는 일이며 협조가(암묵적 수용이

아니라) 필수적이다. '수용' 단계는 통합된 세부 행동 계획 수립을 위해 함께 일하는 것이다.

각 단계를 세부적으로 다루기 전에 잠시 이 프로세스 틀을 사용할 때 필요한 사고방식을 살펴보자. 위대한 전략을 수립하려면 세 가지 지속적인 과제와 관련된 다차원적 대화와 발견이 필요하다. 1) 무엇이 필요한지 배우기, 2) 무엇이 중요한지 정의하기, 3) 새로운 무엇인가가 생겨나려면 조직이 무엇을 해야 하는지 결정하기가 그 과제다. 따라서 새로운 정보와 통찰이란 당신의 결정이 새로운 정보와 정렬될 수 있도록 이전 단계를 때때로 반복해야 한다는 걸 뜻한다.

이렇게 잠재적 비선형성 때문에 전략 수립은 어수선해 보이지만, 이런 어수선함은 완벽함의 부산물이며 최종적으로 전략을 실행할 때 보상을 준다(그림 II-2).

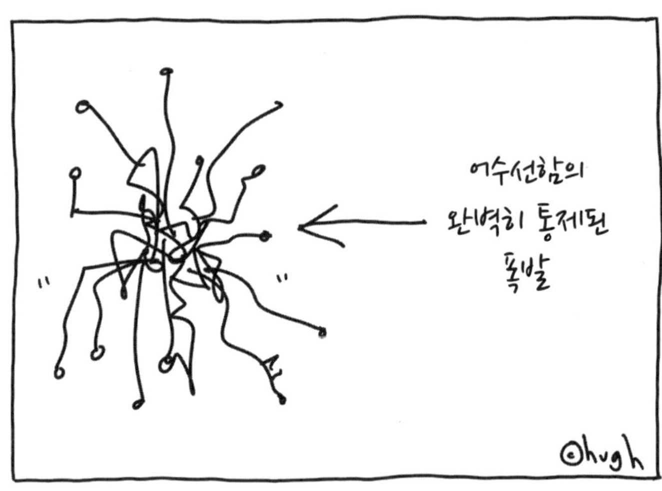

그림 II-2 전략 수립은 통제된, 어수선한 프로세스다

프로세스의 틀은 당신을 드러내고 당신이 하려는 선택에 대해 정보를 주는 데 도움을 줘서 당신이 신속히 전진할 수 있도록 해준다.

프로세스가 어수선하다고 느껴진다면 그건 괜찮다. 괜찮은 게 아닐뿐더러 어수선해야 한다. 무언가 새로운 걸 만드는 일은 거의 언제나 깔끔치 않다. 희소식은 일찍 깊이 파고든다면, 당신 팀이 그냥 내버려 뒀더라면 전략을 수립하는 동안 숨겨진 채 남았을 잠재적 장애물을 발견할 수 있다는 점이다. 깊이 파고들기는 에어 샌드위치 방지에 꼭 필요하다.

때때로 프로세스가 어수선해도 상관없다고 기꺼이 받아들이면 전략이 작동하지 않을 때를 알 수 있을 뿐 아니라 성공할 전략을 찾아낼 가능성도 높아진다. 중요 자원을 어디에 투입할지 결정할 때는 두 가지 다 중요하다.

퀘스트 프로세스 틀을 따라가면 다음을 확실히 할 수 있다.

- 모든 사람들이 분명히 볼 수 있는 형식으로 진짜 문제를 끄집어낸다.
- 팀이 많은 대안을 도출하면서도 까다로운 결정을 신속히 한다.
- 최종 전략을 실행하는 사람은 기본 가정과 전략 이면의 논리를 이해한다. 따라서 무엇이 중요하며 왜 그런지 설명할 수 있다.
- 결과적으로 예기치 않은 일을 만나면 그때그때 어떤 트레이드오프를 결정해야 할지 안다.

궁극적으로 관여한 모든 사람이 왜 전략이 중요하고 성공이라는 최종 목표에 어떤 기여를 하게 되어 있는지를 체득화해서 이해한다. 조직을 위해 그저 '실행하는 사람'으로 남는 게 아니라 '생각하는 사람'이 될 것이다.

2부를 마치고 나면 조직 내에 새로운 퀘스트 기준을 설정하기 위해 한 발 뒤로 물러나 조직에서의 관계 규칙을 더 큰 관점에서 바라보게 될 것이다. 그것이 3부에서 자세히 설명할 내용이다.

지금은 2부를 깊이 파고들어야 한다. 이 방법론은 1부에서 다룬 '존재의 방법'을 기초로 한다. 구체적인 단계로 들어가자.

4장

1단계: 질문

갖고 있는 도구가 망치뿐이면
모든 걸 다 못으로 다루고 싶은 유혹이 생긴다
– 에이브러햄 매슬로Abrahm Maslow

무엇을 묻고 답해야 하는지를 알아라

아는 길이라고 하면서 이미 했던 대로 하고 싶은 유혹이 생기지는 않는가? 내 경우는 그렇다. 다음에 다룰 내용은 더 나은 사업성과를 내는 '방법how' 이다.

내 사무실 문 안쪽 위에는 이탈리아제 벽시계가 있고 그 위에는 일반 레이저 프린터 용지에 인쇄한 자그마한 쪽지가 있다. 거기에는 "모든 길은 로마로 통한다."고 적혀 있다. 어느 전자상거래 회사가 제품을 출시하며 세운 목표, 2,400만 달러를 달성하도록 도와주느라 고생한 후 우리 팀이 내게 준 쪽지다. 그 문구는 그 프로젝트의 마지막 몇 주 동안의 주문이었다. 모든 사람이 구체적인 답을 구하는 데 집착하는 대신 프로세스에 집중하도록 "모든 길은 로마로 통한다."를 의뢰한 고객에게 (그리고 우리 자신에게) 반복해서 말했고, 우리는 정말로 통하는 전략을 함께 만들 수 있었다.

역사를 사랑하는 사람들에게 그 문구는 익숙할 것이다. 나는 대학생 시절 서양 문화사 시간에 그 말을 배웠다. 기억나겠지만 로마제국은 역사상 가장 위대한 경제적 확장을 주도했다. 교역을 통해 서로 떨어진 장소와 사람을 연결했다. 그걸 해냈던 방법 중 하나는 넓은 지역을 연결하는 광대한 도로망을 건설해서 어디든 필요한 곳으로 로마 군단을 배치하고 자원을 활용한 것이었다. 로마 시는 실질적으로 전 세계의 중심이며 출발지였다. 따라서 로마 제국은 로마 시를 중심으로 밖으로 향하는 도로를 건설했다. 어디에선가 길을 잃어 헤매고 있다면 길이 '집'으로 데려다 줄 것이 보장되어 있었다. 어느 흙길을 따라가든 결국 더 큰 길로 연결되고, 나중에는 포장도로에 이르게 된다. 모든 포장도로는 결국 로마의 중심에 이른다.

이런 비유는 팀이 길을 잃고 전략수립의 광대한 혼란 속에서, 목표와 수많은 데이터, 다양한 관점, 너무나도 많은 대안 사이에서 길을 잃고 헤매고 있을 때 편리하다. "모든 길은 로마로 통한다."는 프로세스의 추진력이 당신을 목표한 곳에(즉 실행 가능한 성공 전략으로) 데려다 줄 것임을 믿고 따라야 한다고 상기시켜 주는 문구다.

다른 차원에서 보면 그 문구는 사람들이 대개의 경우 자신들이 가야하는 곳으로 가기 위해 필요한 지혜와 지식을 이미 갖추고 있음을 상기시켜 준다. 핵심 아이디어가 조직 여기저기에 멀리 광범위하게 흩어져서 다양한 실무자나 기능별 리더의 머릿속, 또는 더 커다란 에코시스템 안에 있는 게 문제다.

물론 로마인이 취했던 방식은 로마 제국에서 통했다. 다른 제국들은 외진 장소와 사람을 연결하기 위해 다른 방식에 의존했다. 마찬가지로 전략수립은 프로세스에 의존하지만 아무 프로세스나 통하는 것은 아니다. "모든 길은 로마로 통한다."라는 개념은 협조적 방식으로 전략을 수립하는 프로세스가 있는지에 달려있다. 프로세스는 유연하지만 탄탄해야 하고, 사업 성과를 내리라는 믿음을 줄 수 있게 충분히 검증을 했어야 한다.

　　　　　　　　　2부 협조적 전략을 위한 퀘스트 프로세스

위대한 전략을 만드는 열쇠는 그냥 보기엔 이질적인 부분을 함께 연결해서 무언가 결과를 내고 목적을 달성하는 방법을 알아내는 데 있다. 그렇다면 그건 어떻게 할까? 어떻게 하면 협조적으로 그걸 해서 결정을 현실화할까?

바로 본론으로 들어가서 퀘스트 프로세스 틀을 사용해서 전략을 수립하는 중요 단계들을 살펴보자. 다음에 나오는 내용은 각 단계(질문, 구상, 선택, 수용)의 세부 내용이다. 퀘스트 프로세스 틀은 더 나은 사업성과를 내기 위해 구조화되고 통제된 방식으로 당신을 인도할 것이다.

당신은 각 단계를 실행하기 위한 행동과 스텝과 책임을 배울 것이다. 내가 유혹이라고 부르는 몇 가지 문제 또한 강조될 것인데, 전략수립 프로세스를 진행해 나가며 그 유혹을 조심해야 할 것이다.

모든 것이 어떻게 작동하는가

우선 잠시 시간을 내서 '프로세스 틀Process Framework'이라는 문구의 정의를 명확히 하자. 프로세스 틀이란 서로 관련이 있고 우선순위에 따라 실행해야하는 일련의 행동이(프로세스가) 가능하게 하는 구조다.

나는 그것을 틀이라고 하지 기법이라고 부르지 않는데, 그건 구조가 일반적이고 유연해서 맥락에 따라(산업, 사업, 회사 유형, 사업단위에 따라서라는 의미) 다르게 적용할 수 있기 때문이다.

프로세스 틀은 유연한데, 그건 단계를 제시된 순서에 따라 진행하더라도 각 단계가 끝날 때마다 (그리도 다음 단계가 시작할 때마다) 지나가야 할 '관문gate'이 있기 때문이다. 관문에 이르기 전에 프로세스 틀로 각 단계 안에서 생겨나는 학습의 연결고리를 인지할 수 있다. 그리고 유연성 없이 프로세스 스텝을 항상 따라가야 한다고 할 정도로 심하게 경직되어 있지 않다. 그건 전략 수립 활동이 사람들의 학습과 아이디어 형성에 관련이 있기 때문이다. 창의적 프로세스는 선형적이지 않으며 순수하게 분석적이지도 않다. 인생과도 유사하게 흐름이 있다. 전략수립은 'A에서 B로 그리고 C로'라는 식의 모델보다는 훨씬 더 어수선하다. 그 대신 '뉴 하우'는 순서를 정한 단계에 따른 틀을 제시하여, 사업성과 최적화를 위해 구체적으로 어떤 일을 어느 순서로 달성해야 할지 알려준다. 어느 특정 단계를 마칠 때면 어떤 일은 반드시 완료하는 것이 중요하다. 그것이 관문의 역할이다.

퀘스트 프로세스 틀은 구조화되었지만 유동적인, 어수선하지만 통제된, 신속하지만 신중한 방식으로 전략을 수립할 수 있게 해 준다. 진행해가면서 생길 수 있는 수많은 공통적 우려를 다룬다. 당신은 다른 사람이 관여하면 시간이 더 걸릴까봐 남들과 함께 전략을 수립하길 꺼려할 수도 있다. 그러나 퀘스트 프로세스 틀은 구체적인 이유에 따라 사람들을 관여시키면서 일이 진행되게 하므로 전진적인 의사결정을 할 수 있고 계속 발전할 수 있다.

3장에서 다룬 '작은 성과에 만족하기' 개념을 기억하는가? 바로 여기에 적용할 수 있다. 일을 진행시키려면 언제 그 정도면 충분한지, 언제 계속 진행할지, 언제 하던 일을 멈추고 다른 일을 시작할지를 정해야 한다. 일을 100퍼센트 맞게 해서 '완벽한' 해결안을 성취하는 것과는 반대다. 퀘스트 프로세스 틀을 사용하면 작은 성과에 만족하기가 가능하고, 그럴 때 계속 나아가 진행할 수 있기 때문에 더욱 큰 성공을 위해 필수적이다.

이 프로세스 틀은 대화를 특정한 속도로 하도록 해서 적시에 결정을 내릴 수 있게 하고, 사람들은 처음에, 두 번째에, 세 번째에, 그다음에 무엇을 할지를 안다. 다음에 무엇이 오고, 다음 일을 하려면 무엇을 준비해야 하는지를 안다. 전략수립이 창의적인 활동이고 거의 언제나 깔끔하거나 산뜻하지 않다는 점을 감안할 때 퀘스트가 전략수립의 어수선함을 수용한다는 것은 아주 중요하다. 어수선한 선택을 의식적으로 참여해서 내릴 수 있게 해준다.

퀘스트 프로세스 틀은 네 가지의 반복 가능한 핵심 단계를 기초로 하고, 각 단계별로 팀은 그 단계가 종료할 때까지 내려야 할 필수적 의사결정에 집중하게 된다. 프로세스 틀은 사업기회를 비전으로, 비전을 전략으로, 전략을 구체적이고 측정 가능한 행동 계획으로 바꿔준다. 프로세스 틀은 팀 차원에서 문제를 명확히 하고, 성공한다면 어찌 될지 생각하고, 적절한 질문을 묻고 대답하고, 아이디어를 도출하고 분류할 수 있게 하는 일련의 스텝을 따라 당신을 이끌고 간다. 그래서 최종적으로 한 가지 최선의 전략에 도달하고, 그다음에는 해야 할 일을 명확히 하고 책임지게 한다.

질문 단계: 어떻게 들어맞는가

퀘스트 프로세스 틀의 첫 번째 단계는 질문 단계다(그림 4-1). 이 단계에서 당신은 적절한 질문과 대답을 함으로써 당면한 상황을 깊이 이해한다. 질문 단계가 구상 단계 앞에 위치하는 이유는 스스로 문제가 뭔지 알아야 하고 모든 사람이 당신이 이루려는 게 무엇인지를 이해해야 하기 때문이다. 질문 단계를 선택 단계 이전에 끝내는 이유는 문제의 범위를 명확히 해서 (다음 부분에서 논의할 내용이다) 그 결과로 나오는 전략을 문제와 짝을 맞춰 야 하기 때문이다.

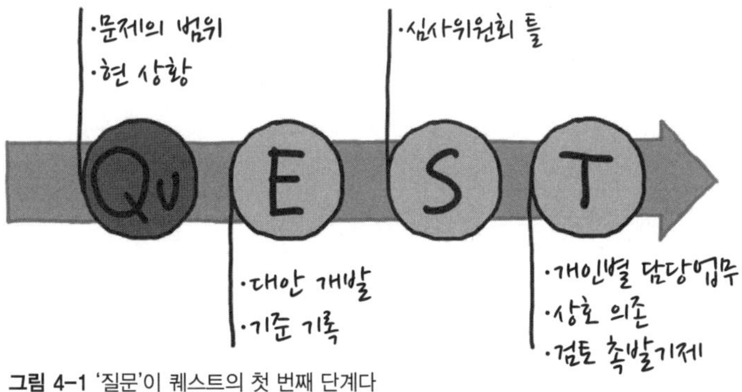

그림 4-1 '질문'이 퀘스트의 첫 번째 단계다

질문 단계의 구성 요소

질문 단계란 충분히 신뢰할 정도로 문제를 이해하고, 현재 자신이 어디에 있는지 명확히 알 수 있게 모든 사실을 수집하고, 사실 조사의 결과를 공유해서 해결 중인 문제를 이해하고 합의하는 일이다.

질문 단계란 열린 마음으로 참가하해서 모든 사람이 새로운 정보와 통찰과 방향에 자신을 여는 일이다. 문제를 처음 논의할 때는 무엇이 정말 문제인지를 꼬치꼬치 따져보며 시작해서 무엇을 해결해야 하는지 이해하는 데 필요한 모든 관련 정보를 수집해야 한다.

질문 단계에는 문제를 확인하고, 관련 정보를 수집하고, 해결 중인 문제를 확실히 이해하기 위해 알아낸 사실을 공유하는 세 가지 스텝이 있다. 질문 단계의 첫 번째 스텝을 살펴보자. 이 스텝은 문제의 범위를 확인하기 위해 필요하다.

스텝 1. 문제의 범위 확인

문제 해결로 바로 덤벼들었다가 나중에 가서야 좀 더 깊이 생각하고 먼저 질문을 더 했더라면 훨씬 나은 해결안이 나왔을 거라고 깨달은 적이 몇 번이나 있었는가? 질문 단계의 이 사전 스텝은 어느 특정 문제를 해결해야 하는지, 어려운 문제와 씨름해야 하는지, 새로운 도전에 맞서야 하는지를 결정하는 일이다.

논의를 위해 나는 간단히 이를 '문제'라고 표현하겠다. 비록 어떤 사람들은 문제를 부정적인 단어라고 느끼지만, 문제를 현재 당신의 위치와 당신이 가고 싶은 위치 사이의 간극을 표현하는 말이라고 생각하라. 나는 이 말을 그냥 '기회'라고 쉽게 부를 수도 있다. 따라서 그게 도움이 된다면 단어를 마음속으로 바꿔도 된다. 현재 가진 것과 갖고 싶은 것의 차이를 확인하고 명확히 했다면 당신은 '문제'를 정의한 것이다. 그리고 그곳에서 당신은 자신의 생각을 발전시키고 협조적으로 문제를 해결하는 방향으로 조직을 끌어들이기 시작할 수 있다.

　문제의 범위 설정은 당신이 다루려고 '의도'하거나 씨름할 필요가 있다고 '믿는' 것을 확인하는 일이다. 내가 '의도한다'나 '믿는다'라는 단어를 사용했음을 주목하라. 내가 가리키는 것은 문제의 범위란 '이것이 바로 문제야'라고 확신이기보다는 시험해봐야 할 가설이라는 뜻이다. 비록 문제의 범위가 분명 당신의 직감이나 직관에서 형성되겠지만 '직감을 따르거나' 성급히 결론을 내리지는 말아야 한다. 관여해야 할 올바른 사람이나 올바른 사람의 특성을 찾아내는 일이다. 어도비가 타고난 재능을 보고 한스를 선택했던 방식처럼 말이다(125쪽, '어느 협조적 리더의 약력' 참조). 아마 더 중요한 것이겠지만, 범위 설정은 문제의 숨겨진 본질을 명확히 해서 문제를 해결할 수 있는 단계를 준비함으로써 자신과 조직과 회사가 어떤 문제에 봉착했는지를 초기에 이해하게록 한다. 전략은 이론상으로 결코 완벽한 해결책이 될 수는 없지만 정해진 문맥과 경쟁 상황과 역량 등을 고려할 때 가장 잘 작동할 해결책이며, 문제의 범위는 지형을 감안해야 한다.

　나는 이 스텝을 '문제 설계'라고 자주 이야기한다. 다루고 싶은 문제의 모양, 크기, 둘레를 당신이 정한다. 언덕에 있는 부지에 100평 크기의 작품을 설계하듯, 사업 문제를 '제품군 X에 영향을 주는 기업 및 개인고객 중 북미지역에 집중하는 고객'이라 설계하고 싶을 것이다. 우리가 무엇을 만드는지 알려면 대략 어떤 모습에 어떤 느낌인지 보여주는 설계가 필요하다. 그건 새로운 문제와 만나기를(또한 그 문제를 풀겠다는 생각을 시작하기를) 피할 수 없기 때문이다. 다른 문제를 먼저 풀고 나면 만나는 자연스러운 결과다.

그림 4-2 문제 설계가 범위를 구체화한다

문제 설계는 문제에 특성을 부여하고, 매개변수를 조작할 수 있도록 손잡이를 단 다음, 이름을 짓는 일이다. 본질로 들어가려면 문제 그 자체의 크기, 범위, 기본 속성, 심지어 이름까지도 열린 마음으로 대할 필요해야 한다. 그건 누가 관련이 있고 그들이 무엇에 관심이 있는지를 명확히 하는 일이다. 또한 지금 바로 문제를 해결하지 못하도록 멈추고 훼방 놓는 것이 무엇인지 확인하는 일이다. 그러나 무엇보다도 문제 설계의 정의는 문제처럼 보이는 걸 실제로 문제와 그리고 사람들이 해결하려는 더욱 더 중요한 일과 연결하는 노력을 중심 주제로 삼는다.

사실 복잡한 문제는 대개 명쾌하지 않고 분명히 맞거나 틀린 답이 없다. 거의 언제나 데이터 차이, 사람 문제, 이해나 오해, 현실과 목표의 차이가 관련이 있다. 문제 설계 스텝은 사업문제의 인간적 측면에 대한 확실한 이해뿐만 아니라 사실과 데이터를 둘 다 포함한다. 그래서 궁극적으로 조직에 잘 들어맞고 성과가 나는 방식으로 전체 문제를 해결한다.

문제의 범위를 정하는 일은 질문 프로세스 단계의 첫 번째 스텝이며 그

다음에 오는 모든 것들이 이에 좌우되므로 필수적이다. 이것 없이는 일을 정렬할 수 없다. 모든 것이 잘 정렬되면 사람들은 문제를 어떻게 제대로 제한할지 선택할 수 있게 되고 그러고 나면 팀 빌딩을 시작하고, 범위를 확정하고, 궁극적으로는 문제를 공략할 전략을 개발할 수 있게 된다.

문제의 범위를 정하려면 소규모 발견 프로세스에 착수해야만 한다. 그걸 하려면 동료와 토론을 시작하고, 문제에 가까이 있는 핵심인물 몇 명과 말을 나누고, 상사와 가능성 있는 새로운 관점을 토론하고 다음과 같이 질문을 해 볼 수 있다. "이제 정말 무엇을 해야 할까요?" "무엇을 고쳐야 할까요?" "어디에 가장 크게 영향을 줄까요?" 해결해야 할 일에 대해 자신이 품고 있는 선입견에 도전할 수 있도록 최선을 다하라. 높은 목표를 가져라. 그러나 당신이 실제로 무엇을 달성하려 하는지 보여주는 시야를 잃을 정도로 높게 가지지는 마라.

적절히 초점은 맞췄지만 실행할 정도로 명확하지는 않다면, 맞는 길을 찾아 맞는 방향으로 가고 있는 것이다. 그러나 문제에 확실히 한정지으려면 명확한 원칙 아래 추가적 일을 조금 더 해야 한다. 문제를 한정지으면 범위가 정해진다. 즉, 무엇이 포함되고 무엇이 포함되지 않는지를 알려준다.

표 4-1 범위 진술문

방향성이 맞는 진술	명확한 원칙아래 제대로 한계를 둔 진술
우리는 해외로의 확장을 주도할 방법을 생각해 낼 겁니다.	2010 회계 연도에 영향을 주도록 비디오 제품군을 20퍼센트 확장할 계획을 수립할 겁니다.
우리 비영리단체의 성장을 도울 지원자를 어떻게 찾을까요?	2010년 목표를 기초로 볼 때 지원자를 어느 핵심 영역에 배치해야 할까요? 지원자는 어떤 기술이 필요한가요? 과제의 규모는 얼마나 클까요? 몇 명이나 필요할까요?
소규모 업체에 건강관리 소프트웨어를 어떻게 판매할까요?	죽음을 앞둔 환자를 대상으로 하는 병원, 즉 호스피스 시장에서 우리가 제대로 지원하지 못하는 고객집단을 찾아 확인할 계획입니다. 목표대상 회사는 10명에서 1,000명 사이의 종업원을 고용하고 있을 겁니다.

제시된 문제의 범위를 정할 때, 사람들이 흥이 날 정도로 충분히 큰 규모의 문제와 너무나 커서 꿈쩍도 안 할 거라고 느낌을 주는 문제 사이의 균형을 잡는 것이 중요하다. 당신이 할 일은 모양 좋은 성과 또는 탄탄히 연결된 일련의 성과로 한정해서 범위를 정하는 것이다. 일단 다루고자 하는 문제의 범위가 명확해지면 그 다음은 문제 자체에 대해 더 많이 배우기 위해 말을 나눌 사람을(또는 그 사람의 특성을) 확인할 시간이다. 이들은 뭔가 보탬을 줄 수 있는 사람들이며 직함에 따라 좁은 범위로 규정하지 않는다.

문제의 범위: 역할과 책임

문제의 범위 스텝에서 (운영을 책임지는 리더인) 당신과 당신 팀은 표 4-2에 열거했듯이 구체적인 책임이 있다.

표 4-2 스텝 1. 문제의 범위, 역할과 책임

리더의 역할
• 범위를 정한다.
– 조기 발견 프로세스를 실행한다.
• 제한을 둔 문제 진술을 작성한다. 경계선의 차원은 시간, 시장 세그먼트, 사업부, 제품, 예산이 있을 수 있다.
• 공간을 만들라.
– 프로젝트의 비전을 기술하라.
– 팀을 선정하라. 핵심 전략팀이 프로세스와 관련된 확대 구성 팀을 대부분 이끌어가게 할 수 있음을 기억하라.
– 팀이 필요로 하는 사람들을 확인하고 그들이 필요한 이유를 확인하라.
– 상호작용과 협조의 기본 규칙을 정하라. 이를 위해서 2장의 내용을 활용하라.
– 퀘스트 프로세스 틀을 검토하라.
– 무엇을 기대하는지 이야기 하라.

협조자의 역할
• 문제 진술에 질문, 도전, 토론하여 이해가 되지 않는 부분을 명확히 하라.
• 해결안을 함께 만들겠다고 약속하라.
• 적극적으로 참여하라(2장 참조).

          2부 협조적 전략을 위한 퀘스트 프로세스

사람들을 이 프로세스로 초대하고 퀘스트 프로세스 틀의 다음 스텝을 시작하려면 팀의 목적을 명확히 말하고, 기본적이고 맥락을 정해주는 다음과 같은 질문들에 답변하며 첫 회의를 할 수 있다.

- 우리가 여기에 모인 이유는?
- 한 팀으로서 달성하고자 하는 바는?
- 이 일이 중요한 이유는?
- 우리가 일을 끝냈을 때 그걸 어떻게 알 수 있는가?

질문은 아주 간단해 보여도 팀에서 답을 내도록 하는 게 아주 중요하다. 출발부터 답을 분명히 하면 팀원들이 구체적으로, 왜 그들이 팀에 참여했고 함께 무엇을 달성하려고 하는지를 아는 데 도움이 된다.

유혹 관리 : 과도한 의욕

처음에 문제를 확인하면 자신이 문제를 명확히 알고 있다고 가정하거나 자신 혹은 팀이 할 수 있는 일에 대해 과도한 의욕을 느끼기 쉽다. 이러한 유혹을 자제하라. 무척 단순해 보이는 문제라도 사람들이 쉽게 모든 면과 의미를 볼 수 없게 복잡하다. 일단 팀이 상황을 자세히 알면 문제의 범위를 넓힐 수 있다는 가정 아래, 작은 목표를 세우는 것도 방법이다.

이 예비 시작 회의는 안전의 문화 세우기를 시작하기에 좋은 기회다. 팀원들이 팀 내에서 그리고 팀 외부와 어떻게 상호작용하기를 원하는지 기본 원칙을 정할 수 있는 큰 기회를 주기 때문이다. 리더로서의 당신 역할과 당신이 팀원에게서 바라는 바를 팀원 개개인 그리고 팀 전체 모두가 이해하게 하는 일도 그룹 규범을 설정하기에 좋은 기회다.

이 회의는 리더의 역할과 협조자의 역할을 점검하고 팀원이 모두 전략 수립 활동의 각 단계별로 어떤 역할을 해야 하는지 살펴볼 뿐 아니라 퀘스트 프로세스 틀 전체를 점검하기에 좋은 기회이다.

이제 질문 단계의 두 번째 스텝, '사실 수집'으로 넘어갈 순서다.

스텝 2. 사실 수집

질문 단계의 두 번째 스텝인 '사실 수집'에서는 문제 혹은 기회를 한층 더 깊이 이해하기 위해 조직 내 사람들을 (가능하면 조직 너머 고객, 협력사, 공급 업체 등에도) 두루 인터뷰한다. 전략적 문제를 해결할 수 있을 만큼 충분히 이해하려면 어떠한 질문을(혹은 답변을) 해야 하는지 검토하는 일이다.

이 스텝의 목표는 문제를 종합적으로 보여주는 그림을 그려서, 솔직하게 토론하고 공유하게 하고, 팀이 생각하는 문제와 다른 문제를 푼다든지 혹 더 나쁘게는 실제 문제의 현실을 벗어나지 않게 하는 것이다. 사실 수집은 자신의 가설을 증명하는 일이 아니다. 가설이 정확한지 학습하고 테스트하는 것이다. 가설을 반증 또는 증명하는 가운데 무언가 중요한 것을 배운다.

질문 단계 중 사실 수집 스텝은 결정적인데 그건 사람들은 대개 불완전한 데이터를 가지며 문제 해결을 시작하고 그래서 해결하려는 문제를 불완전하게 이해하기 때문이다. 이 스텝을 통해 당신은 네 가지를 정의하고 이러한 함정을 피할 수 있다.

- 해결하고자 하는 문제에 대해서 알고 있는 것은 (그리고 증명할 수 있는 것은) 무엇인가?
- 믿고 있는 것은 (그러나 증명할 수는 없는 것은) 무엇인가?
- 의심하는 것은 무엇인가?

     2부 협조적 전략을 위한 퀘스트 프로세스

- 특이한 예외 혹은 '쓸데없이 주의를 산만하게 하는 일'(관련도 없으며 상반되고 오해를 하기 쉬운 '사실')이라고 의심하는 일은 무엇인가?

게다가 사실 수집 스텝은 사람들이 전략 수립 프로세스 초기에 뭔가 새로운 일을 하는데서 오는 예감, 질문, 걱정을 표현하는 장을 제공한다. 여기서 당신은 정치 상황이나 다른 중요한 양상 등을 감안하고 최종 해결책을 만들 때 그것들을 포함할 수 있다.

사실을 수집하는 과정에서 당신은 조직에서 무엇이 제일 중요한지, 따라서 전략을 선택할 때 어떤 대안을 골라야 하는지를 배울 것이다. 그러므로 사람들이 하는 말이 중요하다는 걸 노트에 명기해 두고 사람들의 말을 계속 기록하라. 왜냐하면 그게 성공 판단 기준의 일부분이 될 것이고 당신이 다시 찾아봐야 할 것이기 때문에 그렇다. 성공 판단의 기준에 대해서는 5장과 6장에서 더 살펴볼 것이다.

사실 수집 활동

사실 수집 스텝에서 당신은 몇 가지 활동에 착수한다.

- 코끼리 사냥
- 인터뷰: 지혜 캐내기
- 조사연구: 참고 데이터 수집

이 활동들을 자세히 살펴보자.

코끼리 사냥. 사실 수집 스텝의 목표를 달성하려면 당신과 팀은 '질문 전문가'가 되어야 한다. 그 말의 의미는 자신이 모르는 일에 개방적이야 한다는 뜻인데, 특히 팀원 모두 해당 주제 분야에 대해 상당한 전문성이 있을 때 혹은 팀원 상당수가 꽤 오랜 기간 조직에서 일했을 때 더욱 더 그렇다. 전문가나 경험 많은 직원들은 문제를 인지하고 있어 모두 알고 있다고 받아들이는 경우가 꽤 있다.

설명하자면 사실 수집 스텝에서는 '두 종류의 코끼리'를 드러내야 한다.

그림 4-3 두 종류의 코끼리

첫 번째 코끼리가 방에 있다. 이 코끼리는 큰 문제라서 거의 모든 사람이 알고 있지만 어느 정도 금기로 삼는 주제다. 그래서 아무도 그 일을 거론하지 않고 문제를 결코 처리하지 않는다. 프로젝트 안의 크고 처리하지 않는 '코끼리'는 많은 문제를 일으킬 수 있어서 당신은 분명 그걸 드러내고 싶을 것이다. 처리하지 않은 채 놔둔 큰 코끼리는 여기저기 다니면서 프로젝트에 문제를 일으킬 수 있으니 개방된 곳으로 내몰아야 한다.

두 번째 코끼리는 모든 면에서 달라 보이는 코끼리다. 중요 문제인데 다면적인 문제라서 여러 사람들이 보기는 하는데 각자 제한된 방식으로만 본다. 우리는 각자 한정된 조리개를 갖고 있다. 보고 싶은 것 또는 보이는 것만 본다. 때로는 조직 내 책임 영역이 우리의 관점을 한정짓는다. 또 어떤 때는 이해력의 부족과 관계가 있다.

지금 현재 당신이 있는 방에 코끼리를 넣고 (그리고 잠시 동안 후각과 시각을 차단한다) 코끼리를 만지게 하고 무엇을 느꼈는지 설명하라고 한 다

     2부 협조적 전략을 위한 퀘스트 프로세스

음, 방의 반대편에 앉은 사람에게 무엇을 느꼈는지 물어볼 수 있다. 두 사람의 설명을 모두 들어보면 둘이 말하는 것이 정반대인 것처럼 들릴 수도 있다. 꼬리는 엄니와 다르게, 발가락은 등과 다르게 느껴질 것이다. 그래서 한 사람은 "그건 부드러워요"라고 말하는 반면 다른 사람은 "그건 털이 많아요"라고 말할 것이다. 둘 다 사실이다. 이걸 사업에 적용하면, 우리가 복잡한 조직 안에서 일하므로 각자 전체 그림의 일부만을 흔히 보는 것과 같다. 우리를 갈라놓는 장벽은 거대하다. 그러나 그 장벽을 허물 때 큰 학습이 생긴다.

두 번째 코끼리는 문제의 본질을 명확히 하고 의견 일치를 구하는 일과 관련이 있다. 각 개인의 관점보다 더 완전한 정보가 있고 그 정보를 서로 합할 때에만 코끼리의 전체 개념을 이해할 수 있다. 중요한 문제에 대한 공동 이해가 부족하면 나중에 문제가 생긴다. 그러나 모두 같은 그림을 볼 수 있으면 함께 문제를 해결할 수 있다.

프로젝트에서 성공적으로 '코끼리를 드러내려면' 사실 수집 스텝에서 바른 접근법을 취하는 것이 중요하다. 그저 "알아야 하는 게 뭡니까?"라고 질문하며 과제에 다가서는 경우가 자주 있다. 논리적인 듯 보이지만 답에 초점을 맞추면 질문 단계를 망치고, 사람들은 '제대로 접근하려고 관련 자료를 찾으라는' 압력을 받는다. 사실적 답만 갖고 드러내야 할 코끼리를 얘기하라고 사람들을 격려할 수 없다.

더욱 효과적인 접근법은 알아내야 할 답 대신 물어봐야 할 질문에 초점을 맞추는 것이다. 예를 들어 다음은 경쟁사에 대응한 전략을 수립하려는 팀이 사실 수집 세션을 시작할 때 할 만한 예시 질문이다.

- 이전에 한 일에 대해 알고 있는 것은?
- 누가 관여했는가?

- 어떤 결과를 도출했는가?
- 이게 왜 효과가 있었는지 혹은 왜 효과가 없는지, 그 원인에 대해 무엇을 알아야 하는가?

프로세스 질문을 시작함으로써 사실 수집 스텝을 좀 더 발견적인 프로세스처럼 다룰 수 있고, 그러면 발견 내용에 대해 개방적인 태도를 갖는 데 도움이 된다. 질문자 입장을 취하기는 시간이 오래 걸리지는 일이 아니지만 그걸 건너뛰면 나중에 다시 추가할 수가 없다. 이 스텝을 사실 수집 스텝의 상세 조사 업무, 즉 인터뷰와 연구조사로 넘어가기 전에 반드시 실시하라.

인터뷰하기: 지혜의 보물 캐기. 사실 수집을 시작할 준비가 되면 사람들을 인터뷰하는 것이 좋다. 인터뷰는 문제와 어느 정도 관련이 있는 조직 내 사람들과, 그리고 때로는 조직 외부 사람들과 이야기하는 일이다. 그들이 문제를 어떻게 경험했는지 배움으로써 문제에 대해 그들이 무엇을 알고 있는지를 이해할 수 있다. 그 프로세스는 모자이크를 맞추는 일과 어느 정도 비슷하다. 가까이 가면 사물이 무작위로 무질서하게 흩어져 있어 보이지만, 뒤로 물러서면 명확한 전체 그림이 나타난다. 프로세스를 마무리 시점에 여러 출처에 가져온 모든 정보를 합치면 가치 있는 정보의 완벽한 집합이 생긴다. 조직 내에서 무엇을 이미 시도해서 실패했는지 그리고 사람들이 현재 문제를 어떻게 느끼고, 무엇을 진실이라고 믿고 있고, 어떤 중요 데이터를 꼭 고려해야 한다고 생각하는지를 알 것이다.

인터뷰는 계량적 정보의 출처를 알아내는 효율적인 방법이며 정성적 정보, 즉 데이터에서 의미를 뽑아내는 데 도움이 되는 관점과 지식과 통찰 등을(조직 지혜의 값진 금 덩어리를) 수집하는 최선의 방법이다.

공식적인 보고서와 스프레드시트에서 가져온 숫자에 얼마나 많이 팀에서 의미를 두는지 놀라울 정도다. 숫자가 정성적인(주관적인) 정보보다 더 구체적이라고 믿기 때문이다. 계량적 정보도 그 나름대로의 '모호함'이 있어 여러 가지 이유로 왜곡될 수 있다는 생각이 머리에 떠오르지 않나보다. 흔히 생각하는 것처럼 숫자가 일련의 검증된 사실을 제공해주지는 않는다.

영국 정치가, 벤저민 디즈레일리Benjamin Disraeli의 말에 따르면 (그리고 마크 트웨인 때문에 유명해진 말에 따르면) "거짓말에는 세 가지 종류가 있다. 그건 거짓말, 빌어먹을 거짓말 그리고 통계다." 이 말이 유명해진 것은 숫자를 왜곡해서 하고 싶은 대로 말하기가 너무나 쉽기 때문이다. 그게 사람의 지혜도 수집하는 일이 매우 중요한 이유다.

지혜를 캐내려면 계량적 정보와 정성적 정보 둘 사이의 균형이 필요하다고 인식해야 한다. 물론 계량적 정보는 대단히 중요하다. 그건 사업의 언어다. 그러나 숫자가 구체적인 것으로 비치기 때문에 사람들은 전략을 수립하면서 '가변적인 것'을 폄하하는 성향이 있다. 주어진 상황에서 무엇이 제일 중요한지, 또는 조직이 정말로 할 수 있는 일이 무엇인지를 통찰하는 주관적 정보도 동등하게 중요한데 말이다.

인터뷰는 데이터, 지식, 통찰을 수집하는 중요 방법임은 물론이고 전략 수립 초기에 지지기반을 구축하는 보너스도 제공한다. 그렇다면 그걸 염두에 두고서, 누구와 인터뷰해야 할까?

누구에게 질문할지 주의를 기울여라. 질문 단계에서는 누구에게 질문을 하는지에 따라 무엇을 배울 수 있는지가 구체화된다. 대개는 아마도 조직에서 제일 높은 사람이 더 많이 알거라 생각하고 높은 사람에게만 질문한다. 그러나 높은 사람이 중요한 정보를 갖고 있을지는 몰라도 정보가 출처에서 멀어질수록 정보가 요약되고, 왜곡되고, 핵심적 뉘앙스가 사라진다는 점을 염두에 둬라.

실제 일이 벌어지는 조직 깊숙한 곳에 있는 사람들과 인터뷰하라. 매일

매일 일이 어떻게 일어나고 있는지 더 잘 아는 사람들과 이야기하라.

인터뷰 대상자 목록을 늘리려면 첫 인터뷰 집단에 들어간 사람들에게 조직 내에서 인터뷰해야할 사람을 세 명씩 지명해달라고 요청하고, 여러 번 이름이 거론되는 사람을 주목하라. 그렇게 거론된 사람들은 훌륭한 자원이 될 수 있으며 또 다시 다른 세 명의 이름을 지목해 줄 수 있다.

매출 목표를 달성하지 못하는 것이 문제라면 목표를 달성하지 못한 판매원과 이야기하라. 목표량을 달성한 사람하고만 이야기하고 싶은 충동을 자제하라. 그들은 기존의 장애물을 피해갈 방법을 이미 찾았거나 처음부터 장애물을 만나지 않았을 가능성이 높기 때문이다. 고객과의 거래를 따내지 못하는 사람은 성장을 위해 제품(또는 판매 채널이나 운영방식)에서 무엇을 고쳐야할지 인식하고 있을 가능성이 높다. 실패한 거래를 조사할 때에는 가격이나 예외적 판매 프로세스처럼 문제에 영향을 주는 다른 요인들을 반드시 조사하라.

예를 들어, 사업의 성장을 막는 장애요인을 알아내고 싶다면 고객 서비스 전화 담당자와 이야기하라. 고객이 무엇에 대해 불평하는지 물어보라. 만족하지 못한 고객은 무엇이 제대로 작동하지 않고 있으며 왜 다음 신제품을 사지 않을지를 이야기해 줄 것이기 때문이다. 이렇게 불만족 전화를 받는 사람은 고객의 불평을 매일, 그것도 제일 먼저 들을 것이다. 그들은 고객 불만족 목록을 정리해 두고 있을 가능성은 높으며, 그 목록은 고객 접점에서 실제로 어떤 일들이 일어나는지를 기록한 가공하지 않은 데이터를 포함할 때가 자주 있다.

다음번 큰 사업 기회를 찾는 것이 문제라면 회사 밖에서 찾아라. 회사 내의 의견은 일반적으로 제약이 있어 '우리가 할 수 있는 일'의 지배를 받는다. 그 대신 무엇을 해야 좋을지 알려면 고객이 아닌 사람들과 이야기를 해봐라. 거래처, 개발자, 그리고 산업 내 각종 협회를 운영하는 사람들에게 그들에게 무엇이 필요한지, 회사에서 해결해 주었으면 좋을 문제가 무엇인지 물어봐라.

나는 계속 파고드는 게 얼마나 중요한지를 안다. 우리 회사가 생긴 지 얼마 되지 않았을 때 우리는 제품 가격을 놓고 타협을 하려고 했다. 제품 관리 팀은 가격이 너무 낮다고 생각했고, 판매 팀은 가격이 너무 높다고 생각했다. 각자, 상대방 팀의 관점이 이기적이라고 생각했고, 우리는 매출 신장 목표를 달성하지 못할 위험에 처했다. 두 팀 모두 고객과 이야기했고 자기 팀의 관점을 뒷받침하는 사실을 수집했다.

우리는 시간을 내서 고객 인터뷰를 하면서 팀에서 이미 질문했던 것 이상의 질문을 했고, 두 팀이 제시한 사실이 모두 진실일 수 있는 무엇인가를 찾고자 계속 파고들었다. 우리는 서로 대비되는 두 가지 유형의 고객이 동일 제품을 두 가지 다른 방식으로 사용하고 있다는 것을 알아냈다. 한 집단의 고객은 돈을 지불할 용의가 있는 반면 다른 고객군은 가격이 너무 비싸다고 생각했다. 우리는 이 결과를 회사로 가져갔고, 회사에서는 논의 주제를 가격에서 두 가지 상이한 제품군을 갖고 제품을 차별화하는 방법으로 변경했다. 이러한 사실 수집 스텝은 두 가지 상반되는 관점을 융합하고 양쪽 팀 모두 매출성장 목표라는 공동 목표에 집중할 수 있게 하는 데 결정적인 역할을 했다.

유혹 관리 : 민감한 정보 공유

당신이 사실 수집을 제대로 한다면 인터뷰 대상자는 터놓고 모든 종류의 정보를 공유할 것이다.

당신은 민감한 정보를 알게 되거나, 어느 특정 부문이나 사업부, 사람에게 영향을 주는 상황을 알게 될 수도 있다. 상황을 재빨리 부각시키고자 이 정보를 공유하고 싶은 유혹을 느낄 수도 있다. 그러나 당신이 수집한 정보를 백 퍼센트 존중하고 조심스럽게 다루는 건 필수적이다. 몇몇 경우 발견 내용을 보고할 수는 있지만 인터뷰한 사람의 허락 없이 이름을 같이 보고하지는 말라. 때로는 그 정보조차도 당분간 비밀로 둬야 한다.

예를 들어, 전략과 관련이 있는 임박한 사업 거래나 중요한 인사 변동을 알게 되는 경우가 있다. 그런 경우 팀의 소수 인원에게 이 사실을 알릴 수도 있고 알리지 않을 수도 있다. 정보를 공유하지 않으면서도 그 정보를 활용할 수도 있겠지만 그럴 경우 공유할 때보다는 더 많이 자신의 판단에 의존해야 한다. 자신의 결정을 설명하려면 자신에게 영향을 끼치는 중요한 비밀 정보를 얻었다고 밝혀야 할 수도 있다. 좋은 소식이 있다면? 이런 경우가 자주 일어나지는 않는다.

민감한 정보를 공개하고 싶은 욕망을 의식적으로 관리하라. 특히 남에게 폐가 되는 정보는 절대 사용하지 말라. 비밀 유지는 신뢰를 구축하고 향후 완전한 사실 수집을 하는 데 도움이 되기 때문에 중요하다.

인터뷰 기법이 중요하다. 사실 수집 스텝에서 최대한 성과를 내려면 인터뷰를 세심히 해야 한다.

인터뷰하기가 질문 단계에서 어떤 위치에 있는지 다시 살펴보자. 인터뷰를 시작하기 전에 고려할만한 제안을 몇 가지 강조하겠다. 조직 내에서 인터뷰를 잘하는 방법에 대한 자세한 안내가 필요하면 부록 A의 '인터뷰 실시 팁' 편을 살펴보라.

첫째, 가능하다면, 게다가 복잡한 문제를 다루고 있다면 대면 인터뷰를 하라. (그렇다고 전화 인터뷰가 유일한 인터뷰 방법일 경우 그 사람을 인터뷰 대상에서 제외시키지는 말라.) 대부분 조사 중인 사업 문제가 인터뷰하는 사람에게 영향을 주고 따라서 당신이 그들에게서 배우는 것이 그들에게도 중요함을 기억하라. 사람과 얼굴을 맞대고 얘기하면 그가 내놓는 조언에 영향을 미치는 요인들에 대한 통찰뿐만이 아니라 담당 역할을 넘어 그 사람이 어떤 사람인지를 알 수 있다. 이런 일은 성격이 외향적이라야 제대로 할 수 있다고 생각하는 사람들도 더러 있지만, 사실 어떤 유형의 사람이라도 할 수 있다. 이건 사교활동이 아니다. 이런 인터뷰는 학습과, 프로세스는 발견과 관련 있다.

누가 참여하고 있고, 무엇이 그들을 움직이고, 무엇이 그들의 잠재된 필요인지를 알면 최종 전략을 맞춤식으로 수립할 수 있고, 적절히 니즈를 반영하고 궁극적으로는 목표를 달성할 수 있게 된다.

전략이 잘 작동하려면 그 전략을 지지해야할 사람들의 필요에 부합해야 한다.

인터뷰를 하면 당신이 찾고 있지도 않던 일을 찾는 기회가 생긴다. 열띤 토의 속에서 튀어나오는 질문을 책상에 앉아 빈 종이를 뚫어지게 쳐다보며 도출해 낼 수는 없다. 대체로 질문이 특이하면 할수록 더 나은 발견이 나온다. 질문지에 없는 질문을 하고 싶다면 하라. 한창 인터뷰를 진행하는 도중에 이상하고 엉뚱한 질문을 하면, 인터뷰 대상자에게 그 인터뷰가 완전히 열린 대화라는 신호를 준다. 그러면 인터뷰가 새로운 수준으로 넘어갈 수 있거나, 인터뷰 대상자가 자기가 안다고 인식하지 못했던 뭔가를 기억해내는 계기가 될 수도 있다. 나는 으레 이렇게 묻는다. "당신이 우주를 지배하는 왕(왕비나 통치자)이 하루 동안 되었다고 가정할 때 실행하고 싶은(고치거나 변경하고 싶은) 한 가지 일이 있다면 그게 무엇일까요?"(그림 4-4) 그러고 나서 "내가 알아야 할 걸 말해주세요."라고 물으면서 앞 질문을 보완한다.

데이터, 지식, 통찰을 얻으려고 인터뷰 하는 개념에는 사람들이 대개 익숙해 하지만 도움을 요청한다는 생각에는 낯설어 한다. 그러나 질문 단계 도중에 도움을 요청하면 훌륭한 결과를 얻을 수 있다. 인터뷰를 할 때마다 그 인터뷰를 협력관계를 맺을 수 있는 기회로 보고 접근하라. 무엇이 일어나고 있는지 이해할 수 있게 도와달라고 사람들에게 요청하라. 그들 생각에 내가 무엇을 알아야 하는지 알려 달라고 요청하라.

그림 4-4 사람들을 프로세스에 참가시켜라

이런 상황에서 무엇이 제일 중요한지 질문하라. 협조를 요청하면 정보를 요구할 때보다 사람들이 훨씬 더 개방적이 된다. 사람들에게 도와달라고 요청할 때 그들은 으레 당신이 필요로 하는 결정적 정보를 공유해 줄 것이다. 후속 단계에서 잠재적인 성공 기준으로 사용할 수 있도록 가장 중요한 주제에 표시해 두는 걸 잊지 말라.

이전에도 언급했지만 도움을 청할만한 영역은 좋은 참고자료로 사용할 계량적 데이터에 접근을 획득하는 일이다. 그걸 요청하려면 인터뷰 말미에 하도록 하라. 이런 종류의 정보를 너무 일찍 요청하면 대화를 계량적인 방향으로 몰고 가서 중요한 주관적 뉘앙스를 배울 기회를 잃는 원인이 된다. 데이터를 얘기할 때면 기본적인 핵심 질문과 특히, 데이터에 수반된 주의 사항을 반드시 물어봐라. 수집하는 데이터에서 반드시 알아야 할 것이 더 없는가? 좋은 질문하기에 대해 더 알고자 한다면 부록 A를 살펴봐라.

연구조사: 참조할 데이터 수집하기. 보고서와 데이터베이스의 계량적이고 견고한 숫자는 질문 단계의 중요한 요소이지만 조심스럽게 사용해야 한다. 컴퓨터의 보편화와 인터넷의 확충은 계량적 정보가 어디에나 있으며 대부분 공짜에다 품질이 의심스럽다는 뜻이다. 그럼에도 불구하고 데이터를 어떻게 해석할지를 알고 있다면 숫자는 노다지가 될 수 있다.

유혹 관리 : 해결해야 할 문제가 어떤 것인지 자기가 이미 알고 있다고 믿음

사실과 평가기준을 수집하기 시작하면서 당신과 팀은 문제의 핵심을 이미 알고 있으며 문제를 해결하기 위해 필요한 거의 모든 정보를 갖고 있다고 생각하는 그릇되지만 너무나도 흔한 믿음 때문에 프로세스를 서둘러 통과하고자 하는 유혹을 받을 것이다. 이런 믿음은 흔히 중요한 게 무엇인지 안다고 생각할 정도로 경험이 많을 때 나오는 결과다. 이런 문제에 대해 직감이 정말로 잘 맞을 때 특히나 더 유혹을 받는다.

이런 유혹을 견뎌라. 예상치 못한 상황에서 핵심적 이해당사자들은 당신 팀을 소환해서 자기들 정보가 올바른지를 검증하고, 정말로 맞는 검증된 데이터에 근거해서 판단하도록 한다. 그건 가능성이 있는 일이며 실제로는 가능성이 높다. (또한 필요하다면 모두가 검증되지 않은 데이터라고 동의하는, 그래서 위험이 계산된 데이터에 근거해서 판단할 수도 있다.)

게다가 이전에 두세 번 들은 얘기를 다시 들으면 말하는 사람의 입을 다물게 하고 싶은 유혹이 생기더라도 당신이 이미 알고 있는 것을 조직 내 사람들이 표현하도록 놔두는 건 가치가 있다. 당신은 알고 있던 사실을 개별적으로 확인할 수 있고, 사람들은 당신이 자기 말을 들어주고 존중한다는 걸 알게 될 거다.

정보를 어떻게 해석할지를 알려면 먼저 그 정보의 출처를 알아야 한다. 2008년의 개인소비자 소프트웨어의 총 유효 시장이 X조 달러라는 걸 확인했다면 그 데이터의 기준점을 어디서 찾았는지가 중요하다. 2009년도 조사연구에서 나온 수치인가? 또는 2007년에 나온 예상수치인가? 출처에서 사용한 언어와 가설을 평가하기 위해 '사실'의 출처를 다시 찾아봐야 할 수도 있다. 정보 출처 기록은 향후 토론 시 사실의 신뢰성을 높여주기도 한다.

출처뿐만 아니라 데이터 타당성에 대한 관점도 얻도록 노력하라. 인터뷰 도중, 데이터베이스나 보고서에 접근이 허락됐다면 그 데이터의 정확도와 신뢰도에 대해서도 어느 정도 느낌을 얻었을 것이다. 외부 자료나 웹에서 나온 내용은 그 유용성을 증명해 줄 수 있는 사람을 회사 내에서 (혹은 외부에서) 찾을 수 있는지 확인하라.

마지막으로는 어느 정도의 데이터 분석 기술이 팀에 있는지 확인하라. 만약 기술이 없다면 그런 기술이 있는 사람을 빌려와라. 두 가지 특별한 기술이 쓸모가 있다. 첫째, 미가공 데이터가 있다면 그 데이터에서 통찰을 얻기 위해 여러 각도로 수치를 분석하는 능력이 있는 사람의 존재가 매우 중요하다. 둘째, 내용을 파악하고 통계자료, 특히 표결 자료에서 도출된 결론에 대한 의견을 낼 수 있는 사람이 필요하다. 예를 들어, 샘플 추출에서 편견은 없었는가? 질문의 표현 방식 때문에 정확하게 답변을 할 수 없었는가? 분석가가 '공개 시스템'을 어떤 의미로 썼을까? 통찰력 있는 숫자 계산 능력은 이 단계에서 매우 중요할 수 있다.

유혹 관리 : 명쾌함보다는 확실성을 선택

한두 주면 사실수집 스텝을 끝낼 수 있는데도 불구하고 빨리 진행해서 신속히 답을 얻으려는 긴박감 때문에 당신은 지름길로 가고 싶은 유혹을 느낄 수도 있다.

그런 유혹에 손을 드는 순간 당신은 공유하는 조직적 이해에 도달할 중대한 기회를 놓치며, 그 때문에 에어 샌드위치가 다시 생기고 아마도 나중에는 실패할 수도 있다.

해결책을 내놓을 정도로 그 상황 그리고/또는 조직을 알고 있다고 믿는, 조직의 내부 사람들과 일할 때 특히나 더 이런 유혹을 받을 수 있다.

흔한 실수는 먼저 사실을 수집하지 않고 간략히 최종 그림을 곧바로 그리는 것이다. 그 그림은 불완전하고, 따라서 그에 따른 해결책이 중요한 장애를 예상하지 못했거나 숨겨진 문제와 제대로 정렬되지 않았기 때문에 전략이 작동하지 않을 위험

     2부 협조적 전략을 위한 퀘스트 프로세스

이 있다. 사실 수집 스텝으로 되돌아가서 작성한 그림을 세심히 검토한다면 간략히 그림 그리기가 반드시 현명치 못한 일은 아니다.

습관적으로 이 스텝을 완전히 건너뛰면 실제로 필요할 때 그 핵심 정보가 존재하지 않을 위험에 빠진다. 매번 사실 수집에 선행투자를 하면 당신은 확실히 진짜 이슈와 문제를 다룰 수 있다. 질문 단계를 정말로 제대로 거쳤는지는 사실들이 쉽게 접근할 수 있는 형태로 정리가 됐는지를 보면 알 수 있다. 이들 사실이 없으면 내가 제대로 이해하고 있는지 효과적으로 확인할 수 없다.

사실 수집: 책임과 역할

기억하겠지만 퀘스트 프로세스 틀의 각 단계와 스텝은 일련의 독특한 활동에 의존한다. 따라서 리더와 참가자로서 당신의 역할은 프로세스의 단계별로 필요에 따라 어느 정도 달라질 것이다.

당신의 책임 중 일부는 분명하고 쉬워 보이기 때문에 장기적으로 볼 때 얼마나 고통스런 결과를 가져올지 깨닫지 못하고 활동을 건너뛰거나 특정 책임을 무시하고 싶은 유혹을 받을 수 있다. 게다가 리더로 일하다보면 사람과 행동과 프로세스를 계속해서 진행시키기 위해 약삭빠르고 익숙한 기법과 지름길에 의존하고 싶은 유혹을 분명 받는다. 결국 이런 기술과 특성으로 이 자리까지 올라오지 않았나? 왜 그걸 이제 내던져야 하나?

사실 파악의 목적이 주어진 문제의 범주를 최대한 제대로 완벽히 조사하는 데 있기 때문에 우리는 지름길로 가로지르길 피한다. 문제에 대한 그림은 될 수 있는 한 생생하고 포괄적이어야 하며, 조직 전체 사람들이 승인하고 질문하고 도전해야 한다.

리더로서 당신은 그 일을 할 책임이 있다. 이 프로세스의 구조는 (잠시 후에 나올) 요약문서 작성 업무를 수반하며, 이치에도 맞는 일이지만 당신은 이 문서를 사람들과 공유하고 싶을 것이다.

사실 수집 스텝에서 리더는 퍼실리테이터 역할을 맡고, 참가자 개개인은 발견자의 역할을 맡는다. 퍼실리테이터로서 당신이 할 일은 관련된 모든 사람이 자기 말이 제대로 전달되었으며 자기의 제안이 진지하게 고려되어 언제나 어디서나 가능하면 전략의 일부로 포함되리라는 느낌을 받고 회의 장소를 떠나게 하는 일이다.

리더의 관점에서 이 스텝의 중요한 부분은 조금 더 노력해서 적절한 맥락을 만들어 주는 일이다. 인터뷰를 받는 사람에게 왜 팀이 자기와 얘기하고자 하는지를 상기시켜 주고, 얼마나 그게 중요한지 알려주고, 누가 관여했는지 그리고 이전에 어떤 중요한 일이 있었는지를 알려줘라. 리더는 인터뷰 받는 사람들에게 안전한 환경을 만들어 주어 그들이 가능한 한 열린 마음으로 공유할 수 있도록 여러 일을 할 수 있다. 조금 더 노력해서 인터뷰 대상자가 정보를 숨기지 않도록 하는 환경을 조성하는 게 대단히 중요하다. 마음속에 담아둔 걱정과 은밀한 목표는 나중에야 나타난다.

수집 스텝에서의 리더와 팀원 역할을 표 4-3에 열거했다.

표 4-3 스텝 2: 사실 수집의 역할과 책임

리더의 역할
• 좋은 발견을 하라.

- 사실 수집 인터뷰를 실행할 사람 한두 명을 선정하되 반드시 탐색적 질문을 잘하는 사람으로 뽑아라. 판단은 자제하고 호기심에 가득 찬 질문을 하는 게 목표임을 잊지 마라. 조직 내에서 개인적인 신뢰가 있고, 공개적 대화를 방해할 '정치적 부담'이 없는 사람을 인터뷰 대상자로 선정하라.
- 모든 사실이 똑같지 않으므로 인터뷰 받는 사람이 자기 말에 얼마나 자신 있어 하는지 들어봐야 함을 인터뷰 실시자에게 지시하라. (그리고 관찰할 바를 기록할 때 강조하라고 지시하라.)
- 반드시, 가치 있는 다양한 의견이 도출될 수 있도록 인터뷰 대상자의 범위를 선택하라.
- 사전에 인터뷰 대상자에게 전화를 해서 이 프로젝트가 중요하며 팀이 정말로 그의 의견, 가설, 느낌, 데이터, 관점을 듣고 싶어 한다고 알려주는 방법을 고려하라. 나는 사람들에 미리 질문지를 보내는 건 꺼리지만 질문 주제를 알려주는 일은 흔쾌히 한다. 질문지를 보내면 설문조사처럼 고정된 흐름에 갇힌다. 구체적인 질문은 주지 않고 주제만 언급하면 대화가 어느 방향으로 흘러갈지 훨씬 유연하게 조절할 수 있다.

• 열린 마음으로 공유하는 분위기를 조성하라.

- 인터뷰를 실행하는 사람의 스타일과 인터뷰를 받는 사람의 스타일 사이의 짝을 맞춰라. 그러면 인터뷰 받는 사람이 좋은 정보를 제공할 정도로 편안하다고 느낀다.

(이어짐)

2부 협조적 전략을 위한 퀘스트 프로세스

- 데이터를 평가하라.
  - 데이터에 속지 않게 데이터와 기초 가정을 조사하라.

- 인터뷰를 실시하라.
  - 명확한 출처를 염두에 두고 문서와 데이터베이스에서 관련된 계량적 사실을 찾고 체계를 잡아라.
  - 발견한 내용을 토의하고 논쟁하고 통합하라.
  - 발견한 내용을 조직에 보고하라. 이 스텝은 선택사항이 아니다.

스텝 3. 발견한 내용 공유

인터뷰와 조사를 통해 '사실', 예감, 통찰, 관점을 잘 수집해 모아둘 수 있을 것이다. 어떤 정보는 객관적인 사실이고 여러 방법으로 검증되었을 것이다. 어떤 정보는 다른 정보와 상충할 수도 있다. 어떤 정보는 전혀 의미가 닿지 않을 수도 있다.

질문 단계에서 마지막 스텝은 팀 혹은 관련자나 참여자로 구성된 상위 단위의 조직에 제시할 보고서를 만드는 일이다. 나는 이 일을 '발견 내용 공유'라고 부른다. 이 공유 단계의 목표는 문제와 현상에 대한 이해의 공유다.

발견 내용을 공유하기 전에, 모든 사람들과 공유할 수 있게 단순한 형식으로 내용을 구성 한다. 그러면 이해를 공유할 수 있다. 결국 이렇게 공유된 이해는 실제로 조직이 문제를 충분히 고려하고, 팀이 당면 문제를 해결할 전략을 수립하는 데 도움이 될 정보의 기초를 형성할 것이다.

정보를 자세히 살펴보고 의미가 더 잘 통하도록 논리적인 단위로 구성해야 한다. 이런 사실을 구성하는 방식은 매번 상황에 따라 다르지만, 일반적으로 그 범주에는 '아는 정보', '믿는 정보', '의심스러운 정보', '앞뒤가 맞지 않는 정보'가 포함된다.

- 알고 있으며 확인된 정보

이런 정보는 반박할 수 없이 확인되었고, 사실로서 제시할 수 있다. 이 정보는 검증된 출처에서 가져온 분명한 수치를 포함하며, 또는 사람들이 조직에서 한 이야기를 모은 일련의 사실일 수 있다. 이런 유형의 정보에는 두 가지 하부 범주를 만들어라. 하나는 이미 확인된 정보, 다른 하나는 확인해야 할 정보의 범주다. 이전 프로젝트가 데이터의 출처라면 그 데이터는 반드시 '확인되지 않은 정보'의 범주에 넣어라. 전년도의 시장점유율이나 고객 구매 습성을 두고 올해에도 자동적으로 확인된 정보인 양 다루지 마라.

• 믿기는 하지만 확인하기에는 사실이 충분치 않은 정보

전형적으로 이 정보는 자신이 알고 있거나, 자신의 경험에서 나온 느낌이거나, 많은 사람들이 믿고 있는 일이지만 그걸 뒷받침할 데이터가 충분치 않은 정보이다. 확인되지 않은 사실이 있는 건 괜찮다. 확인되지 않았다고 확실히 표시해 두면 된다. 나중에 중추적인 정보를 기초로 판단을 내릴 때가 되어서, 근거가 전혀 없는 사실을 바탕으로 핵심 결정을 내리는 위험을 피하고 싶을 것이다.

• 의심스러운 정보

이 정보는 어떤 연유이든 당신이 그다지 믿지 않는 정보다. 부풀린 숫자로 유명한 출처에서 나온 데이터, 또는 당신 마음속에 이건 뭔가 이상하다는 신호가 들어오는 정보다. 정확히 왜 의심스러운지는 모르더라도 의심스러운 정보라고 표시해 둘 수 있다. 꽤 많은 경우, 이렇게 의심스러운 정보를 살펴보면 상황에 대한 사람들의 다양한 관점 차이가 어디에서 오는지 뚜렷이 알 수 있다.

• 앞뒤가 맞지 않는 정보

여기서는 사람들이 믿지만 당면 과제에는 적절치 않은 '헷갈리게 만드는 정보'나 이야기를 찾아낸다. 예를 들어, 예전에 대규모 판매 협상을 했는데 그걸 어느 특정 행동을 취하는 근거로 활용할 수 있다. 그러나 좀 더 세밀히 조사해보니 그 이야기는 어떤 숨겨진 가정이나 특별한 상황 때문에 틀렸음이 밝혀진다. 다른 예를 살펴보면, 사업상 골칫거리라고 널리 인식된 문제를 당신이 해결하려는 문제와 부적절하게 묶는 일이다. 뭔가 해결될 일 그리고/또는 자원이 할당될 일과 자신의 문제를 엮어두면 그 문제도 해결될 수 있으리라고 생각하기 때문이다. 이건 분명히 통과될 의안에 덧붙은 관련 없는 부가의안과도 같다. 조직 내에서 어떤 문제가 영구적인 문제라면 사람들은 흔히 그 문제를 모든 프로젝트나 전략에 끌어들일 방법을 찾는다. 그건 사람들이, 당신이 수행 중인 핵심 임무에 '수반해서' 그 문제가 해결되기를 바라기 때문이다. 그러므로 이런 유형의 문제에 대해서는 입장을 분명히 해라. 그렇게 그런 문제를 치워놔야 매번 회의에서 다시 논의되는 일이 없다. 그게 정말 문젯거리라면 별도로 해결하라.

이 단계에서 당신은 전체를 더 명확히 볼 수 있도록 배운 것을 걸러내고 분류한 후, 논리적 범주에 따라 모았다. 다음 스텝에서는 주요 발견사항 요약이라고 부르는 문서를 작성해야 한다. 이 문서로 당신은 배우고 믿고 이해한 내용을 조직 전반에 걸친 사람들과 공유할 수 있다. 방금 전 이야기한 범주에 따라 모으기는 좋은 훈련이며 사실 수집 스텝에서 발견한 것을 스스로 깊이 이해할 수 있도록 돕는다. 그러나 그게 보고서의 최종 산출물은 아니다. 보고서는 훨씬 더 포괄적인 관점을 담은 하나의 이야기다. 주요 발견사항에 탄탄한 체계가 잡혔다고 확실할 때 그 발견사항을 공유할 필요

가 있다. 이 일을 할 때 추천사항은 부록 A의 '발견사항의 체계 수립' 훈련
에서 찾아봐라.

모든 팀원과 발견한 내용을 공유해야 하는 설득력 있는 이유가 두 가지
있다. 첫째, 당신은 당신이 배운 것에다 팀원들의 도움을 받아 모양을 잡고
덧붙일 수 있는 기회를 팀원들에게 분명히 주고 싶을 것이다. 관점을 덧붙
이는 이 능력은 다차원적인 문제에 특히나 더 가치가 있으므로 팀원들에
게 피드백 받는 걸 환영한다고 알려줘라.

발견한 내용을 공유하는 과정에서 팀은 다뤄야할 일의 범주를 종합적으
로 보는 기회를 얻는다. 몇몇 새로운 통찰을 얻어서 그걸 공유하여 새로운
관점을 형성하는 일이 될 수도 있고, 또는 상황을 그저 완전히 새로운 각도
로 보는 것일 수도 있다. 공유를 하면서 드러나는 어떠한 피드백이나 통찰
도 놓치지 말라.

둘째, 공유는 대부분 팀원들이 몰랐거나 받아들이기 불편했던 내용을
배울 기회를 제공하며, 이는 공동의 이해를 형성하는 데 필수적이다. '팀
학습'의 일면은 상황에 대한 꾸밈없는 진실을 받아들이는 것이다. 이는 불
편한 대화가 될 수도 있지만 전진하려면 필요한 일이다. '이게 무엇인지'
설명해서 그걸 다룰 수 있게 해주는 리포터의 역할을 자신이 한다고 생각
해 보는 것도 도움이 될 수 있다. 그림 4-5는 질문 단계의 산출물이 왜 전
부, 공유된 이해에 관한 것인지를 보여준다.

공유 활동을 다르게 보는 방법은 그걸, 사실 수집 스텝에서 발견한 코끼
리를 공개적으로 드러내는 일이라고 생각하는 방법이다. 다면적 주제에 대
해 팀 차원의 관점을 얻으면 장님은 볼 수 없는, 코끼리의 다른 쪽 모양이
보인다. 공유 스텝에서는 방 안의 코끼리에 이름 짓기가 흔히 일어난다.

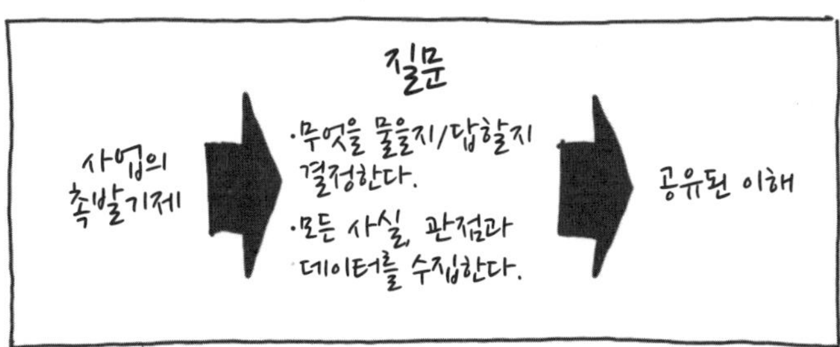

그림 4-5 질문에서 공유된 이해의 핵심 산출물이 나온다

다시 말하면, 이 자리에서는 금기시 되는 주제를 드러내어 확인하고 토론하고, 사람들이 그 주제를 좀 더 명확히 이해할 수 있도록 한다.

사람들이 배울 수 있도록 민감한 정보를 어떻게 공유할지에 대해 구체적인 도움을 얻으려면 부록 A에 나오는 '진실을 명확하고 힘 있게 말하기' 훈련을 살펴보라. 상위 차원의 조언 세 가지를 염두에 두어라.

- 당신이 말하는 모든 것을 진실로서가 아니라 '초기 발견'이라는 차원으로 제시하라. 초기 발견이라고 하면, 당신이 철저하게 사실 수집을 거치고 있다는 암시를 준다. 진실이라는 말은 당신이 판단 내린다는 암시를 준다(그림 4-6).

- 무엇이든 얼버무리고 넘어가지 말라. 필요하면 여러 가지의 구분과 세부내용을 활용해서 정확하고 구체적으로 남들이 무엇을 알았으면 하는지 말하라. 사람들이 가능한 한 충실히 상황에 대해 배우고, 그래서 모두가 질문하고 배우고, 궁극적으로는 이해를 공유하기를 당신은 원한다.

- 논조가 중요하다. 따라서 이 시점에서 사람들은 당신이 발견한 내용을 듣고 싶어 하고 거기에 대해 뭔가를 하고 싶어 한다고 가정하고 접근하라. 불필요하게 발견한 내용을 사람들에게 숨기지 말고, 공격적

인 방식으로 사람들과 맞선다는 인상을 주지도 말라.

그림 4-6 내용을 '진실'로서가 아니라 '초기 발견'으로서 공개하라. 강요된 진실은 절대 마음에 차지 때문이다

이 스텝의 핵심은 꼭 해결해야 하는 건 아니더라도 모든 문제를 (피하거나 깎아내리거나 숨기지 않고) 지적하는 것이다. 당신은 회사의 역사를 이야기하고 싶을 수도 있다. 과거에 작동하지 않았던 일 목록을 만들어 그런 위험을 반드시 피하고자 할 수도 있다. 방 안에 언급하지 않은 어떤 코끼리라도 있다면 문제를 제기하고 싶을 수 있다. 심지어, 당신 생각에는 모든 발견이 어떤 의미가 있는지 그 의미를 언급하고 싶을 수도 있다. 그 모든 것을 하라. 다만 어떠한 권고안도 제시하지 않으면서 하라.

발견 내용 공유하기: 역할과 책임

표 4-4는 공유 스텝에서 리더와 협조자의 역할과 책임을 개략적으로 기술하고 있다.

리더의 역할

- 발견 내용을 조직에 다시 보고하는 프로세스를 관리해서, 후속 권고안이 문제에 대한 더 완전한 이해의 바탕 아래 나올 수 있도록 하라.
  - 문제해결의 핵심 인물이나 문제 해결 지원 시 전체 그림을 알아야 하는 사람을, 보고 프로세스에 참여시켜라.
  - 이것이 예비 프로세스라는 것을 협조자들에게 알려줘라. 당신의 역할은 문제에 빛을 비추는 일이고 협조자들의 역할은 자신이 들은 이야기를 검증하는 일이지, 의사결정을 하거나 정보에 따라 행동하는 일이 아니다.
  - 어떤 데이터가 관련이 있고 어떤 데이터가 관련이 없는지 당신이 생각하는 가정을 확인해 달라고 사람들에게 요청하라. 당신이 부적절하다고 생각한 데이터가 부적절하지 않다고 사람들이 믿는다면 당신은 그 사실을 지금(나중에 당신의 가정이 전략의 기초가 된 이후가 아니라) 알고 싶을 것이다.
  - 방안의 코끼리를 노출시키고자 한다면 사람들에게 곧 그렇게 할 것임을 알려줘라. 이런 식으로 말할 수 있다. "다음 정보는 몇몇 여러분을 놀라게 할 수도 있다는 점을 알려드립니다. 우리는 XYZ에 대해 들었고 전체의 반 수 정도가 이를 우리가 다뤄야 할 문제라고 생각하고 있음을 알게 되었습니다."
  - 문제를 지적하라. 그러나 이 시간의 핵심은 문제 해결이 아니라 문제 노출이라는 점을 명확히 하라. (문제 해결은 나중에 일어난다. 지금 문제를 해결하는 데 발목이 잡히면 궤도를 벗어나고 힘을 낭비할 뿐이다.)

협조자의 역할

- 발견한 내용을 토의하고 논쟁하고 통합하라. 그리고 궁극적으로는 체계화하라.
- 발견한 내용을 조직에 보고하라. 이 스텝은 선택사항이 아니다.

어떠한 갈등도 피하지 말고 대처하라. 이는 프로세스에서 필수적이다. 발견 내용을 보고하고 저항을 받음으로써 얻는 혜택은 이후 프로세스에서 저항이 나올 수 있는 영역이나 문제에 대해 경계할 수 있다는 점이다. 나중에 알기보다는 지금 바로 아는 게 낫다. 그런 문제를 다루기 위해 질문하고 답해야 할 것들을 아는 편이 낫다. 그런 긴장에 맞서 배워야 할 건 배워라.

이런 공유된 발견 업무에 따르는 또 다른 사항은 문제를 다루는 사람들이 확증편향confirmation bias을 갖지 않도록 하는 것이다. 확증편향이란 자신이 믿는 걸 확인시켜 주는 건 쉽게 인식하는 반면, 자신의 믿음에 반하는 사실은 폄하함을 말한다. 확증편향이 있으면, 믿음을 지지하는 데이터는 우선적으로 포함하고, 믿음에 반하는 데이터는 걸러내면서 사실을 왜곡한

다. 공개적으로 보고하면 사람들이 확증편향의 희생양이 될 가능성이 줄어
드는데, 그건 어느 순간 어떤 사실 왜곡이라도 밝혀지고 말 것이라고 생각
하기 때문이다. 발견한 내용을 공개적으로 공유할 때, 자연적 자기 교정이
시스템 속에 녹아들어간다.

질문 단계의 순서

사람들은 질문 단계가 어떤 순서로 이루어지는지, 회의가 몇 번 필요할지
으레 알고 싶어 한다. 이 장에서 우리는 세 가지 스텝을 이야기했다. 이제
는 어떠한 유형의 토론회가 필요하고 누구를 참여시킬지에 대해 더욱 정
확히 알아보자. 비록 상황에 따라 다르기는 해도 다소 복잡한 문제를 다루
는 평균적인 질문 단계는 1주에서 10주가 걸린다. 표 4-5에는 스텝과 몇몇
주요 토론회를 명시했고 산출물을 요약했다.

표 4-5 질문 단계의 스텝 간 순서, 역할, 모임, 산출물

스텝 1: 문제 범위 확인하기				
역할			모임	산출물
시작하는 사람	조언을 구할 대상	의사결정자		
운영 리더	전문가: 여러 계층에서 영향을 주는 사람	운영리더	1–3회 단체 회의	범위 진술문
스텝 2: 사실 수집				
역할			모임	산출물
시작하는 사람	조언을 구할 대상	의사결정자		
전략팀 팀원	통찰/관점이 있는 조직 내 모든 부문 사람		일대일 면담	미가공 데이터 (계량적, 정량적)
스텝 3: 발견내용 공유하기				
역할			모임	산출물
시작하는 사람	조언을 구할 대상	의사결정자		
운영 리더	관련된 모든 사람들: 공개 초대		단체 회의와 사후 점검 이메일	범위 진술문

질문 스텝의 순서는 빠르게 흘러가지만 문제를 학습하려면 사람들과 이야기도 많이 하고 정보도 많이 모아야 한다. 운영 리더가 대개의 경우 프로세스를 관장하는 역할을 맡기에 가장 적합한 사람이다.(관련 스킬의 정도에 따라 다른 팀원이 이 역할을 맡을 수도 있고, 외부에서 스킬이 좋은 사람을 데려올 수도 있다.) 리더로서 당신은 인터뷰를 전반적으로 짚어보고, 발견 내용 요약본을 작성하고, 사실을 조직에 어떻게 보고할지 체계를 잡을 것이다. 인터뷰 진행자를 세심히 선정하고, 다양한 그룹을 대표하는 사람들을 인터뷰하도록 하고, 다음 진행을 하기 전에 수집한 정보를 조직에서 완벽히 검증하고 이해했는지 확인해야 한다. 사실 조사 스텝에서 발견한 내용을 보고하는 역할을 권한위양하고 싶을 수는 있겠지만, 궁극적으로 사건을 둘러싼 토론을 주관하는 역할은 아직 리더의 몫이다.

목표: 공유된 이해를 획득

질문 단계는 조직 내 수긍을 얻게 해주는데, 그건 당신이 문제를 지목하고 해결해야 할 일이 무엇인지를 그 이유와 함께 공개적으로 보고할 용기가 있으면, 더 많은 사람들이 다가와 자연스럽게 그 활동을 돕기 시작하기 때문이다. 그렇다고 이 일이 쉽다는 건 아니다. 이 일이 필요하다는 뜻일 뿐이다.

문제를 알 때 어떻게 우리가 그 문제를 해결할 수 있게 되는지 말했던 걸 상기하라. 그건 자연스럽게 질문 단계에서 생긴다. 질문 단계를 처음 시작할 때부터 제대로 된 문제 진술서를 갖고 있지는 않겠지만, 문제 진술서를 테스트 해보고 필요에 따라 수정할 기회가 있을 것이다.

우리는 그 프로세스를 아무것도 해결하려고 하지 않은 상태로 핵심 인물과 이야기하고 그들을 대화에 참여시키는 일이라고 묘사했다. 질문하는 방식이 개방적이라 지속적으로 배움이 생긴다. 질문 단계에서 생기는 이 배움 덕분에 당신은 상황을 제대로, 그리고 문제를 해결하겠다고 그대로 덤벼드는 것보다 더 폭넓은 관점을 갖고, 이해할 수 있다. 또한 개별적인 문제가 커다란 한 가지 문제의 일부일 때가 많음도 발견할 것이다. 문제를 어느 정도 명확하게 이해하지 않고서는 전체적인 혹은 핵심적인 문제를 다룰 수가 없다.

물론 우리는 공개적으로 문제에 이름을 짓고 질문 단계를 끝맺는다. 이게 쓸데없어 보일 수도 있지만, 그건 이 단계의 핵심 산출물이다. 모든 문제를 이름 지음으로써 관련한 사람들은 문제를 피하거나 깎아내리거나 숨기지 않을 것이다. 이 단계에서 당신은 이미 어느 정도 성공을 했다. 그러나 아직 더 해야 할 일이 남아있다.

발견한 내용을 공유하는 목적은 사람들이 최소한의 편견을 갖고 완전한 360도 관점으로 문제를 볼 수 있게 하여, 팀원들이 문제 그 자체를 더 폭넓게 이해하도록 하는 것이다. 이로써 남들이 요청하는 대로만 행동하는 게 아닌 '생각하는 조직'을 만든다(만든다기보다는 만드는 걸 지원한다). 이 일과 다음 단계 사이의 경계를 모호하게 놔두면 관련자들 사이에서 명확성이 줄어들 것이다. 질문 단계의 목표를 일부 달성했을지는 몰라도, 사람들이 머릿속으로 분명히 이해하고, 받아들이고, 도전하고, 자기 것으로 만들 기회를 놓칠 것이라는 뜻이다.

발견한 내용을 공유하고 나면 당신과 팀은 명확하면서도 함께 공유하는, 문제를 표현한 그림을 가질 것이다. 이제 당신은 퀘스트 프로세스 틀의 두 번째 단계, 구상Envision으로 들어간다. 구상에서 사람들은 전략 대안을 새로 만들고 개발한다. 구상은 흔히 프로젝트에서 가장 재미있는 부분인데, 그건 이 모든 문제에 대한 해결안을 만들기 시작하기 때문이다. 자, 조금 즐겨보자.

2단계: 구상

모든 사람은 자기 시야의 한계를 세상의 한계로 받아들인다
– 아르투르 쇼펜하우어 Arthur Schopenhauer

중요 대안을 새로 만들고 또 그게 왜 중요한지도 알아라

통찰이 어디에나 있고 새로운 대안이 어디에서든 올 수 있음을 안다면, 문제를 해결할(문제에 빠져 허우적대지 않고) 새롭고 창의적인 대안을 시스템적으로 수집하고 분석하고 개발할 수 있는 방법이 필요하다. 그것이 바로 퀘스트 프로세스 틀의 두 번째 단계인 '구상 Envision'에서 다루는 문제이다. 여기서 우리는 문제를 해결할 폭넓은 대안을 도출하고, 공유된 성공 비전에 근거해서 궁극적으로는 최선의 안을 선택할 수 있도록 해줄 기준을 기록하기 시작한다. 당신이 남들과 비슷하다면, 아이디어 도출과 브레인스토밍을 통해 문제해결에 어떻게 접근하는지를 어느 정도는 알고 이 장을 시작할 것이다.[1] 이런 방법이나 기법의 약점은 최고의 아이디어가 분명히 나올 거라는 가정 하에 그런 방법과 기법을 사용한다는 점이다. 그러나 사람들은 흔히, 주어진 조직의 내부 역량과 시장 상황에서 그런 선택이 정말로 작동할지 명백하게 알지 못하면서 다양한 아이디어를 도출한다. 구상 단계

에서는 당신이 원하는 어떠한 아이디어 도출법이라도 사용해도 되지만, 모든 해결책이 특정 회사에 적합하지는 않다는 점을 인식함으로써 프로세스에 미묘한 차이를 추가하게 된다.

구상에는 "문제와 특정한 상황의 조합이 주어졌을 때, 당신에게 적합한 대안의 조합은 무엇인가?"라는 질문에 답하려는 목적이 있다. 비현실적인 생각을 하고 최대한 많은 대안 조합을 도출하는 게 아니다. 이론적인 최선과 현실적인 최선은 완전히 별개라는 점을 알고, 집중을 해서 가장 잘 작동할 만한 대안을 도출하는 일이다.

구상 단계(그림 5-1)가 중요한 이유는 우리가 모든 가능한 대안을 수집하고 나서야 그 중에서 최선의 대안을 선택할 수 있기 때문이다. 구상은 조직이 협조를 활용해서 해결안을 도출할 수 있도록 한다. 이미 질문 단계에서 문제에 이름을 지어 붙였기 때문에 이제는 예상치 못한 곳에서 나온 최상의 아이디어에다가 무대를 제공할 수 있다. 이는 개방적으로 의견을 낼 수 있는 수평적 구조에서 일어난다. 아이디어 도출에 대해서는 알려진 바가 너무나 많기 때문에 이 장은 대안 도출을 가장 잘하는 방법에 집중하고, 그리고 나서는 이들 대안과 선택 기준을 다음 단계(선택 단계)에 반영하는 방법에 집중할 것이다.

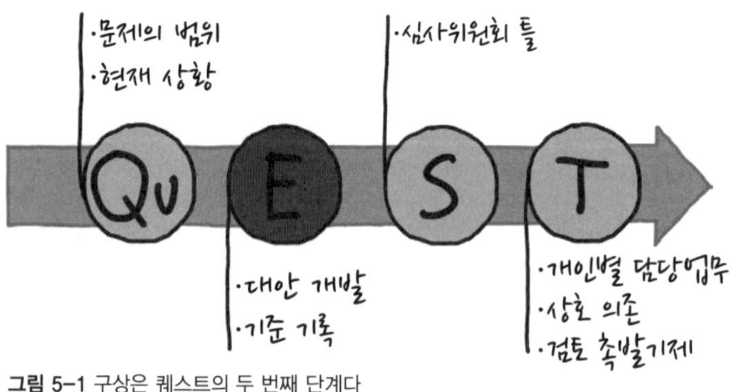

그림 5-1 구상은 퀘스트의 두 번째 단계다

 2부 협조적 전략을 위한 퀘스트 프로세스

구상 단계가 어떻게 전략적 문제를 해결할 실행 가능한 대안을 찾아내고 사업에 필요한 결과물을 도출할 수 있게 도움을 주는지 살펴보자.

어떻게 하는가

구상 단계에는 짧지만 재미있는 두 가지 단계가 있다.

- 넉넉한 대안 개발
- 선택 단계(3단계)에서 결정을 내리는 데 활용할 기준을 기록

질문 단계의 마지막 스텝을 마칠 때면 당신에게는 실제 문제에 대해 이해를 함께 공유하는 일단의 사람이 생긴다. 이 시점에서 그들은 실제로 문제를 해결하고 싶어 안달할 것이고, 이때가 바로 그들을 풀어놓아 실행 가능한 해결안을 찾아내게 할 때다.

구상 단계의 목적은 사람들에게 문제 해결에 기여하라고 요청함으로써 조직 내 잠재력을 활용하는 것이다. 이 단계에서 우리는 조직 내 모든 계층의 사람을 참여시킴으로써 다양한 아이디어를 도출할 수 있다. 이상적으로는 말하면, 이는 잠재적 해결안을 포착하는 조리개를 최대한으로 개방시켜준다. 대안 수집을 빠르게 진행할 수 있도록 다수의 아이디어 도출과 브레인스토밍을 활용하는 협조적 도구들(부록 A에 열거되어 있음)을 사용하기에 적절한 시점이 이때이다. 또한 일부 도구는 의견의 출처를 숨길 수 있게 해주는데, 그래서 멍청하게 비칠 위험이나 조직 성공의 장애물인 정치적 문제에 이름을 지음으로써 생기는 위험으로부터 사람들을 보호해준다.

‘옳은 답’ 같은 것은 없다. 당신이 처한 문제와 환경의 특정 조합을 고려할 때, 당신에게 제일 적합한 답이 있을 뿐이다. 그것을 구상하라.

이 단계의 나머지 부분은 ‘왜’ 어떤 것이 중요한지에 대한 초점을 유지하는 것이다. 이들 대안 중 어떤 것이라도 그걸, 성공할 가능성이 있거나 현실적인 걸로 만들려면, 어느 것이 회사나 조직에 중요한지, 왜 그것이 중요한지를 알아야 한다. 이것이 구상 단계에서 기준 기록을 필요로 하는 이유이다. 기준 기록은 아주 많은 아이디어를 수집하는 한편, 왜 어떤 대안이 다른 대안보다 나을 것 같은지의 판별을 시작할 수 있게 해준다. 따라서 이 두 가지 부분(대안 개발과 기준 기록)을 모두 이번 장에서 이야기하자.

스텝 1. 대안 개발

대안 개발에서는 당신은 속도를 충분히 줄여서, 여러 명이 당신의 가능성 있는 선택에 대해 충분히 생각하고 이해하도록 참여시킨다. 그래서 선택을 내릴 때가 되면 평가할 대안이 넉넉하다.

실제로 그 일을 하는 사람들을 반드시 참여시켜라. 그들은 매일 일어나는 도전과제에 대해 더 잘 인식할 수 있으며, 새로운 대안과 핵심 통찰을 제공한다. 문제 해결을 공개적으로 하고자 한다면 그리고 외부에서 유입되는 관점을 활용하고자 한다면 사업 외부의 사람(협력업체, 공급업체, 유통업체 등)을 포함해라. 좋은 대안을 많이 얻을 수 있을 것이다. 그리고 나중에 각 대안이 사업에 미치는 영향을 이해할 것이다.

대면 회의가 전통적인 브레인스토밍의 원천이었지만, 이런 종류의 문제 해결을 협조적 도구를 활용하여 실행할 주목할 만한 방법이 몇 가지 있다. 직접 만나서 브레인스토밍과 토론회의를 수차례 진행하든, 온라인으로 브

    2부 협조적 전략을 위한 퀘스트 프로세스

레인스토밍 시간을 갖든 간에 각 시간의 초점은 당신이 처한 구체적인 상황의 역동성에 따라 좌우될 것이다. 예를 들어, 회의를 모두 특정한 아이디어를 개발하거나, 지역별 대안을 탐구하거나, 고려중인 형태가 무엇이든 그 결과를 탐구하는 데에만 쏟아 넣을 수 있다.

대안 개발 회의에서 초점은 가능성의 탐구다. "우리가 ······한다면?" "······를 할 이유는?" "우리가 ······를 시도한다면 어떤 일이 일어날까?" 프로젝트의 다른 양상에 따라 다른 기법을 통합시킬 필요가 있을 수도 있다. 다양한 분야에서 해당 분야 전문가를 포함시키는 것 외에도 호기심이 많거나 도발적이거나 에너지가 넘치는 스타일의 사람을 포함시키는 것도 좋다. 그러나 팀원들이 의견을 내려면 필요한 안전하다는 느낌과 에너지 사이의 균형을 맞추는 건 반드시 필요하다.[2]

실행할 만한 대안을 여러 가지 다른 각도로 탐구해 보는 일과 그 대안과 관련된 모든 사람을 반드시 참여시키는 건 중요하다. 그렇다고 모든 사람을 한꺼번에 끌어 모아야 한다는 뜻은 아니다. (사람들이 지루해서 나가버리지 않을 거라 확신한다면 한 가지 대안이 될 수도 있지만 말이다.)

자기 관점에서 볼 때 현재 프로젝트에 뭔가 새로운 것이 있는지 사람들에게 물어보아라. 만약 그렇다면 그걸 어떻게 다룰 수 있을까? 다른 기능에 속한 사람이 제시한 대안이 어떻게 영향을 미치는가? 우리 경쟁사는 그걸 어떻게 하고 있는가? 경쟁사는 어떻게 대응할까? 에너지 가격이 상승한다면? 만약에? 만약에? 어떻게 접근하든 반드시 폭넓은 관점에서 조사하라. 흔히 우리는 구체적이고 단기적인 자기 경험에 제약을 받는다. 전체적인 관점을 보장하려면, 창조적 아이디어 도출 시, 지적이며 개방적인 생각을 가진 사람에게 프로젝트 각 부분을 맡겨라.[3]

아이디어와 대안을 어느 정도 만들기 시작하면 대안 목록을 새로 만들거나 걸러낼 때 사용하는 내재적인 기준이 있음을 당신이나 다른 팀원이 깨달을 수도 있다. 그건 괜찮은 일이고, 사실 대안 개발과 선택이 같은 단계에 속하는 이유이기도 하다. 그러나 기준은 반드시 명시적으로 나타내야 하며 대안 개발을 하는 동안에는 다른 곳에 모아둬야 한다.

좀 더 창의적인 아이디어는 다음과 같은 질문을 하기 전에 조사를 어느 정도 해야 할 수도 있다. "실제로 그 일을 할 수 있나요?" "뭐가 필요할까요?" "현재 이것은 어떻게 작동하고 있나요?" "현재의 장애물은 무엇인가요?" 이런 경우 당신은 질문 단계로 돌아가 정보를 좀 더 캐내야 할 수도 있다. 그렇다고 단념하지마라. 아이디어가 설득력이 있다면 추가적인 조사로 재미있고 강력한 새 해결책을 얻을 수도 있다. (물론 아닐 수도 있다.) 사전에 알 수는 없다. 중요한 것은 당신이 하는 일에 팀을 정렬시키는 일 그리고 그 정렬이 성공의 최종 모습에 미치는 영향이다.

대안 개발 스텝을 리드하기

대안 개발은 문제를 해결할 가능성 있는 아이디어를 광범위하게 도출할 뿐만 아니라 이러한 아이디어들이 조직에 미치는 영향 차원에서 서로 어떻게 비교되는지 확실히 이해할 수 있게 한다.

대안 개발은 통제된 창조적 문제해결이다. 그러한 프로세스를 구조화하고 관리하는 데는 무수히 많은 방법이 있다. 다시 한 번 부록 B에 실은 '자원' 편을 확인하라. 뭐든 당신과 팀에게 적합한 방법을 선택하라.

대안 개발 스텝을 효과적으로 실행하려면 아이디어를 엄정히 토론하고, 광범위한 의견을 공유하고, 다른 사람의 아이디어에 기초로 새로운 아이디어를 구축할 수 있도록, 사람들이 충분히 안전하다고 느껴서 자기 방어를 오랜 시간 해제할 수 있는 환경을 조성해야 한다. 안전이란 흥미로운 개념이다. 안전할 때 판단을 뒤로 미루고 위험에 도전할 용기가 생긴다. 리더로서 당신의 역할은 안전한 환경을 보장하는 것이다. 리더가 직접 열정적으로 자기가 제시하는 해결책을 옹호하고 만들고 싶다면, 반드시 리더 말고 다른 사람이 모두를 위해 프로세스를 퍼실리테이트하고 리드하게 하라.

유혹 관리: 개인적으로 좋아하는 아이디어를 살려두기

퍼실리테이션의 가치는 흔히 무시된다. 당신은 회의를 이끌고 싶지만, 동시에 본인이 열정적으로 지지하는 관점 때문에 토의가 제한 될 수 있음을 인정하지 않을 것이다. 그러나 거기에 진실이 있다. 당신은 둘 중 하나의 품질 수준을 포기하지 않으면서도 내용 제공자와 전체 리더의 역할을, 둘 다 잘 할 수는 없다. 내가 아는 바에 따르면 리더는 대개 두 가지 역할을 동시에 할 수 있다고 생각하지만, 내용에만 집중하라고 리더 역할을 면제받았을 때에도 자기가 내용에 관여하며 프로세스도 동시에 잘 리드하려고 여러 가지로 어정쩡한 자세를 취하고 있는 걸 발견하게 된다. 뭔가가 사업에 대단히 중요하다면(전략처럼) 반드시 모든 관점을 경청해야 한다. 대안 개발이 성공하려면, 한 가지 대안의 선택이나 리더의 영향력 과대와 같은 쏠림이 없도록 프로세스가 리드되어야 한다. 리더에게 편견이 있을 때는(그렇지 않은 리더가 어디에 있겠는가?) 다른 누군가가, 모든 관점이 제시되고 표명되고 관리될 수 있도록 대화의 흐름을 관리해야 한다. 따라서 그 프로세스는 분명한 역할을 가진 특정 인물이 관리해야 한다. 이 일을 무시하지 마라. 그렇지 않을 경우 당신은 사업에 해를 끼칠 것이다.

　퍼실리테이터로서 리더는 파티에 참가한 손님이라기보다는 초대한 사람으로서 봉사해야 한다. 놀려고, 즐겁고 생산적인 시간을 보내려고, 사람들이 기대하고 오는 파티를 주관해야 한다. 퍼실리테이터 역할을 맡은 당신은 솜씨 좋은 파티 설계자가 그렇듯 행사의 세부사항을 감독할 것이다. 손님이 도착하고 파티가 무르익는 동안 당신은 손님들의 상호관계를 관리하고 매사가 부드럽게 흘러가도록 해서 사람들이 또다시 찾아오고 싶게 할 것이다.

　'호스트' 또는 '퍼실리테이터'로서의 역할에 강하지 못한 리더는 이 역할을 위임하거나 외부에 위탁하기를 선택할 수 있다. 호스트로서의 역할에 대해 더 많은 정보가 필요하다면 322쪽, 부록 B의 '퍼실리테이션Facilitation' 을 참조하라. 회사 외부로부터 훈련된, 수준 높은 퍼실리테이터의 도움을 받거나, 자연적으로 이런 기술을 보여준 회사 내부 사람을 선정하라. 이런 접근법은 리더를 리더 역할에서 해방시켜 주고 남들과 동등한 입장으로 참여할 수 있게 해주는 장점이 있다.

이런 경우 어느 한 쪽도 다른 쪽을 힘으로 누를 수는 없다. 동등한 입장이 중요하다. 기억하라. 모든 사람의 아이디어가 가치 있다.

퍼실리테이터로서 또는 내용의 리더로서 당신은 다음처럼 다소 황당한 개념을 제안해서 생각이 굴러가도록 해줘야 한다. "태양 에너지로 움직여야 할까?" "음성 인식 기능이 있어야 할까?" 그 외에 고정관념을 허무는 어떠한 개념 제안이라도 좋다. 리더로서 당신은 그런 접근법을 어느 정도는 활용해도 괜찮을 것이다.

표 5-1은 대안 개발 스텝에서 리더, 퍼실리테이터, 협조자의 역할을 열거했다.

유혹 관리: 생산적 갈등보다 화합을 선호

대안 개발 스텝에서 당신은 생산적인 반대를 촉진하기보다는 단체의 화합을 조성하고 싶어 하는 유혹을 받을 수 있다. 이것은 전적으로 자연스러운 일이다. 팀원들은 그들이 원하는 게 화합이라고 말을 하거나 암시할 것이다. 업무 관계를 가능한 한 부드럽게 유지하고 싶고, 서로를 반대하는 것을, 특히 공개적인 또는 반공개적인 자리에서, 기대하고 있지 않을 것이기 때문이다. 그 때 당신의 책무는 대안 개발을 이끄는 것이다. 그래서 의견 제시와 반대 제기를 환영하고, 유도하고, 예상하고, 심지어 창조적 에너지의 잠재적 원천으로 조사하게 하는 것이다. 그렇다. 사업적 도전은 내재적으로 갈등을 포함하고 있다. 아이디어를 개발하며 그런 갈등을 얼버무리기보다는 갈등을 인정하고 처리함으로써, 우리는 더욱 강하고 실행 가능한 대안의 조합을 구할 수 있다. 대가를 지금 지불할 것인가 아니면 나중에 지불할 것인가의 선택이다. 갈등은 그곳에 존재할 것이다. 대안과 해결책을 만드는 도중에 갈등을 활용할 것인가, 아니면 내가 1장에서 묘사했듯이 전략적 실패가 일어날 때까지 기다릴 것인가의 문제이다.

표 5-1 스텝 1: 대안 개발의 책임과 역할

리더의 역할

- 누구를 회의에 초대할지 주의를 기울이고, 동일 조합의 사람들을 반복해서 초대하지 않도록 하라. 이 시간의 목적은 참신한 관점을 도출하는 것이다.
- 현재 발생하는 일, 효과가 있는 일, 고쳐야 할 일에 대해 현장 경험이 있는 사람들을 초대하라.
- 다른 부문이나 사업부가 어떤 영향을 받을지 수평적 관점을 제시할 수 있는 사람을 초대하라.
- 거의 언제나 "그렇지만 ……은 생각해 보지 않으셨군요."라고 말을 꺼내는 건설적인 비평가를 초청하라. 이러한 비평가는 당신이 무엇을 고려해야 하는지를 상기시켜 줄 수 있다.
- 맥락을 설정하라. 당신이 참신한 관점을 찾고 있음을 사람들에게 시작부터 알려줘라. 그들이 자기 영역을 벗어나 새로운 해결책을 만들기를 기대한다고 말해줘라. 왜 누구의 아이디어에 결함이 있는지 뿐만 아니라 한 발짝 더 나가 그 결함을 고치거나 그 위에 새로운 아이디어를 덧붙인 걸 듣고 싶다고 알려줘라.
- 더 많은 정보를 얻기 위해 되돌아가야 하는 필요가 생기는 대안에 주목하라.
- 제대로 들어볼 필요가 있다고 생각하는 튀는 아이디어를 지지/옹호/로비하라.

퍼실리테이터의 역할

- 회의 초기에 단체의 규범을 설정하라. 예를 들어, "여기에 있는 동안은 제대로 참가해야 한다." (다시 말해, 이메일, 전화통화, 문제 메시지 금지) 이러한 규범을 필요만큼 보강하라.
- 대화의 흐름을 관리하고 문제해결에 내재하는 긴장을 관리하라.
- 지지와 대립 사이의 균형을 추구하라. 그리고 누구를 지지하고 맞설지 사이의 공정한 균형을 추구하라.
- 사람들이 다양한 의견을 반드시 표현할 수 있게 하라. 이 시간을 '아무나 마이크를 잡을 수 있는 날'처럼 처리하기보다는 모든 사람이 관여하고 의견을 내는 안내된 창조적 경험이 되게 하라.
- 가능한 한 생산적인 대화가 되도록 대화의 품질을 모니터하라. 이 말은 구조화된 형식에서 좀 더 즉흥적인 형식으로의 변경을 뜻할 수도 있다. (그림 그리기 vs. 말하기, 소그룹 vs. 대그룹, 개별적으로 포스트잇에 작성하기) 필요한 대로 결정하면 된다.
- 물리적 환경이 편안한지에도 주의를 기울여라. 회의실은 자연채광이 충분히 되는가? 적당히 따뜻한가? 적당히 시원한가? 오후에 쿠키가 필요한가? (나는 쿠키 부족이 수준 높은 아이디어 도출에 커다란 장애가 됨을 알아냈다.)
- 사람들이 감정적 차원에서도 편안하도록 환경을 관리하라. 사람은 자신이 자유롭고 안전하다고 느껴야 좋은 아이디어를 도출한다. 팀이 대규모 해고에 직면해 있거나 다른 심각한 걱정거리에 정신이 팔려 있다면 회의 연기를 고려해 볼만 하다.

(이어짐)

대안 개발 스텝에서 모든 사람은 어느 한 개인이 혼자 할 수 있는 일보다 더 심오한 창조적 일을 맡는다. 다른 영역의 전문가(엔지니어, 마케팅과 영업 채널 전문가)를 함께 모아야 한다. 그들이 함께 일하도록 영감을 불어넣어 개인적인 전문영역을 벗어난 아이디어를 도출할 수 있도록 한다. 남의 발을 밟을까봐, 새로운 업무 관계가 망가질까봐, 경력의 막다른 골목으로 나아갈까봐 걱정하면서 자기 생각을 말하기를 주저할 때 이러한 공동 창조는 당연히 생겨나지 않는다. 2장과 3장에서 묘사한 것처럼 이러한 대화의 어조는 모든 사람이 설정한다.

스텝 2: 기준 기록하기

대안 개발 스텝의 일환으로 당신과 팀은 문제 해결을 위해 가능성 있는 접근법을 폭넓게 찾는 과정에 창조적 에너지를 쏟아 부을 것이다. 그 과정에서 당신은 아마 성공할 만한 다양한 개념을 다룰 것이다. 그러한 아이디어가 아직 생생할 때 포착하라. 그걸 기준 기록이라고 부르는데 그 이유는 기준 기록을 통해 한 대안이 다른 대안보다 나아 보이게 결정짓는 이력과 패턴을 확인하기 때문이다. 기준 기록을 대안 개발과 완전히 별개로 다룰 필요는 없다. 즉 두 스텝은 어느 정도 겹칠 수 있다. 실제로 이 말은 대안 개발에 먼저 초점을 맞추되 가끔 기준을 기록하라는 뜻이다. 이후 구상 단계에서 당신은 대안 개발을 더 많이 유발하도록 기준을 조금 기록할 것이다.

기준 기록은 또 다른 방식으로 대안 개발과 병행된다. 기준 기록이란 성공 비전을 평가하기 위한 잠재적 기준을 넉넉히 만드는 일이다. 평가를 위한 이 목록은 다음에 올 선택 단계에서 분류하고 우선순위를 매길 것이다. 기준 기록하기는 또 다른 유용한 기능이 있다. 즉 구상 단계의 아이디어 도출 영역과 선택 단계의 아이디어 기각 영역 사이를 효과적으로 떼어놓는다.

목록을 만들 때 제품 개발, 판매, 운영 등 각 영역에서 나온 기준을 포함하라. 기준 기록 뒤에 감춰진 의도는 팀과 조직에게 중요한 것을 모아, 그 다음 '선택' 단계에서 정말 제대로 된 정보를 갖고 모든 전략 아이디어 중에서 선택을 하자는 것이다. 다음 몇 가지 질문에 대한 답을 찾아야 한다. "우리가 성공하고 있을 때 그걸 어떻게 알 수 있는가?" "성공은 어떤 모습일까?" "우리는 어디로 가고 싶은가?" "이 행동이 우리 회사에서 취한 다른 행동에 어떻게 영향을 줄까?" 몇몇 사람들은 선택 기준이 조직의 사명과 긴밀히 연계되었다고 말한다. 그건 대체로 진실일 것이다. 그러나 때로는 특정 전략에 대한 선택 기준은 그 나름대로의 이유로 독특할 것이다.

기억해야 할 점은 지금 개발하는 선택 기준이 이 모든 대안 중에서 당신이 어떻게 선택할지를 결정한다는 것이다. 기준은 조직의 커다란 사명과 정렬되어야 하고, 그저 돈을 조금 더 벌고자 핵심 원칙을 버리지 않는 것이 중요하다. 사업에서 돈이 중요하긴 하지만 핵심 가치를 희생할 정도까지는 아니다. 회사의 핵심 사명 그리고 비전과 정렬된 일을 하면 성공을 앞당길 수 있다(그림 5-2).

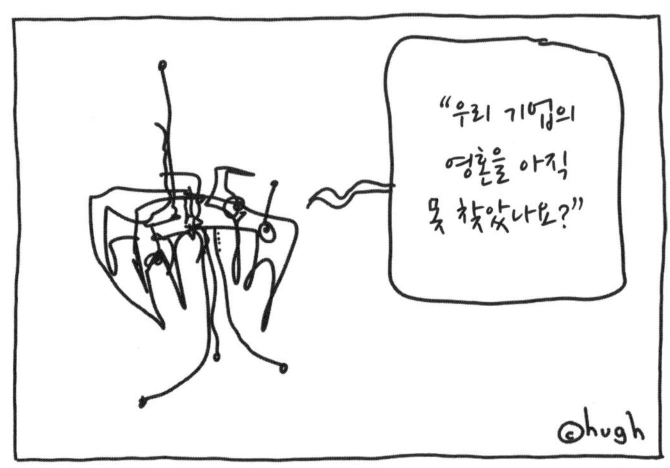

그림 5-2 우리에게 무엇이 중요한지 알기

기준 기록하기에는 기억해야 할 핵심 포인트가 두 가지 있다. 첫째, 프로젝트 목표에 대한 암묵적인 가정을 드러내서 팀원들이 중요한 문제에 대해 숨김없이 이해를 공유해야 한다. 사람들은 역할이 다르면 흔히 성공의 모습에 대한 의견도 다르다. 재무팀 사람은 새 프로젝트로 예견된 매출 부족분을 다뤘으면 한다. 사업 개발팀 사람은 새 프로젝트로 가망성 있는 새 파트너를 구했으면 한다. 기술팀 사람은 프로젝트를 신기술을 배울 기회로 볼 수도 있다. 서로 합의한 방식으로 이런 갈등을 해결하는 건 프로젝트에 중요한 일이다. 이는 사업적 해결책이 결국 성공할지 못할지, 커다란 차이를 줄 수 있다. 예를 들어, 제품개발팀은 자본재의 비용을 낮출 동기가 있거나, 심지어 그럴 경우 보상을 받지만, 그 일이 일정이나 품질보다 (또는 다른 어떤 것보다) 덜 중요하다고 이해한다면 자금을 조달하고 추가 예산을 책정할 이유를 설명할 수 있다. 그것은 내재적 선택 기준과 트레이드오프를 이해하기 때문에, 선택 기준을 정한 이후에 결정을 내리는 사례이다. 선택 기준에 대한 깊은 토론은 선택 단계에 가서 하겠다. 왜냐하면 지금은 대안들을 겉으로 드러내는 데 집중하고 싶을 것이기 때문이다.

어느 아이디어가 중요한지가 아니라, 왜 그 아이디어가 중요한지를 논의하는 건 사람들이 협조적으로 생각하도록 하는 가장 좋은 방법이다.

둘째, 명쾌히 공유된 기준은 전체 팀에게 '우리가 가고자 하는 곳'에 대한 공유하는 용어를 제공해주고, 그래서 팀원이 각자 자기가 프로세스 상 트레이드오프를 해야 하는 어느 시점에서나 어떻게 결정을 내려야할지 알도록 도와줄 것이다. 팀원은 전략의 근본 논리를 알아채고 그 논리를 표현할 수 있을 것이다. 이는 협조적 전략이 주는 혜택이다. 리더가 혼자 선택 기준을 갖고 있지 않는다. 모두가 선택 기준을 가질 것이다.

사람들은 무엇이 기준을 형성하는지 이따금씩 이해하지 못한다. 따라서 표 5-2에서는 가능성 있는 기준 목록을 넉넉히 작성하는 데 도움이 될 예제를 몇 가지 열거했다.

표 5-2 기준 예시

무엇이 중요한가?	설명
규모/매출	사업부에서 중요하게 집중해야 할 정도로 규모가 클 것이다.
기간	생산 시점까지의 분기/연도 수가 우리 필요에 적합할 것이다.
포트폴리오	우리의 제품/서비스/제안 포트폴리오에 적합할 것이다.
지역	우리가 강한 지역에서 가용할 것이다.
확실성	적절한 판단을 할 수 있도록 적합한 데이터를 구할 수 있을 것이다.
친밀감	우리 회사의 전산 팀이 원하는 대로 따라해야 한다. 그런데 전산 팀은 정말로 이걸 원한다.
방어 조치	남들이 그걸 하는 걸 원치 않기 때문에 우리가 그걸 할 것이다.
판매 모델	그걸 판매할 준비가 이미 됐을 것이다.
고객	계정 유형이 우리가 어떻게 접근해야 하는지를 아는 구매자와 일치할 것이다.
지렛대 효과	그것은 우리의 핵심 강점(제품, 채널, 노하우)을 가장 잘 활용할 것이다.
서비스	고객 만족 기대치를 충족할 수 있도록 실행할 수 있을 것이다.
수익성	그것은 전문가 서비스와 같은 추가 사항을 지원할 것이다.

선택 기준은 결국, 명백한 방향제시가 없더라도 스스로 답을 도출하고 사업을 밀고 나갈 수 있도록 생각하는 사람과 전략가를 위한 문화를 육성하는 또 다른 방법이다. 선택 기준은 사업에 중요한 모든 측면을 포함한다. 이를 공유함으로써 모두가 무엇이 중요한지 알게 된다. 모든 사람이 무엇이 중요한지 알면 그들은 모두 '단순한' 실행자이기보다는 생각하는 사람이 된다. 선택 기준을 공유했을 때 우리는 단순한 실행자의 문화가 아닌 건강하고 성장하는 문제해결가의 문화를 육성한다. 이것은 뉴 하우의 핵심 개념이다.

개방형 질문으로 시작하라

기준 기록하기 스텝을 시작하는 한 가지 간단한 질문은 "우리가 끝마쳤다는 걸 어떻게 알게 되나요?"이다. 이 질문은 사람들로 하여금 구체적인 어떤 대안을 염두에 두지 않으면서도 해결책이 어떤 모양일까를 생각하게 한다. 또 다른 질문은 "우리가 할 수 있는 일련의 대안을 바라보면서 손가락으로 가리키고 '바로 이거야!'라고 말한다고 상상해 보세요. 해결안의 어떤 점이 당신을 확신시킬까요?"이다. 이 질문은 사람들이 의식적으로 자신의 의사결정 기준 확인을 시작할 수 있도록 도와주고, 무엇이 자기 판단을 주도할지 명백하게 의사소통할 수 있게 도와준다.

기준 기록하기 스텝을 리드하라

기준 기록하기의 목표는 성공의 모습에 대한 이해를 공유하는 일이다. 팀원이 각자 기준 혹은 성공의 증거를 말하고 내면화하고 동의할 수 있는 기회를 갖도록 이해는 반드시 공유해야 한다. 합의가 매우 중요하지만 진도도 중요하다. 한 명 또는 몇몇 사람이 동의하지 않는다면, 차이점을 해소할 수 있게 시간을 약간 더 할애하라. 그래도 해결이 되지 않는다면 한 명 또는 여러 명의 리더가 판단을 내려야 한다. 일단 대안을 발표하고 토론했다면 공동 창조자가 판단을 지지해야할 의무가 있음을 팀원들에게 상기시켜주는 것도 적절할 수 있다. 2장에서 우리는 협조가 의견 일치라기보다는 온전히 참가하고, 함께 생각하고, 그러고 나서는 미래를 만들 기회임을 논의했다.

기준을 상세히 논의하면 팀원들은 필수적인 세부 내용을 덧붙이거나, 혼동되고 관계없는 요소를 확인하고 제거함으로써, 무엇이 가장 중요한지를 분명히 할 기회를 얻는다.

기준에 동의하고 내면화하는 것은 전체 프로세스에서 필수적인 요소다. 팀원 개인은 최종 전략 대안 중에서 최선의 전략 선택을 알아내고 안내하기 위해 내면화된 기준에 의지할 것이다. 나중에 프로젝트를 실행하면서 의사결정의 안내지침으로써 기준을 활용하기도 할 것이다. 올바른 전략을 선택하는 팀의 능력은 팀원이 각자 성공의 지표나 양상을 내면화하면서 생기는 당연한 부산물이다. 팀원들 사이에서 공유하는 합의는 개인이 프로젝트를 해 나가며 다른 사람들을 돕도록 격려한다는 이유 때문에라도 가치가 있다.

이를 염두에 두었을 때, 당신의 사명은(당신이 그 사명을 받아들이기로 했다면) 당신 팀이 사고 프로세스를 거쳐 높은 품질의 기준을 개발할 수 있도록 리드하는 일이다. 이는 팀원들 개개인이 모두 무엇이 가장 중요하고 왜 그런지에 대한 통일된 느낌에 이를 수 있도록 돕는 걸 포함한다. 비록 토론을 통해 리더로서 당신이 용인할 수 있는 일련의 기준이 나와야 하겠지만 팀원들이 결론에 추가할 수 있도록 허락하는 것도 중요하다. 미리 정한 결과물을 팀원들에게 강요하는 상황을 피하라. 다시 말해, 자신이 정답제시형 리더로 변하게 되는 어떠한 경향이라도 피하라!

역할과 책임 구상하기

표 5-3은 기준 기록하기 스텝에서 팀이 갖는 책임뿐만 아니라 리더가 해야 할 주요 역할을 열거하고 있다.

표 5-3 스텝 2: 기준 기록하기의 역할과 책임

리더의 역할
• 기준을 지정하고 이 기준이 소용이 있을지 없을지 그 이유를 논의하도록 팀원에게 요청하라.
• 개인적인 경험과 근거를 공유하라.
• 프로젝트/전략의 상위 목표를 필요에 따라 팀에게 상기시켜라.

협조자의 역할
• 기준 안을 생각하고 표출하라.
• 암묵적 가정을 명백히 표현하라.
• 합리적이지 않아 보이는 모든 기준에 질문을 던지고 도전하라.
• 최종 기준을 이해하고 동의하라. 궁극적으로는, 선택된 기준을 지지하라.

공개적인 기준 확인도 중요한데 그건 공개적 기준 확인을 통해 팀, 부문, 조직 단위에서 무엇이 내게 중요한지를 사람들이 말할 수 있게 되고, 전략이 왜 중요한지를 ("밥이 그렇다고 말했"기 때문이 아니라) 내면화 할 수 있기 때문이다. 모든 사람이 성공을 위한 아이디어를 표현할 수 있을 때 당신은 두 가지 측면에서 성공한다. 잠재적인 긍정적 측면을 활용할 수 있으며, 일부 아이디어는 아주 훌륭할 수도 있다. 그리고 일부 안 좋은 부분은 제거한다. 그래서 자기들 아이디어로 일이 더 나아졌는지 나중에 가서 초조하게 확인하느라 사람들이 시간을 허비하지 않을 것이다. 더 나아질 것을 사람들이 알기 때문이다. 팀에서 기준을 개발하도록 도움을 줄 추가적인 아이디어는 부록 A에 수록한 '기준 개발을 위한 팁' 훈련을 참조하라.

성공에 익숙하지 않을 때 성공이 어떤 모습일지 상상하는 일이 낯설다고 느낄 수 있다. 여러 조직에서는 '지지를 받아' 그리고 '추진력을 얻어서'라는 말을 사용한다. 이런 말은 긍정적이고 성공적인 말로 들리지만, 최상

　　　　　　　　　　　2부 협조적 전략을 위한 퀘스트 프로세스

위 목표와 정렬을 하면서 사람들이 활동을 조정해 나갈 만큼 구체적이지는 않다. '지지를 받는' 대신에 우리가 얼마나 많은 신규 고객을 목표로 하는지를 이야기 할 필요가 있다. '추진력을 얻는' 대신에 우리는 이전 분기 대비 구체적 성장 목표를 확인해야 한다. 이 프로젝트의 다양한 측면을 사람의 머리와 가슴 속에 더 구체화하고 더 계량화할수록 그들은 성공을 뒷받침할 결정을 더욱 잘 내릴 것이다.

기준을 수집할 때 하는 논의는 실제 결과만큼이나 가치 있을 때가 많다. 결과물 그 자체는 그다지 놀랄 만한 것이 아닐 수도 있지만, 기준을 개발하면서 팀이 하는 토론은 팀원 각자에게 무엇이 중요하고 왜 중요한지를 내재화할 수 있는 시간을 제공해 준다.

기준 기록하기에서 가장 중요한 것은 표현하지 않던 가정을 명시적이며 공유된 통찰로 바꾸는 일이다.

유혹 관리: 단체를 신뢰하여 공동으로 판단을 내리게 하기보다는 뭐가 중요한지 내가 안다고 주장

기준 기록하기 스텝에서 당신은 성공이 어떤 모습일지 안다고 생각할 수 있다. 따라서 자신의 관점을 알리고 나서 당신이 실제로 작동하리라고 잘못 믿고 있는 일로 단번에 진행했으면 하는 유혹을 느낄 것이다. 기준 기록하기 프로세스에서 팀을 제외하지 말라. 비록 당신이 맞더라도 당신이 정답제시형 리더처럼 행동한다면, 팀원은 자기가 알아야 할 것을 내재화할 중요한 기회를 놓칠 것이다. 이렇게 되면 이후 훌륭하게 결정을 내리고 트레이드오프를 할 능력이 떨어질 것이다. 그리고 무언가 중대한 것을 놓치거나 관계없는 요소를 제공하고 있을 가능성이 커진다. 리더는 대개 팀원들이 목록을 점검하도록 해서 신뢰를 구축하고 책임감을 공유하는 데에서 가치를 찾는다.

목표: 사람들이 믿는 실행 가능한 대안 만들기

구상 단계에서 당신은 잠재적인 전략적 해결책을 만들 광범위한 대안을 도출하고, 포착하고, 표현할 것이다. 이 대안을 만들면서 사람들에게 했던 참여 요청 방식 때문에 당신은 조직 내의 긍정을 어느 정도 얻었을 것이다. 실제로 조직을 위해 하나의 옳은 대안을 선택하는 방법이 있기 때문에 대안이 많다고 걱정할 필요가 없다.

일단 이 단계를 거쳐 가도록 팀을 성공적으로 안내했다면 고려할 만한 실행 가능한 선택 안이 몇 가지 남게 될 것이다.

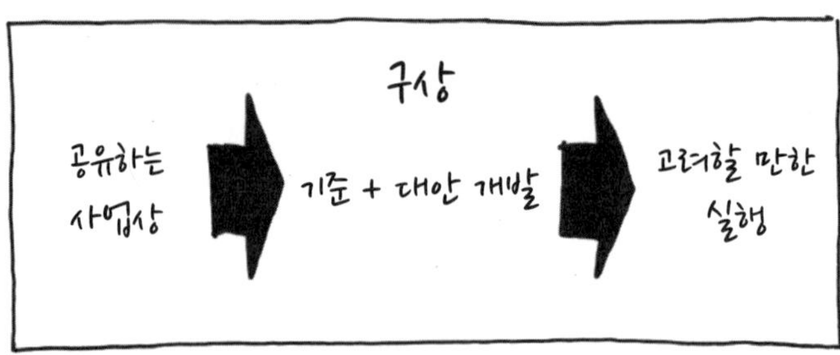

그림 5-3 구상은 선택 단계에 투입할 대안과 기준을 만든다

구상 단계를 마치고 나면 팀은 일련의 가능성 있는 기준과 탐구해야 할 많은 대안을 넉넉하게 도출했을 것이다. 이 시점에서 당신이 할 일은 팀의 관심을 퀘스트 프로세스 틀의 세 번째 단계인 '선택'으로 이동시키는 것이다.

　　　　　　　　　　2부 협조적 전략을 위한 퀘스트 프로세스

6장

3단계: 선택

자유란 그저 마음 내키는 대로 행동할 수 있는 기회가 아니다
그저 정해진 대안 중에서 선택할 수 있는 기회도 아니다
자유란, 무엇보다도, 가능한 선택을 만들고
그것을 두고 논쟁을 벌일 수 있는 기회다
그러고 나서는 선택할 수 있는 기회다
– C. 라이트 밀스C. Wright Mills

좋은 아이디어가 성장할 수 있게 나쁜 아이디어 제거하기

1990년대 초반, 애플Apple 사에서 3개년 제품 전략 회의를 할 때 맥킨지McKinsey 사에서 고용한 거물이, 최근 내가 '99가지 아이디어 슬라이드'라고 부르는 전략 프레젠테이션의 최종 요약본을 발표했다. 그 요약본은 정보로 가득 찼고, 시각적으로도 강렬한 방식으로 발표됐다. 우리가 추구할만한 모든 실현 가능한 제품을 보여줬다. 풍부한 내용과 단순한 그래픽이 결합되어 '99가지 아이디어 슬라이드'는 우리 모두를 열광시켰다.

발표가 끝나고 곧바로 회의가 끝났다. 명백히 우리는 전략 프로세스를 '종료'했고 그걸 보여줄 인상적인 파워포인트 슬라이드가 있었다. 나는 어리둥절했다. 내가 뭘 놓친 것인지 의아했다. 아마 다른 사람들에게는 모든

것이 의미가 통하도록 도움을 주는 큰 그림과 관점이(어떤 특별한 인지력이) 있었나 보다. 우리가 실제로 어떤 결정도 내리지 않았던 것 같았지만, 아마 우리 또는 내가 그 결정을 내린 걸 놓쳤을 수도 있었다. 99가지 아이디어 슬라이드는 인상적이었지만, 내가 리드하는 일에 어떤 의미가 있는지에 대한 확신이 들지 않았다. 그게 주는 영향이 무엇인지 누구가가 내게 말해 줄 계획일까? 아니면 내가 이미 안다고 가정하는 건가?

나중에 알고 보니 나만 그런 게 아니었다. 우리 모두 모호하다고 생각했다. 참가자 중 어느 누구도 전략을 실행할 방법을 몰랐다. 따라서 이전에 있었던 다른 수많은 컨설팅 보고서처럼 전략 바인더는 책상에서 책꽂이로 이동했고 결국 시야 밖으로 사라졌다. 몇 년이 지난 후 애플 사는 바로 그 특정 시장을 경쟁사에게 빼앗겼다. (그게 바로 우리가 피하고자 하는 결과다.) 노력이나 관심이 부족해서가 아니었고, 의지력이 부족해서도 아니었다.

이 사례에서 전략은 중대 사안으로 간주되었고, 따라서 우리는 이전의 제품 전략과는 아주 다른 방침을 취했다. 과거에는 몇몇 임원이 모여서 몇 가지 대안을 재빨리 내놓고 나머지 우리에게 무엇을 해야 할지 말해줬다. 컨설턴트의 도움을 받아서 우리는 점검을 거친 여러 실행 가능한 대안을 도출하기 위해 화이트보드 위에 멋진 작업을 했고 조사를 훌륭히 수행했다. 하지만 그 수많은 대안은 판도라의 상자를 열었다. 어떤 측면에서 보면, 대단히 긴 선택 목록은 짧고 덜 고민한 대안 목록보다도 못하다.[1]

그렇다면 우리 전략에는 무엇이 빠져 있었을까? 빤한 일일 수도 있지만, 많은 대안에서 올바른 대안을 선택하는 기본 프로세스가 없음을 내가 알아낼 때까지는 시간이 걸렸다(그림 6-1).

　　　　　　　　　　　　2부 협조적 전략을 위한 퀘스트 프로세스

그림 6-1 전략 찾기

빠져 있었던 것은 활용 가능한 전략 대안 중에서 우리가 실행할 때 가장 의미가 잘 통하는 대안이 무엇인지를 결정하는 방법이었다. 우리에게는 목록에서 전략을 선택할 조직적인 방법이 없었다. 그리고 그와 마찬가지로 중요한 일인데, 활용 가능한 대안 중에서 우리가 추구해서는 안 되는 대안을 결정할 방법도 필요했다. 달리 표현하면, 전진하는 데에 집중할 수 있도록 대안을 제거할 방법이 필요했다.

'그 하나'를 선택하기

아마도 당신은 제시된 상황에서 검토 중인 대안 중 어떤 것이 괜찮을 거라고 생각하고 있을 수도 있으며, 실제로 그게 사실일 수도 있다. 때로 괜찮을 정도면 된다. 그러나 더 많은 경우, 최선의 대안을 선택하는 게 중요하다. 이런 경우 '최선'의 대안은 이 특정한 시점에 제시된 시장 환경, 내부 역량과의 조화, 할당된 자원 등을 감안할 때, 그게 뭐든 이 조직에게 가장 의미가 통하는 대안이다. 최선의 대안을 선택함으로써 전략 뒤에 있는 비전을 달성할 가능성이 더 높아진다.

당신의 목표가 광활한 지역을 가로질러 뭔가 가치 있는 것을 구해서 안전하게 돌아오는 일이라고 상상해 봐라. 이 목표를 달성하기 위해 선택한 운송수단의 종류는 어떤 화물을 옮겨야 하는지, 받아들일 수 있는 위험이 어느 수준인지, 어느 자원이 활용 가능한지뿐만 아니라 당신이 어떠한 특정 지역을(그곳의 지형, 기후, 장애물을) 건너는가에 달려있다.

예를 들어, 당신이 만약 산맥을 가로질러야 한다면 헬리콥터를 선택할 것이다. 얼어붙은 툰드라 지대를 만났다면 스노모빌을 선택할 것이다. 각 운송수단은 특성과 강점이 따라 특정 지형에 적합한 것이 된다(운송수단의 속도, 장애물 통과 능력, 목적지까지 이동시킬 수 있는 인원).

전략 개발도 유사한 방식으로 작동한다. 99가지 아이디어 슬라이드에 도달할 즈음이면 당신은 매우 힘겹게 노력해서 모은 멋진 운송수단의 집합을 눈앞에 두게 될 것이다. 운송수단은 각기 당신을 목적지까지 데려다 줄 것처럼 보인다. 그러나 어떤 것을 고를까? 헬리콥터? 날개가 네 개 달린 복엽기? 험비 지프? 호버크라프트? 어떻게 결정할까? 지형과 화물과 활용 가능한 자원을 자세히 아는 사람을 참여시킬 필요가 있을 것이다. 현실적 차원에서 볼 때 분명한 것은, 결정을 내리는 것이 가장 중요하다는 거다. 팀원의 반에게는 호버크라프트를 준비하도록 지시하고, 나머지 반에게는 헬리콥터에서 뛰어내릴 준비를 시키면 작동하지 않을 것이다. 무심코 여러 가지 대안을 병행해서 추구하면 자원을 낭비하고, 별 쓸모도 없는 이유로 최고 인재들끼리 경쟁하도록 할 것이다. 선택 실패는 목표 달성 실패를 의미한다.

전략 선택과 관련해서 하나의 전략 대안을 결정하면 당신의 목적지에 도달할 가능성을 극적으로 높일 수 있다.

     2부 협조적 전략을 위한 퀘스트 프로세스

그런데 정말로 답이 하나만 있을까? 나는 그렇다고 생각한다. 그러나
내가 하나의 전략이라고 말할 때 그게 총체적이고 완전한 전략을 뜻함을
분명히 해야겠다. 따라서 '하나'는 아이디어 한 개를 의미하지 않는다. 하
나의 전략은 다른 아이디어를 많이 포함할 수 있지만, 그 아이디어들은 통
일된 방식으로 융합되어야 한다. 실행 차원에서 본다면, 아이디어들이 통
합된 전체로 작동하기만 한다면 하나의 채널 전략, 하나의 소매 전략, 하나
의 기업 전략, 하나의 아이디어 조합으로 비춰질 것이다. 이전에 예를 든
운송 수단을 활용해서, 우리는 '헬리콥터'라는 단어를 전체 전략을 만들기
위해 융합되는 역량과 개별 항목이라는 뜻으로 사용하겠다. 단어 그 자체
는 여러 가지를 안에 담고 있는 용기다. 시인 월트 휘트먼Walt Whitman이 "나
는 많은 걸 포함하네."에서 말한 그런 종류의 '하나'이다. 그리고 내가 '하
나'라는 말을 쓸 때는, 우리가 결국 우선순위를 매겨야 할 복잡한 대안의
집합을 간단히 표현하게 해주는 일종의 논리적 도구로 그 말을 쓴다.

　조직은 대개 한 번에 일정 수의 활동에만 정렬할 수 있다. 따라서 어느
운송수단을 (또는 어느 전략이나 어느 대안이) 탑승하면 안 되는지 알아내는
일도 중요하다. '무엇을 해서는 안 되는가.'라는 문제를 답하지 않고 내버
려두면, 전략은 여러 다른 방식으로 해석되고 그 결과로 실패할 수 있다.

　일상적인 시간 압박 아래, 훌륭한 선택 프로세스도 없는 상황에서 팀은
대안 목록을 넉넉히 작성하지 않는 경향을 보인다. 목록을 넉넉히 만들면
의사결정 프로세스가 흔히 더 어려워질 것처럼 보이기 때문이다. 따라서 선
택 프로세스를 갖춘 조직과 팀이 성공 대안 도출 작업을 실제로 더 잘 한다.

따라서 당신에게 필요한 것은 팀이 아이디어를 제거하고 그 시점과 상황에 맞는 전략에 도달할 수 있게 하는 프로세스 틀이다. 중요한 것에 정렬을 하려면 필요에 맞게 섞은 인적 구성과 함께, 합의된 업무 방식이 필요하다. 그러면 당신은 목록을 줄이고 남은 대안을 세부적으로 파고들어 무엇이 실행 가능한지를 알아내고, 결국에는 옳지 않은 부분을 수정해서 제한된 수의 정말로 흥미로운 대안에 도달할 수 있다. 제한된 수의 대안 중 오직 하나의 대안만 남았다면, 일이 끝난 것이다. 그렇지 않다면 당신과 팀은 항목을 상호간 따져보고, 한 개의 합의된 전략에 도달할 수 있도록 판단을 내려야 한다. 게다가 그 일을 신속히 해야 하는데 그렇지 않을 경우 다음번에는 리더가 판단하고 남들에게 말하는 지시-통제형 대안으로 사람들이 되돌아갈 것이다.

복잡하지만 주관적인 전략적 의사결정을 내리는 데 도움을 주는 틀은 내가 '심사위원회'라는 별명으로 부르는 틀이다. '심사위원회'가 조금 불길하게 들릴지는 몰라도, 성공적인 회사는 이 전략적 틀을 좋은 의도에서 활용한다.

심사위원회: 그것은 무엇일까?

심사위원회는 브레인스토밍의 도구로서 활용되는 '화이트보드 채우기'와 균형을 잡아주는 평형추다. 심사위원회의 목적은 팀이 제약 없이 새로운 아이디어를 만드는 대신, 많은 대안을 효과적으로 평가하면서도 제한된 일정 속에서 성공할 선택으로 좁혀가는 것이다. 심사위원회는 조직의 이득을 위해 대규모 집단과 사회 시스템에 영향을 주는 최선의 판단을 내리도록 도움을 주는 틀이다. 질적으로 모호한 선택안 사이에서 판단을 내릴 수 있도록 해주기 때문에 협조적 전략 프로세스에서 결정적인 스텝이기도 하

 2부 협조적 전략을 위한 퀘스트 프로세스

다. 따라서 흔히 팀을 괴롭히는 소위, '쿰바야Kumbaya("여기 임하소서"라는 뜻의 흑인 영가에서 유래. 최근에는 그릇된 훈계, 위선, 순진해 빠진 관점 등을 비꼴 때 쓰임-옮긴이)'식 합의 성향처럼 효과적 팀 협조를 가로막는 주요 장애물을 극복할 수 있다.

심사위원회는 가치 있는 아이디어마저도 제거하고자 할 때 필요한 집중적이고 체계적이고 계획적인 사고방식을 강조한다. 부족한 아이디어만 제거하는 것이 아니다. 제 시기를 만나지 못한 좋은 대안과 아이디어도 제거해야 한다. 아주 좋은 사람이 내놓은, 괜찮지만 훌륭하지는 않은 아이디어도 제거 목표 대상이다. 심사위원회는 어느 면으로 보든 단체정신을 말하는 건 아니다. 당신과 조직이 좋은 대안 중에서 힘든 선택을 할 수 있게 해주는 선택과 판단의 틀이다.

다시 말하지만, 이 모든 것은 퀘스트 프로세스에서 세 번째 단계, '선택'에 꼭 들어맞는다.

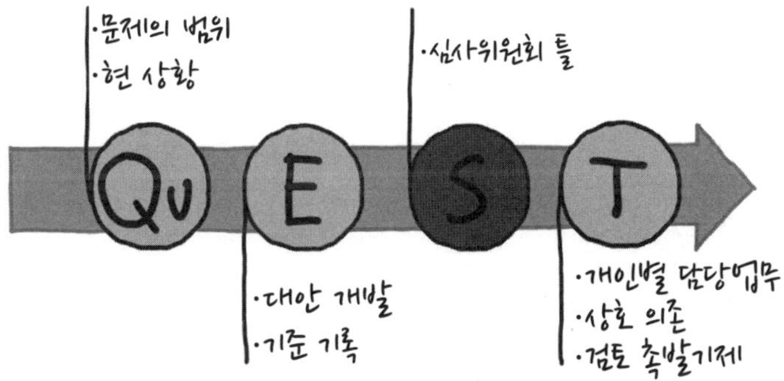

그림 6-2 (심사위원회 틀을 활용하는) 선택(Select)은 퀘스트의 세 번째 단계다

우리는 조직에서 (99가지 슬라이드 또는 구상 단계의 기준 기록 스텝으로 구현된) 사실 수집 단계와 대안 개발 스텝을 거쳐서 의견 수렴을 달성할 틀이 필요하다. 그 틀은 사람들이 선택을 하는 데 어려움을 겪는 여러 원인을

감안해야 한다. 우리는 빠르게 움직이되 조직의 복잡성에서 길을 잃지 않아야 하고, 이상적으로는 조직이 핵심 전략과 정렬된 상호 의존적 후속 판단을 내려야 한다. 심사위원회는 그러한 필요성을 다음과 같이 다룬다.

- 무엇이 의미가 있는지 적절하게 찾아낸다.
- 종종 암묵적인 믿음을 명백한 판단 기준으로 전환한다.
- 무엇이, 왜 중요한지 토론하고 이해한다.

때로는 심사위원회가 다른 경영 기법과 어떻게 어울리는지 알면 도움이 된다. 심사위원회는 시나리오 계획이나 의사결정 트리 분석과는 다르다. 꼼꼼한 수량 분석이나 예측 모델링 도구도 아니다. 그 대신 심사위원회의 목표는 사람들이 서로 비판적으로 대화하는 일을 가능하게 만들어서 중요한 성공 기준을 탐구하고, 트레이드오프를 평가하고, 아이디어를 테스트하고, 서로를 이해하고, 함께 일해서, 최선의 전략을 고를 수 있게 하는 데 있다.

심사위원회는 선택을 최적화하는 데 있지 '극대화'나 '최소 필요조건 충족'에 있지 않다. 앞에서 제시한 운송수단의 예를 활용하면, 최소 필요조건 충족은 작동할 만한 첫 대안 또는 제일 쉬운 대안(복엽기?)을 선택하고 끝맺는 것과 같다. 반면에 극대화를 추구할 때 사람들은 절대적으로 이상적인 판단을 내리고 싶어 한다. 여러 가지 선택을 검토하고 필요조건을 충족하는 한 가지 훌륭한 대안을 찾았더라도, 모든 대안을 완전히 점검할 때까지는 판단을 내릴 수가 없다. 때때로 전혀 결정을 내리지 못한다는 뜻이다. 그리고 미래지향적인 보통 임원들을 항상 돌아버리게 만든다는 뜻이다. 결정의 최적화는 당신과 팀원들이 논의할 수 있도록 사전에 선정된 기준의 집합(일정을 포함한)에 근거를 두고 판단을 내리는 일이다.

　　　　　2부 협조적 전략을 위한 퀘스트 프로세스

심사위원회는 다음과 같이 협조가 실제로 전략 수립에 의미를 부여하기 때문에 중요하다.

- 사람들은 주어진 어떤 전략에 대해서도 성공 기준을 토론하고, 합의하고, 궁극적으로 상호 의사소통할 수 있다. 이 일을 통해 한 집단(임원)은 '생각'하고 다른 집단(하위 관리자)은 '실행'하기보다는 모든 사람이 생각하는 파트너가 된다. 물론 이 일은 이전에 언급한 시스템의 에어 샌드위치를 조직이 축소할 수 있게 만든다.
- 사람과 팀은 실행 가능한 대안을 넉넉히 수록한 목록에서 하나의 전략으로 신속히 이동할 수 있을 거라는 확신이 있다. 따라서 그들은 직감을 좇아가기보다는 이 목록을 구축하려고 한다.
- 전략은 장점, 위험, 실행 가능성을 기초로 선택한다.
- 탄탄하고 투명한 프로세스를 팀이 보고 이해할 수 있기 때문에 전략은 더 많은 정통성을 갖춘다. 따라서 하부 전략이 핵심 전략을 지원하도록 만들 수 있다.
- 팀에서 하지 말아야 할 활동을 이해하고 있기 때문에 자원을 낭비하지 않는다.

마지막에 꺼낸 자원에 대한 언급은, 특히 우리가 현재 처한 경제 환경을 감안할 때 자세히 설명할 가치가 있다. 많은 회사가 비용을 삭감하도록 내몰렸지만 무엇을 삭감해야 할지 현명하게 구별해 내는 방법이 흔히 부족하다. 심사위원회는 무작위가 아니라 현명하게 자원을 정렬하는 방법을 제공한다.

"어떤 것이 타당할까?"라는 질문을 하고 있다면 심사위원회를 할 필요가 있다.

심사위원회 활용하기

심사위원회는 다음과 같은 일을 만났을 때 유용한 도구다.

- 한꺼번에 너무나 많은 아이디어를 갖고 있다. "어떤 것이 타당할까?"라고 스스로에게 묻고 있을 때가 바로 이 시점이다.
- 지난 번 사업 점검 이후 상황이 여러 가지로 변했다.
- 조직이 초점을 잃은 것처럼 보인다.
- 철저한 조사라는 투자가 합당한 (수백만 달러가 걸린) 대규모 기회
- 사람들이 하던 걸 멈추고 새로운 일로 옮겨가야 하는 새로운 비전

다음은 심사위원회가 필요하다는 신호를 보내주는 몇몇 샘플 질문이다. 당신 사업부가 다음 연도에 한 가지 일에만 집중할 수 있다면 그게 무엇일까? 다른 나라로 제품을 가져가서 추가로 개발하고 투자를 해야 할까? 기존의 사업권에 집중하면서 고객 기반을 중가 시장까지 확대하고자 하는가? 시장에 진입하는 저가의 경쟁자의 뒤쫓기 위해 제품을 더 개선해야 할까? 어떤 아이디어가 타당한가? 조직이 초점을 잃었는가?

심사위원회는 각 대안이 조직의 커다란 목표에 어떻게 부합하는지 이해하고, 당신이 처한 상황에 가장 적합한 행동 방침을 결정하는 데 도움을 준다. 행동 방침을 명확히 한다는 말은 자원을 집중할 곳은 어디인가와 시간과 에너지를 낭비하지 않을 곳은 어디인가를 모두 안다는 뜻이다. 어떠한 것도 배제하지 않는다면 조직이나 팀은 관심을 어디로 집중할지 알 수 없을 것이고, 조직의 목표를 지원하도록 행동할 수 없을 것이다.

사람들은 그것이 자신에게 어떤 도움이 되는지 알지 못할 때 맹렬히 변화에 저항하는 경향이 있다. 심사위원회는 사람들을 새로운 전략에 정렬할 수 있도록 하는 구조화된 방법을 제공한다.

215쪽의 '큰 배의 방향 전환하기' 이야기는 새로운 리더가 성공이 어떤 모습인지에 대해 함께하는 이해에 도달하고자 틀을 사용했던 상황을 설명한다. 이 상황에는심사위원회 실행이 필요함을 알려주는 한 가지 핵심요소가 있다.

당신에게 실행해야 할 아이디어가 너무나 많고 초점이 필요할 때, 심사위원회는 모호한 생각을 쳐낼 수 있도록 도와줄 아주 예리한 도구다. 직감이 더 이상 어느 방향을 선택해야 할지를 분명히 알려주지 않을 때, 심사위원회는 까다로운 결정을 할 수 있게 도와주고 확신을 갖고 전진할 수 있는 자신감을 줄 것이다. 사람들이 사물을 다르게 보고 합의에 이르지 못할 때, 심사위원회는 당신 팀이 함께 올라타서 개

     2부 협조적 전략을 위한 퀘스트 프로세스

인적 관점을 넘어 올라갈 수 있는 정신적 승강기를 제공해주고, 따라서 모든 사람
은 공통된 상위의 성공 비전에 맞춰 정렬할 수 있다.

팀이 심사위원회 틀에 관여해야 할 상황은 많다. 하지만 다음과 같은 일부 상황에
서는 심사위원회가 필요하지 않다.

- 여러 기능에 영향을 분명히 미치지 않을 간단한 변화를 고려하고 있을 때
- 성공의 기준이 알려져 있고, 공유했고, 변하지 않았을 때
- 규모가 크지 않고 결과가 미미할 때

의사 결정자가 팀을 완전히 신뢰하면 정렬은 실행 시 문제가 되지 않을 게 분명
하다.

심사위원회의 스텝

심사위원회의 틀에는 네 가지 기본 스텝이 있다(그림 6-3).

- 무엇이 중요한지 결정하기

  이 스텝은 모든 이해당사자가 관심 사항을 동의하고 분명히 하는 데
  있다. 한 팀이 돼서, 사업에 무엇이 중요한지를 알아내고 전략적 선택
  판단을 형성할 필수적 기준을 결정하는 일이다. 무엇이 중요한지 결
  정한다는 말은 있으면 좋을 항목을 한쪽 구석에 분명히 치워 놓는다
  는 말이다. 일단 조직은 무엇을 하고 싶은지(되고 싶은지)를 정해 정
  렬하면 힘든 선택을 할 수 있다.

- 분류하기

  이 스텝은 아이디어를 정리하는 일이다. 무엇이 중요한가의 기준을
  척도로 대안을 일차 비교한다. 분류하기는 실행 가능한 해결안을 정
  리하고, 대안 평가를 더 하려면 추가적 기준이 필요한지 아는 데 도움
  을 준다.

- 테스트하기

  이 스텝은 어떠한 통찰을 개발할 수 있는지 알기 위해 전략을 가설적인 맥락에서 적용해 본다. 더 많이 배우고, 추가적 사실을 수집하고, 기준을 더욱 다듬기 위해서 조직 안에 알려지는 것이다. 테스트하기 프로세스 안에서 당신은 아이디어를 수정하고, 제거하고, 조율하고, 융합해서 완벽하게 조사를 마친, 실행 가능한 전략 대안으로 만든다.

- 선택하기

  이 스텝은 (때로는 쉽지만 대개는 골치 아픈) 결정을 함께 내리는 일이다. 현재 대면한 주어진 상황에 가장 적합한 아이디어를 찾는 일이다. 선택하기는 심사위원회에서 가장 나중에 오며 가장 필수적인 단계인데, 그건 선택하기의 결과가 전략을 결정하기 때문이다. 선택과 합의 없이는 전략도 없다. 그러면 이길 수 없다.

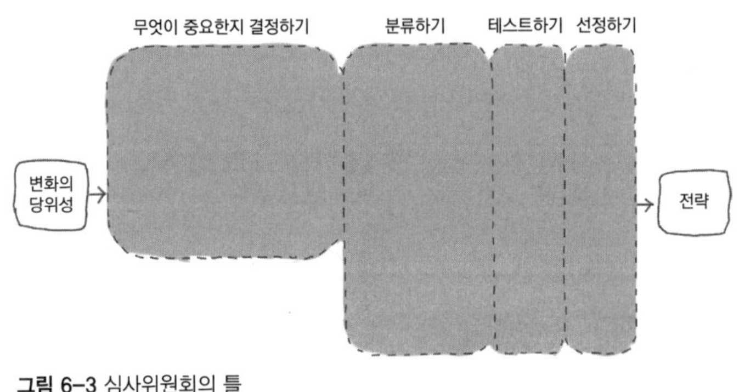

그림 6-3 심사위원회의 틀

선택 없이는 전략도 없다. 당신은 그저 대안의 집합을 갖고 있을 뿐이다.

 2부 협조적 전략을 위한 퀘스트 프로세스

스텝 1. 무엇이 중요한지 결정하기

의사결정을 하면서 무엇이 중요한지 분명하게 말할 수 있을 때, 팀은 더욱 분명한 초점을 갖고 전략 대안을 볼 수 있고 대안 간의 중요한 구별을 할 수 있을 것이다. 무엇이 중요한지 결정하기는 문제의 핵심으로 파고드는 일이며, 어느 특정 상황에서 적합한 전략 아이디어와 대단한 전략 아이디어 사이의 차이를 알 수 있게 한다.

큰 배의 방향 전환하기

리타(Rita)는 실리콘 밸리에 있는, 포천 500대 기업으로 선정된 기업용 소프트웨어 회사의 임원으로 최근 채용되었다. 최고경영진은 기존 700명 인원의 팀을 이끌어 어도비, 구글, 마이크로소프트 같은 거대 기업에 대응하며 회사의 플랫폼을 구축하는 역할을 맡을 '변화 주도자'로서 리타를 데려왔다. 리타의 임무는 실제로 그 회사가 처음 시작했지만 이미 오래 전 잃어버린 시장의 지배권을 되찾아오는 일이었다. 좋은 소식이 있다면, 회사의 경쟁업체는 모두 바닥부터 플랫폼을 구축하고 있는 반면 리타의 회사는 이미 정착된 플랫폼이 있었다. 나쁜 소식은 회사의 플랫폼이 구식이어서 팀원들이 작업하던 플랫폼을 바꿔야 한다는 점이었다. 리타는 이러한 전환을 실행하느라 고생하고 있었다. 팀원들은 현재 업무만 해도 너무 많아, 하고자 하는 모든 일을 설명하는 회의는 갖기도 힘들다고 했다. 조직에서 우리에게 일을 더 하라고만 하지 말고 사람을 더 채용해야 할 책임이 있는 것 아니냐고 넌지시 비쳤다.

서니베일(Synnyvale)에서 리타는 나와 점심을 했는데, 짜증을 내며 그 이야기를 내게 들려줬다.

"어떻게 하면 팀원들이 자기가 하던 일을 멈추고 이 새로운 임무에 집중하도록 해서, 우리가 다시 한 번 시장의 진정한 참가자가 될 수 있을까요?" 리타는 자신이 다음 할 일이 팀원들이 하던 일을 멈추도록 하는 거라고 믿었다.

그러나 팀원들은 자신들이 중요한 일을 하고 있다고 생각했다. '단지 어떤 이유로' 일을 멈추는 건 상상도 못했다. 그것은 중요한 무언가를 하는 대신에 아무것도 하지 않는다는 뜻이었다. 팀원들에게 무언가를 멈추라고 하기 전에, 리타는 팀원들이 자기에게 정말로 중요한 걸 되돌아보고 합의하게 할 필요가 있었다.

나는 리타에게 그걸 다음에 해야 한다고 조언했다. 그리고 리타는 팀원들이 변화의 당위성을 명확하게 하고 성공이 실제로 어떤 모습일지를(거대 기업을 이기고 플랫폼을 새로 만들자!) 합의하고, 그러고 나서는 다시 집중하기 위해 무엇을 시작하고 무엇을 그만둘지 선택하기 위해 심사위원회의 틀을 활용할 수 있었다. 심사위원회의 틀은 무엇이 중요한지 확인할 때 팀원들을 참여시키기 때문에, 일반적인 정치적 내분 없이 팀원들을 정렬시킬 수 있었다. 당위성에 맞춰 정렬하지 않고서는, 자신들이 이미 하고 있던 일보다 더 나은 것이 있을 수 있음을 팀원들은 상상할 수조차 없었다.

리타는 새로운 전략과 팀원들이 중요시하는 것에 대해 질문을 해야 했다.

- 우리가 현재 하고 있는 일을 하는 이유는?
- 그것은 우리에게 어떠한 도움을 주는가?
- 새로운 목표를 얼마큼 잘 이해하는가?
- 새로운 목표가 중요하다고 동의하는가?
- 현재와 새 방향 사이의 틈은 무엇인가?
- 새로운 미래에서는 성공이 어떤 모습일까?
- 왜 우리는 새로운 결과를 원할까?
- 그리고 구체적으로, 거기로 가려면 무엇을 시작하고 무엇을 그만두어야 하는가?

리타는 신속히 지지를 받지 않는다면 기회를 잃을 거라고 느꼈다. 짧은 기간 안에 정렬할 수 있는 가벼운 틀이 필요했다. 나는 리타에게 심사위원회를 해야 하는 이유와 방법을 설명했고, 리타는 5주가 안돼서 팀원들의 대단한 지지와 함께 명확한 전략에 따른 정렬된 자원 재배치를 할 수 있었다. 리타가 분명 까다로운 주관적 결정들을 할 수 있게 만든 것은 심사위원회의 틀이었다.

당신은 스스로 경험을 통해 성공적 전략이란 조직 전체가 다음과 같은 질문에 답할 수 있는 걸 이미 알고 있을 수 있다. 우리는 어디로 가고 싶은가? 우리가 성공하고 있다면 그걸 어떻게 알 수 있을까? 성공은 어떤 모습일까? 이런 질문에 대한 답이 팀의 선택을 주도하는 단결된 이해로 바뀐다. 이전 장에서 전략 아이디어를 개발하는 상황에서 뭐가 중요한지 기록할 필요성을 이미 다루었지만, 무엇이 중요한지 결정하기는(그리고 기준을 기록하기는) 실제로는 여기 심사위원회 틀의 일부로서 사용된다.

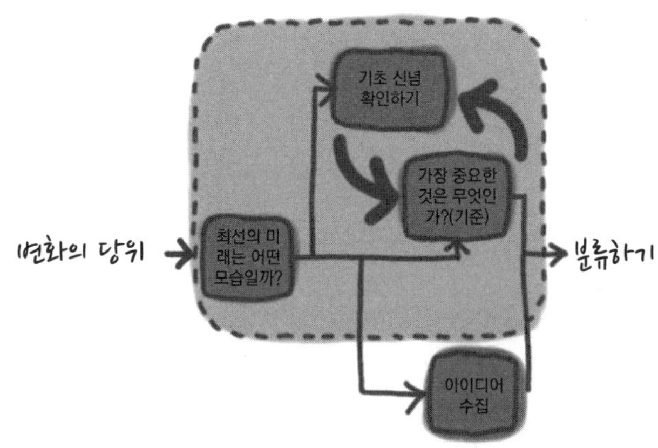

그림 6-4 심사위원회 틀의 스텝 1: 무엇이 중요한지 결정하기

대체로 전략 대안을 서로 비교할 때 정말로 중요한 것은 단지 두세 가지일 뿐이다. '무엇이 정말로 중요한지' 알려면 당신이 처한 특정한 상황에서 당신 팀에게 중요한 것이 무엇인지 결정하는 탐색 작업이, 그리고 이 특정 시점에 당신이 참여하는 시장이나 당신 회사에게 중요한 것이 무엇인지 결정하는 탐색 작업이 어느 정도 필요하다.

대안을 고려하기 이전에 무엇이 의사결정을 구성할지 생각하기를 시작하라. 궁극적으로 이 일은 최종 아이디어 혹은 최종 선택의 적합성을 높인다. 이러한 기준은 리더인 당신에게 당신이 이론적인 '최선의 전략'을 찾는 것이 아니라 당신이 처한 특정 환경에서 가장 적합한 전략을 찾고 있다는 점을 상기시켜준다. 좋고 싫음, 옳고 그름을 따지는 게 아니다. 그건 어느 것이 목표에 가장 가깝게 들어맞는가이다.

모든 조직에는 어느 기준을 선택할지에 영향을 주는 몇 가지 신념 체계가 있다. 어떤 신념은 명백히 드러나 있고 조직원이 대부분 공유하고 있지만, 대개의 신념은 언급되지 않았고(암묵적이고) 일반적으로 조직 전반에 일관성 없이 존재한다. 암묵적인 신념은 보통 사람들의 근본적인 정체성 인식, 그리고 기업/제품/사업이 어떠한 것이라는 인식과 한 묶음이다. 신념이 사람들을(따라서 조직을) 과거에 닻을 내리게 해서 자기가 할 수 있거나 될 수 있는 것보다는 했거나 되었던 것을 생각하게 할 때, 암묵적 신념은 골칫거리일 수 있다. 닻의 비유가 적절한 이유는 닻이 바로, 배를 꼼짝 못하게 묶어 다가오는 폭풍을 피하거나 새로운 항구를 찾아갈 수 없게 하기 때문이다. 일부 조직은 닻을 너무 단단히 내려 새로운 전략을 찾기 어렵다.

신념은 성공의 모습에 대한 조직 비전에 깊은 영향을 미친다. 명시적 신념은 대개 팀들 간에 일치하지만, 암묵적 신념은 조직 전반에 걸쳐 서로 달라 '숨겨진 안건'으로, 즉 실제로는 다른 암묵적 기준으로 이어질 수 있다. 조직 간 벽이 높고 오랫동안 안정되었던 팀에서 암묵적 신념을 자주 볼 수 있다. 암묵적인 신념 시스템과 명시적 신념 시스템 둘 다, 성공에 대한 팀의 기준을 좌지우지할 것이다. 성공적 전략 실행을 위해서는 공통의 안건이 중요하므로, 모든 암묵적 신념과 그에 수반한 숨겨진 안건을 드러내서 팀을 정렬하는 게 중요하다.

신념이 암묵적일 때 그 신념은 단체의 무의식적인 의사결정 프로세스에 영향을 미칠 수 있다.

미확인 상태로 남겨둔 암묵적 신념은 무언의 신념에 정렬은 되었지만 당면 상황에서 최선은 아닌 전략을 선택하도록 사람들을 미묘히 이끌 수 있다. 따라서 기존의 신념을 확인하고 암묵적 신념을 드러내서 명시하는

　　　　　　　　2부 협조적 전략을 위한 퀘스트 프로세스

일은 대단히 중요하다. 암묵적 신념을 드러내면 그 신념을 다시 검토할 수 있고, 그 신념이 일반적으로 공유되고 있는지 확인할 수 있으며, 아직도 적용 가능한지 아니면 수정해야 하는지를 결정하도록 평가할 수 있다. 신념을 적어 두고 공개적으로 말하면, 과거의 결정 이면에 있는 의도를 이해하고 그 신념이 아직도 유효한지 아니면 전진하려면 변경해야 할지 사람들이 알 수 있다. 물론 이 일은 관계자들과의 토의가 필요하다. 신념을 조사하면 무엇이, 왜 우리 조직에게 중요한지 이해하게 된다.

공개적으로 말하면 당신은 무엇을 말하고 있는지 생각이 명료해지고, 남들은 그 아이디어에 도전해 볼 기회를 얻는다. 이런 명백한 대화는 팀 전체가 잘못된 가정에 기초해서 판단하는 걸 방지하고, 목적에 정렬되지 않았는데도 정렬되었다고 잘못 결론내리는 것을 예방한다.

그렇다면 그런 암묵적 신념을 어떻게 찾아낼 수 있을까? 어떤 징후가 그런 숨겨진 아이디어에 대한 힌트를 줄까? 어떻게 하면 명시적 신념을 철저히 목록으로 작성해서 숨겨진 신념과 구별할 수 있도록 도움을 줄까? 사람들이 사용하는 언어에 많은 단서가 있음이 밝혀졌다.

임원들은 커다란 조직과 아이디어를 공유할 때 흔히 자기 말 속에 신념 시스템을 끼워 넣어 표현한다. 이 신념 시스템은 해석의 여지가 있는데, 해석은 다양할 수 있고, 따라서 잘못된 정렬을 야기해서 좋은 의도를 가진 사람도 실행은 별로인 상황이 일어날 수 있다.

조직의 신념을 표현할 때는 일반적으로 '필요의 언어'를 사용한다.

- "해결책은 자체 성장에서 나온 자금으로 조달할 필요가 있다."
- "개선은 현재의 유통 채널 형태와 적합할 필요가 있다."
- "기존 생산 라인이 2년차가 될 때까지는 신제품을 개발할 수 없다."
- "A 제품 팀의 요구는 그 팀이 다른 사업에 제공할 현금을 창출하기 때

문에 더 중요하게 여길 필요가 있다."

일반적으로 암묵적 신념은 정체성의 개념이거나 조직의 운영 방식에 대한 기록되지 않은 규칙이다.

- "우리는 제품을 만듭니다. 제품이란 만지고, 느끼고, 볼 수 있는 것입니다."
- "우리는 가격을 기초로 경쟁합니다."
- "우리는 소매유통 채널을 통해 판매해야 합니다."

이렇게 표현된 조직의 신념과 암묵적 신념은 판단 기준을 나타낼 수 있다. 사람들이 사용하는 언어가 주는 힌트에 주의를 기울이는 건 어느 정도 유용하지만 수동적이기 때문에 다소 제한이 있다. 적극적으로 발굴하는 것도 괜찮다. 다음은 중요한 신념을 캐내는 데 유용한 힌트다.

- 함께 신념을 열거하고, 더 넓은 차원의 조직 내에서 보유하고 있는 신념을 추가로 찾도록 당신 팀원들에게 임무를 줘라.
- 개방적 질문을 하라. 예를 들자면,
  - 여기에서는 무엇을 하면 보상을 받는가? 누가 보상을 주는가?
  - '신성한 것', '접근금지인 것', '건들지 못할 것'은 무엇인가?
  - 그와 유사하게, 누가 '신성하고', '접근금지이고', '건들지 못할' 사람인가?
  - 내 명예를 걸만한 건 무엇인가?
- 사람들에게 자기 경험을 이야기 해달라고 하라. 남들이 자신의 관점을 어떻게 생각한다고 믿는지, 그 관점이 공유하는 관점인지 이단적인 관점인지 등을 표현하도록 하는 것도 흥미롭다. 흔히 이 일은 자기

   2부 협조적 전략을 위한 퀘스트 프로세스

성찰이 부족한 사람들이 놓치는 숨겨진 문제를 밝혀준다.

- 일대일로 또는 소집단 단위로 질문을 하라. 사람들이 말하기에 편하게 느끼는 중립적이고 사적인 장소를 찾아라. 잠시 함께 산책하고, 회사에서 너무 가깝지 않은 곳에서 간단히 점심을 하라. 그렇게 하면 주변에 동료가 있는지 계속 기웃거리지 않아도 된다.

이러한 기준을 프로세스 출발 때부터 내놓으면 팀이 한두 가지 설득력 있는 아이디어로 프로세스를 마무리 짓기 전에, 무엇이 사업에 최선인지를 충분히 검토할 수 있다. 그와는 달리 기준을 초기에 알려주고 명시하지 않으면 사람들은 먼저 아이디어에 주의를 쏟고 그 아이디어가 나중의 프로세스에서 기준 선택을 이끌도록 놔두는 경향을 보인다("우리는 이 아이디어를 밀고 나가야 해요!").

성공 요인을 다룰 때 흔히 발생하는 두 가지 단순화 성향이 있다. 첫째, 사람들은 모든 성공 요인을 함께 묶어 그 요인들이 동등하게 중요하다고 생각하는 경향이 있다. 요인들의 순서를 매기느라 씨름하지 않아도 되기 때문에 이 방식은 매력적이다. 그러나 이 접근법은 선택 프로세스에 도움이 되지 않고, 따라서 실제로는 실패하는 모델이다.

두 번째 단순화는 변하지 않는 순서를 정하는 것이다. 예를 들어, 매출을 관련성보다 위쪽에 순서를 매겼다고 가정하자. 단순한 접근법으로는 두 요인 사이의 갈등이 생기면 모두 매출을 우선해서 선택하며 해결할 것이다. 사실 매출은 이미 달성해서 관련성을 다룰 여력이 있는 경우일 수 있는데도 말이다.

심사위원회 틀의 스텝 1을 끝내고 나면 신념과 기준을 열거한 목록을 명확하게 확인했을 것이다. 흔히 이 시점에서 섣불리 결정해서 '판단을 내리고' 싶은 유혹을 느낄 것이다. 그러지 마라! 이 단계에서 결정을 내리면

2급 수준의 대안을 흔히 선택할 것이다. 그보다는 적절히 시간을 내서 대안을 이해하고 개선하는 것이 중요하다. 스텝 2, '분류'가 이해의 열쇠다.

스텝 2. 분류하기

심사위원회 틀의 두 번째 스텝은 팀이 선택한 구체적이고 실질적인 기준을 사용해서 한 가지 아이디어를 다른 아이디어들에 대비했을 때의 장점을 이해할 수 있게 한다. 이는 그저 누군가의 '직감'에 기초해서 성급하게 만든 최종 전략을 피할 수 있게 한다. 일단 성공이 어떤 모습인지가 명확해지고 팀이 최종 전략 선택에서 무엇이 중요한지를 파악하고 나면, 대안을 기준과 비교해서 테스트하고, 결과를 일관된 방식으로 표현하고, 대안을 서로 간 비교해서 재어보고 분류할('좋은 대안', '가능한 대안', '약한 대안') 필요가 있다. 이러한 방식으로 팀은 아이디어 중 어느 부분은 밀고 나가기를 멈추고(죽이고) 어느 부분은 더 연구해야 해야 할지 알 수 있다(그림 6-5).

분류하기 스텝을 처음 하는 사람은 어느 정도면 충분하고 어느 정도면 너무 많이 하는 것인지 감을 잡느라 때때로 어려움을 겪는다. 분명히 이해하기 위해 조금 더 깊이 있는 예시를 여기에서 살펴볼만한 가치가 있다. 이 사례에서 지역측면에서 시장을 확대하고자 하는 어느 팀이 다른 나라에 진입할 때 무엇이 성공인지, 그 기준을 찾아냈다. 팀은 다른 유사 시장에서 이전에 성공할 때 알았던 사실에 기초해서 목록을 작성했다. 그들에게는 해외 진출이란 다음과 같은 의미였다.

   2부 협조적 전략을 위한 퀘스트 프로세스

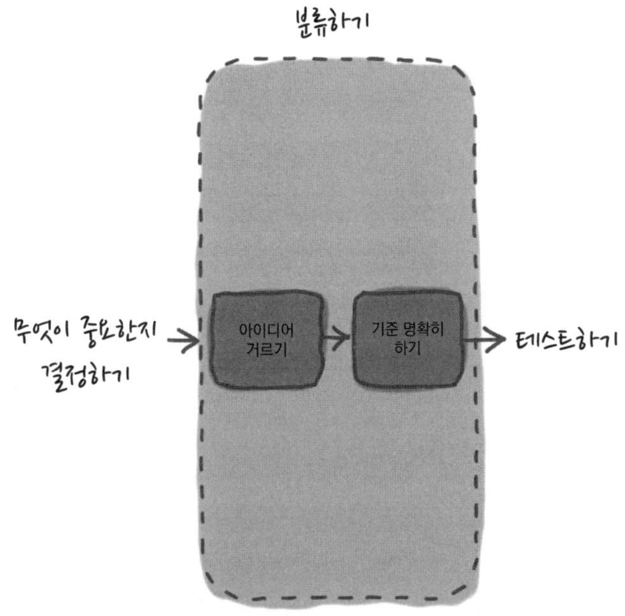

그림 6-5 심사위원회의 스텝 2: 분류하기

- 다른 유형의 구매 대안: 기업 라이선스enterprise licensing, 쉬링크랩 라이선스Shrink-wrap license(밀봉된 패키지를 열어봄으로써 계약 효력이 발생하는 라이선스-옮긴이)

- 제대로 된 유통 채널

- 전속 인원

- 매출 대비 비용 한도에 들어맞는 소요 예산

- 현지어로 작동하는 제품

- 그 나라 사람들이 제품을 구매할 수 있는 온라인 매장

분류하기 스텝에서 팀은 대안을 기준에 비교해서 테스트할 필요가 있다. 예시 사례에서 대안은 고려중인 여러 국가였다. 팀은 그림 6-6과 같이, 각 국가를 열거된 기준에 따라 평가하고 현재 구도를 빈틈없이 묘사했다.

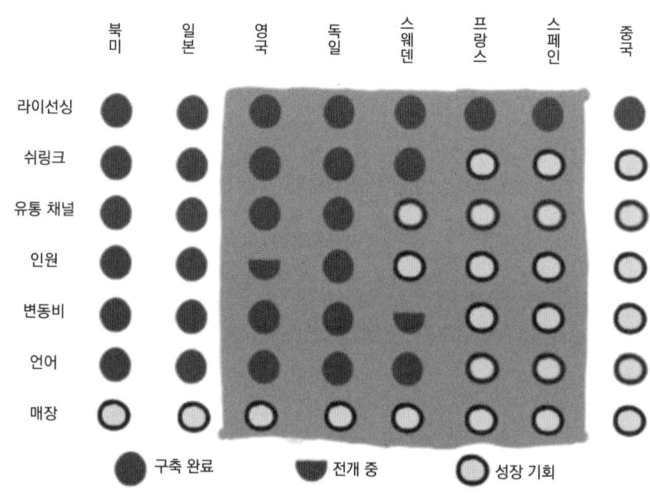

그림 6-6 일차 분류하기

이 그림은 그다음 단계의 질문과 판단으로 이어졌다. 유사해 보이는 일
부 국가에다 한두 가지 제대로 선택한 기준을 추가하면 서로 구별될 수 있
다고 팀은 믿었다. 잠시 토의하고 데이터를 모은 후, 팀은 다음과 같은 두
가지 기준을 추가했다.

- 투자를 하는 대가로 할당된 매출을 늘리는 것을 해당 국가 판매 책임
  자가 받아들일 의향
- 해당 국가에서 예상되는 저작권 침해에 대한 수용성 수준

　　　　　　　2부 협조적 전략을 위한 퀘스트 프로세스

사실을 수집한 후 어느 국가가 성장을 주도할 수 있을지가 명백해졌다. 북미와 일본 같은 지역은 이미 거의 모든 기준이 정착되어 있었다. 일부 국가는 산업 내 확장을 위한 투자가 부족했는데, 그런 지역의 대표들과의 대화는 열의에 넘쳤고 흥미로웠다. 그들은 투자를 늘리는 대신 성장 목표를 올릴 의향이 있었다. 지역 대표와 질적 토론을 통해 팀은 현재 상황을 명백히 이해하고 일부 결정을 빨리 내릴 수 있었다.

놀라운 일은 아니지만, 프로세스 초기에 기준을 명시하니 사람들이 반드시 실제 확인한 기준에 기초해서 결정을 내리게 하는 데 도움이 되었다. 분류하기 프로세스는 많은 사람들을 참여시켜 무엇이 사업에 중요한지에 대한 다른 관점과 이해를 가져왔다. 이러한 관점을 걸러내며 토의할 항목이 더 나왔고, 그것은 결국 그들의 결정을 이끌었던 기준을 되돌아보고 수정하게 했다.

- 북미를 대상으로 이미 이전에 만든, 검증된 모델을 사용한다. 국가별로 그 국가에 맞게 바꾸지 않는다.
- 투자에 맞춰 매출을 일으킨다. 비용이 더 드는 국가가 있을 수는 있지만 투자 금액의 배분 방식에는 '공평성'이 있어야 한다.
- '손쉬운 성공'에 먼저 집중해서 투자가 매번 최상의 이득을 가져오도록 한다.
- 선택한 산업에서 경쟁자가 먼저 성공하는 것을 막기 위해 신속히 세계화를 추진한다. 속도가 중요하다.

팀과 함께 이 모든 일을 공개적으로 훈련하는 이유는 이해를 공유하기 위해서다. 기준에다 명시적으로 이름을 지어 붙이고, 분류하고, 그 추론을 확인함으로써 관련된 모든 사람은 왜 어떤 것이 중요한 걸로 간주되는지 알 수 있다. 이는 함께 생각하고 협조하는 사람들이 모인 조직 만들기에 매우 중요하다.

때때로, 분류하기는 추가적 자원 투입 대신 추가 할당을 받기로 계약하지 않을 팀이 누구인지 밝혀내는 것 같은 더 많은 사실 수집으로 이어진다. 대안이 다를 때 조직이 받는 영향이 부문별로 다르다면, 분류하기 프로세스는 트레이드오프와 조건 교환을 촉발할 수 있다. 기본적으로 이것은 얼마의 추가 투자가 적절한가와 같이, 추가 기준을 조직 내에서 협상하고 '사실'을 다시 생각하는 일에 해당한다. 그러고 나서 사례의 팀은 분류하기 스텝의 결과를 요약하고, 그 다음 단계인 정렬을 반영한 표로 만들었다(표 6-1).

표 6-1 지역 우선순위를 위한 전략적 근거

전략	시장	제안된 활동
이익	북미, 일본	현재의 투자를 유지하라.
매출 성장을 위한 투자	프랑스, 독일, 스페인, 영국, 스웨덴	투자 금액과 예상 매출 간의 할당 관계를 수립하고, 성장 목표를 투자 약속에 맞춰 부과시켜라.
시장 개발	중국	초기 대화의 결과, 중국에서 일을 시작해서 단기에 성과를 내려면 투자가 너무나 많이 든다는 시사점을 얻었다. 불법 복제의 비율이 줄어들고 시장의 성숙도가 진행될 1년 후에 결정의 재검토를 추천한다.

분류하기 스텝은 기준에 맞춰 명확하게 순서를 매긴 일련의 대안을 제공한다. 상황이 바뀌고 새로운 정보가 나타나면서 당신은 어느 대안이 더 좋은지 알 수 있다. 예를 들어, 회사가 이익에 우선적으로 관심이 있다면 어느 나라에 집중해야 할지 알 수 있다. 추가적인 자원이 있다면 미래의 매출

　　　　　　　　　2부 협조적 전략을 위한 퀘스트 프로세스

성장을 위해 투자할 수도 있다. 그리고 돈이 그보다도 더 많다면 시장을 개발할 수도 있다. 대안에 대한 우선순위를(위에서 아래로) 매겼고, 사업의 리더들이 가능한 선택을 볼 수 있도록 활동을 명기하고 이름을 지어 붙였다.

잠시 시간을 내서 분류하기 스텝이 그저 문서를 만드는 일이 아님을 음미해 보라. 분류하기 스텝은 뭐가 걸린 문제인지를 심오하고 공유된 형태로 이해할 수 있도록 해서 팀에게 커다란 영향을 미친다. 그 다음 스텝인 '테스트하기'는 조직 전체에 이르는 수많은 팀원의 토론과 관련이 있다. 만약에 대안을 분류한 무미건조한 서류가 '전문가'들에 의해서 높은 곳에서 던져져 내려왔다면, 팀원들은 여러 대안의 실행 가능성을 제대로 조사할 준비가 얼마나 되어 있을까? 오해하지는 말라. 서류는 중요하다. 하지만 정렬된 팀도 똑같이 중요하다. 특히, 진행해 가며 조직 내의 다른 사람들을 참가시킬 때에 그렇다.

스텝 3. 테스트하기

스텝 3, 테스트하기는 스텝 1(무엇이 중요한지 결정하기)에서 만든 기준을 기초로 스텝 2(분류하기)에서 우선순위를 매긴 아이디어를 숙성시키는 일이다. 스텝 3에서는 그런 아이디어를 어떻게 특정 조직에서 실행할 수 있는지를 살펴볼 것이다. 아이디어가 어떻게 작동할지 아니면 어떻게 작동하지 않을지에 대해 관점을 제공할 사람들이 아이디어를 제시하도록 함으로써 이 일을 할 수 있다. 조직적으로 테스트하기는 하나의 활동 경로가 다른 활동 경로보다 더 나으려면 어떠한 조건이 회사 내에 필요한지를 조사하는 구체적인 일련의 활동이다. 이 스텝에서 당신은 당신 조직에 실재하는 현실을 다루기 위해 다른 대안들을 고려해 볼 필요가 있을 수 있다. 스텝 3에서의 질문은 "당신이 밝혀낸 도전 때문에 완전히 교착 상태에 빠지는 걸 어떻게 피할 수 있을까?"이다. 당신은 기대하지도 않았던 일을 밝혀낼 수도 있다. 그게 바로 여러 조직이 방아쇠를 당기기 전에 '테스트하기'를 주저하는 이유다. 운 좋게도 우리는 심사위원회의 이번 스텝에서 그 장애물을 염두에 둔다(그림 6-7).

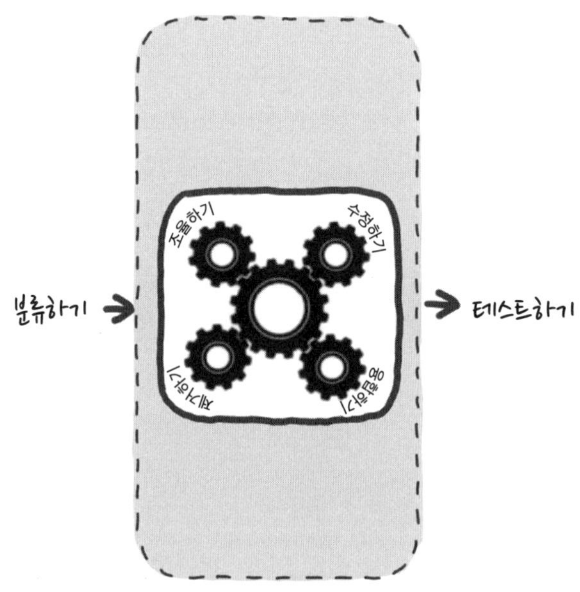

그림 6-7 심사위원회의 스텝 3: 테스트하기

조직 차원으로 테스트하기는 아이디어가 작동하는지 테스트하기 위해 아이디어를 사전에 홍보하는 프로세스다. 조직 차원으로 테스트를 하면서, 아이디어 도출 때에는 나타나지 않았지만 선택 단계의 4개 스텝 중 마지막 스텝인 '선정하기'에서 매우 중요한 운영차원 관점을 발견할 것이다.

조직 차원으로 테스트하기의 주요 혜택은 기능 간 경계를 넘어서 생각하는 데 있다. 어떤 사업 단위나 기능 영역이 자체 필요에만 최적화되었을 때 나타나는 유형의 문제를 피할 수 있게 도와준다. 마케팅이 너무나 많은

　　　　　　　　　　　　　　2부 협조적 전략을 위한 퀘스트 프로세스

수요를 불러와 운영부문이 그 수요를 맞출 수 없는 경우와 같은 사업 문제를 우리는 모두 봐왔다. 그럴 경우 회사의 브랜드는 고객이 안 좋은 경험을 함에 따라 부정적 영향을 받는다. 이는 장벽에 가로막힌 행동에서 나온다. 비록 장벽이 모두 다 나쁘다는 말은 아니지만 말이다. 조직 간 장벽은 상황이 안정적일 때는 효율적일 수 있다. 모든 사람은 다른 쪽 활동에 신경을 쓰지 않고 자기 과제에만 집중할 수 있다. 그러나 변화가 필요한 시점에 조직 간 장벽은 조직이 부실한 전략적 선택을 하게 되는 이유 중 하나다.

기능 간 경계를 넘어 전략이 작동하게 하는 열쇠를 제 시간 내에 찾지 못했을 때, 전략은 실패한다. 따라서 조직차원으로 테스트를 함으로써 전략이 실행될 수 있는지 또는 전략이 어떻게 전개될 것이고 다른 사업 영역에는 어떤 영향을 줄지 더 잘 이해하기 위해, 당신은 영향을 받을 수 있는 사업 내 타 부분을 조사한다.

조직차원으로 테스트하면서 할 만한 질문은 보통 운영차원의 내용이다. 우리의 공급망은 이 일을 지원하는가? IT팀에게 미치는 영향은 생각했나? 기존에 진행되던 일과는 어떻게 융합할까? 이 새로운 전략 중 일부가 기존의 계약상 의무와 충돌하지는 않는가? 우리는 이 신규 지역에서 제품 지원을 하기 위해 필요한 것들을 갖추고 있는가? 각각의 대화는 더 많은 데이터(세부 사항, 성공 기준, 장애물)를 밝혀낸다. 이렇게 밝혀낸 새 정보로 대안은 개선되거나, 심사숙고를 통해 기각되는 결과를 가져온다.

조직 차원으로 테스트하기는 전체가 하나가 되어 효과적으로 작동할 때 회사가 무엇을 할 수 있는지를 알기 위해 조직 간 장벽을 허무는 일이다.

예를 들어, 팀이 또 다른 차원의 성장을 위해 해야 할 적절한 일이 아시아로의 확장이라 결정했다고 상상해 보라. 이 결정을 고위층 임원진에게

제시하기 전에 운영을 책임지는 리더는 조직 차원의 테스트를 하고, 그 아이디어를 재무 담당 리더에게 가져갈 것이다. 둘 사이의 대화는 다음과 같을 것이다.

운영 담당 리더	아시아로 진출하는 것을 생각 중입니다. 일본이나 중국에 진출하는 것으로 선택 폭을 줄였지만, 선택을 하려면 아직 더 연구를 해야 합니다.	(부드럽고 개방적이다. 이럴 때 새로운 발견을 할 수 있다.)
재무 담당 리더	화폐는 생각해 봤나요? 다른 나라 화폐를 어떻게 지원해야 할지 몰라서요. 현재는 그걸 하지 않고 있습니다.	(빙고!)
운영 담당 리더	새로운 화폐에 관련된 이야기를 해 주세요.	(추가적인 개방형 질문.)
재무 담당 리더	글쎄요. 현지화를 받으려면 현지 법인을 설립해야 될 겁니다. 아직 중국에는 법인이 없어요. 그리고 주문은 어떻게 받을 생각인가요? 직접 아니면 온라인으로?	(재무 담당 리더도 이미 생각을 다소 했던 걸로 밝혀졌다.)
운영 담당 리더	두 가지 다 흥미롭지만…….	(짧은 답변. 계속 말하도록 시켜라!) (또 다른 발견!)
재무 담당 리더	재고 수준이 환율 헤지를 해야 할 정도인가요?	

조직 차원으로 테스트하기는 조직으로부터 솔직하고 자세한 의견(긍정적이든 부정적이든)을 수집하는, 본질적으로는 지적 능력 모으기다. 밥값을 제대로 하는 전략적 지휘관이라면 모두 알고 있듯이 싸우기 전에 정찰부터 해야 한다. 조직 차원으로 테스트하기는 다음과 같은 활동을 하기 위해, 팀이 반드시 관리해야 하는 새로운 요구 사항 목록을 도출한다.

- 아이디어를 수정한다.
- 즉석에서 아이디어를 폐기한다.

- 새로운 아이디어를 찾아낸다.

이는 흔히, 심사위원회 틀에서 가장 골치 아픈 스텝이다. 프로세스 중반까지 왔는데 또 다시 기준을 조정해야 하다는 것을 깨닫고는 좌절감을 느낄 수도 있다(그림 6-8). 의기소침하지는 마라! 전략 수립은 원래부터 골치 아픈 프로세스다. 본래 그런 것이다. 그래서 당신이 회사의 미래를 새로 만드는 것이다. 바로 이때가 당신이 심사위원회를 신뢰해야 할 때다. 아이디어와 기준을 조율하는 이 반복적인 프로세스가 의견 일치를 가져오고 괜찮은 전략과 훌륭한 전략 간의 차이를 가져옴을 신뢰하라. 이 스텝에 시간 제약을 두면(말하자면, 1주일 정도) 모든 사람이 계속 참가할 수 있어 효과적이다.

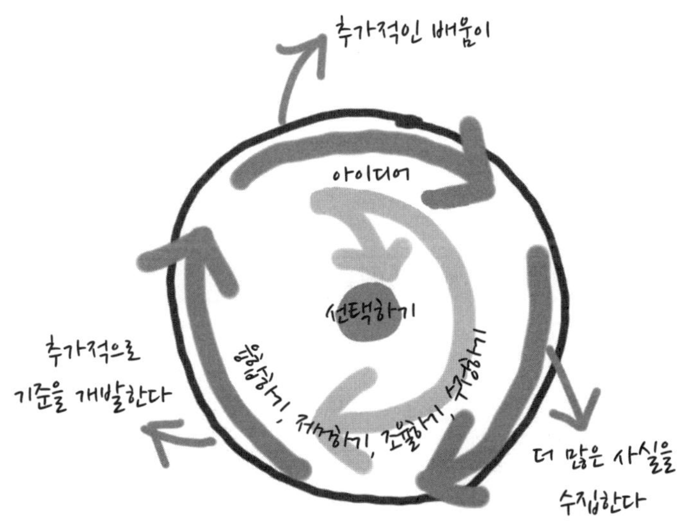

그림 6-8 조직 차원으로 테스트하기는 매우 반복적이고 골치 아픈 일이 될 수 있다

스텝 3a: 아이디어 재구성하기

성공적인 조직 차원의 테스트는 보통 추가적인 아이디어 평가로 이어진다. 배운 것을 바탕으로 당신은 아이디어를 재구성하고 파고들어 실행 가능성을 확인해야 할 필요가 있으며, 그래서 더 많은 세부사항을 발견하게 되고, 그리고 나면 추가적인 설정을 해야 할 필요가 있을 수도 있다.

아이디어 재구성은 본질적으로 다음과 같은 프로세스다.

- 구성요소를 분해한다.
- 어느 부분이 눈에 띄는지 이해한다.
- 더 이상 중요하지 않은 것들은 쪼개서 없앤다.
- 불필요한 대안은 제거한다.
- 당신 필요에 더 잘 부합하는 내용으로 아이디어를 다시 진술한다.

그림 6-9는 하나의 아이디어를 여러 개의 아이디어로 쪼개기, 특징 드러내기, 세그먼트 나누기, 다른 의미 제거하기, 다시 진술하기를 포함한 아이디어 구성법 몇 가지를 보여준다. 이 방법들은 사람들이 서로 공유하는 명확한 이해를 개발하는 데 도움을 줄 것이며, 그런 이해는 사람들이 과제를 수행할 때가 되면 대단히 중요해질 것이다.

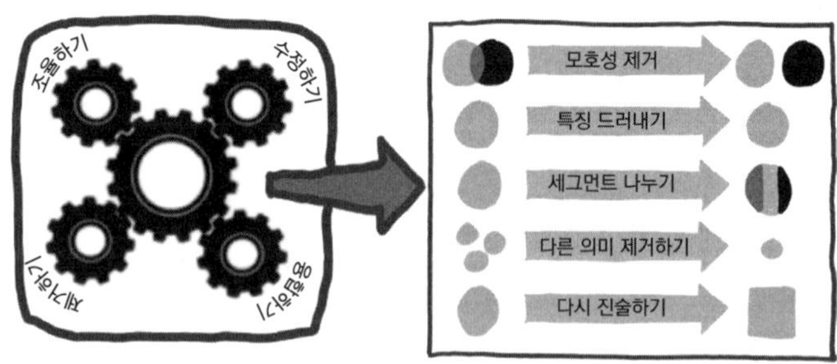

그림 6-9 아이디어 재구성의 세부 사항

   2부 협조적 전략을 위한 퀘스트 프로세스

아이디어를 재구성하는 능력은 당신의 선호 전략 선택에 대단히 중요하다. 실제로, 새로운 정보를 기초로 좋은 아이디어를 재구성하는 일은 너무나도 중요한 일이라서, 많은 것을 혁신하는 기업으로 알려진 구글Google에서는 아이디어 재구성을 회사 운영모델의 근간이 되는 18개 원칙의 하나로 포함시켰다.

구글의 제품관리 및 마케팅 상무, 조나단 로젠베르크Jonathan Rosenberg는 자신의 모교인 클레어몬트 맥케나 대학Claremont McKenna College, CMC에서 연설할 때, 아이디어 재구성에 대해 다음과 같이 이야기했다.

다음번 큰 아이디어는 아이디어를 변형시키는 것인데… 나는 어떻게 다른 아이디어가 등장하고, 우리가 그 아이디어의 실제 경제적 영향을 한동안 예견하지 못하는지 이야기했습니다. 트랜지스터, 레이저, 비디오카세트녹화기(VCR)가 그랬습니다. 나는 또한 원래는 물이 찬 광산에서 물을 퍼내려고 개발한 증기기관에 대해 이야기 했습니다. 일단 증기기관이 기찻길에 연결되자 근본적으로 미국서부를 개척할 수 있었습니다. 아주 한정된 문제를 해결할 특정 해결책으로 제시되었던 이런 기술들이 있습니다.

오늘날 우리는 기반 기술의 빠른 변화를 맞이하고 있습니다. CPU 성능과 필요 저장 용량이 빠르게 늘고 있습니다. 이전에는 작동하지 않았던 아이디어를 끊임없이 되돌아보고 다시 적용해야 합니다. 블로그는 원래, 사람들이 틈새 커뮤니티에까지 닿을 수 있게 정보를 출판하는 것에 대한 기술이었습니다. 그러나 우리가 개발했던 모든 블로그 시스템은 이제 구글 닥스와 스프레드시트(구글 유저에게는 다음 번 혁신)에서의 정보 출판, 배후의 엔진입니다.[2]

해독하기

당신은 사람들이 의미하는 바를 해독해야 하고, 대안을 조율, 수정, 제거, 융합할 수 있게 그 뉘앙스를 이해해야 한다. 해독하기에는 다섯 가지의 공통 요소가 있다.

- 모호성 제거. 어떤 용어는 흔히 집단에 따라 그 의미가 다르다. 지역화가 소프트웨어 개발 부서에게 주는 의미와 고객주문처리 부서에게 주는 의미는 다르다. 모호성 제거란 모든 사람이 같은 방식으로 이해하도록 말과 글의 애매모호함을 제거한다는 뜻이다.
- 특성 드러내기. 아이디어를 뒤덮은 잔털을 깎아내어, 그 아이디어의 독특함과 특별한 정보가 두드러지게 나타날 수 있도록 한다.
- 세그먼트 나누기. 아이디어는 흔히 큰 항목의 일부로 포함되어 있으므로, 어느 아이디어든 그 아이디어의 특징을 충분히 이해하려면 각기 다른 부분으로 쪼갤 필요가 있다.
- 다른 의미 제거하기. 말하는 내용을 의미가 닿는 별개의 항목으로 폭을 좁혀라. 주문 제작은 광범위한 용어다. 웹사이트의 주문 제작은 실물 포장을 주문 제작하는 것과는 다르다. 둘 중 하나에만 관심이 있다면 뜻한 바가 아닌 말은 반드시 제외시켜라.
- 다시 진술하기. 테스트하기에서의 대화 도구인 다시 진술하기는 상황을 제대로 정의하는 데 도움이 된다. 누군가와 대화를 하면서 둘이 같은 걸 말한다고 생각했는데, 나중에 가서 각자 완전히 다른 것을 뜻했음을 깨달은 적은 없는가? 아이디어를 다시 진술하기는 잠재적 오해가 문제를 일으키기 전에 그걸 밝혀내는 방법이다.

조나단이 제품 재개발에 대해 묘사한 철학과 접근법이 바로 심사위원회의 스텝 3에서 일어나는 일이다. 더 많이 배우면 배울수록 당신은 원래 아이디어로 되돌아가서 그 아이디어를 변형한다. 많은 아이디어를 한꺼번에 섞거나, 어느 아이디어의 일부를 가져다가 다른 아이디어와 융합한다. 최종 모습이 프로세스를 시작할 때와 달라 보이더라도 그건 정말로 괜찮다.

아이디어를 개선해가며 아이디어의 일부를 개선하거나 개선하지 않기

로 결정할 수 있음을 기억하라. 그러나 한 팀으로서 아이디어의 수정 또는
개선 결정을 함으로써, 더 많은 정보를 확보하여 판단할 뿐만 아니라 조직
내 다수가 나중에 개별적 판단을 내릴 때 생길 의문을 제거할 수 있다. 예
를 들어, 소비자용 소프트웨어 판매에서 기업용 소프트웨어 판매로 사업을
확장하는 팀은 자신들의 수주 시스템이 기업 차원의 수주 프로세스를 처
리할 수 있게 준비가 되어 있지 않음을 발견할 수도 있다. 아이디어를 폐기
하는 대신, 팀은 이 문제를 해결하지 않기로 결정할 수 있다. 5,000만 달러
짜리 IT시스템에 투자하는 대신, 기업과의 거래를 담당할 수주 프로세스를
외주를 주기로 결정할 수도 있다.

　그와는 대조적으로, 해외 사업을 하고자 하는 팀은 재무 부문으로부터,
현지화를 처리하려면 별도 법인을 설립하는 것이 법적으로 필요함을 알게
될 수도 있다. 그 팀은 별도 법인에 투자하기로 결정할 수 있다. 그렇게 하
지 않으면 아이디어가 소용이 없을 수도 있고, 아이디어 자체는 투자 타당
성이 있는 설득력 있는 아이디어이기 때문이다. 여기에서 핵심은 트레이드
오프가 이런 조율하기, 수정하기, 제거하기, 프로세스 융합하기에 필수적
인 부분이라는 점이다.

의문점을 없애면 신속히 전진하기 위한 자율과 속도가 생긴다.

　이렇게 조율하고 수정하고 제거하고 융합하는 프로세스의 장점은 일
단 선택할 아이디어가 준비가 되면, 팀원이 모두 추호의 의심도 없이 그 아
이디어가 조직과 환경을 고려해서 만든 최선의 아이디어임을 알 것이라는
점이다. 팀은 아이디어를 철저히 토론하고, 조각조각 뜯어내서, 새롭게 구
성하고, 무엇이 작동하고 무엇이 작동하지 않는지 함께 논의했을 것이다.
모든 중대한 질문을 해서 스텝 4에서 하나의 최종 전략을 선택할 때가 되

면, 모두가 티끌만큼의 의심도 없이 추론과정을 명료하게 알 것이다.

심사위원회에서는 팀이 아이디어를 면밀히 테스트하고 개선해야 하기 때문에, 어떤 아이디어는 별것 아닌 게 되어 더 이상 그 힘을 유지하지 못할 수 있다. 반드시 자기 스스로 다음 질문을 하라. 이 아이디어는 단순하기 때문에 우아하고 힘이 있는가? 또는 그 아이디어는 그저 공허하고 무의미한 것인가? 아이디어가 별것이 아니라고 느껴진다면, 사람들이 복잡한 걸 논의하기를 꺼려하다 보니 도전적인 면이 사라지고 그저 그런 것이 됐을 수도 있다.

새로운 아이디어에 마음을 열려면 강인함이 필요함을 잊지 마라. 이미 어느 정도 생각을 했던 아이디어를 다시 생각하려면 혹은 정말 강력한 새 아이디어를 채택하려면, 용기가 필요하다. 조직 내에서 아이디어를 테스트할 때면 반드시 인내심을 계속 유지하고, 더 많이 배워가며 아이디어를 바꾸는 데 호의적이 되도록 노력하라. 데이터가 충분할 때는 없다는 걸 명심하라. 전략적 결정이 불완전하고 변화하는 정보와 관련 있으므로, 자신이 알고 있는 걸 기초로 판단을 내리는 법을 배우고, 나중에 더 학습을 하면 재평가할 수 있는 촉발기제를 확인하라. 가능하면 유연함을 유지하고 좋아 보이긴 하지만 훌륭하지는 않은 것들을 가지치기할 준비를 하라.

조직차원으로 테스트하기 스텝의 산출물은 각각의 대안을(자원, 사람, 비용, 시간 등) 배치하려면 무엇이 필요한지 조리 정연하게 이해함으로써 나온, 새롭게 탈바꿈한 일련의 전략 대안이다. 게다가 스텝 3는 나중에 어떤 문제라도 나타나면 사람들이 강조하거나 적절히 수정할 수 있도록 더 많이 용인해 주는 기묘한 추가 혜택이 있다. 심사위원회는 사람들이 더욱 더 호응하게 하는 반면, 오작동하고 수동적이며 "그건 내일이 아니야."라는 식의 방관적 태도를 피할 수 있게 한다.

　　　　2부 협조적 전략을 위한 퀘스트 프로세스

스텝 4. 선정하기

스텝 4, '선정하기'는 심사위원회 틀에서 마지막이자 가장 중요한 스텝이며 퀘스트 프로세스의 선택 단계를 완성하는 방법이다. 심사위원회를 제대로 실행했다면 당신과 팀원들이 이 단계에 도달할 즈음이면 상황에 맞는 전략이 무엇인지가 분명할 것이다. 명시적인 목표에 맞는 전략이 있고, 조직 전체에서 이 전략의 영향을 철저히 검토했을 것이다. 왜 이 전략이 다른 전략에 앞서 선택되었고 왜 최고의 전략인지, 그 배후의 추론을 이해할 것이다. 선정은 심사위원회 프로세스에서 놀랍게도 간단한 스텝인데 그건 이전 단계에서 이미 실행한 일 덕분이다. 심사위원회 프로세스가 부족한 조직에서는 선정이 훨씬 더 어렵고 까다로운 일이다.

성공할 수 있거나 이미 추진력을 얻은 뭔가를 그만두고 싶지 않은 것이 사람의 본성이다. 그러나 선정은 적자생존과 관련한 일이다. 오직 완벽한 적자만이 생존할 수 있다. 무엇을 할지 선정함으로써 당신은 무엇을 하지 않을지도 결정하고, 선택한 대안이 성공할 수 있게 만든다. 사람들은 대개 선택하지 않은 대안은 어떻게 할지 궁금해 한다. 그것들을 '죽이기'라고 표현하면 때로 반발을 일으킬 수 있음을 나는 발견했다. 그러므로 죽이지는 말라. 나중에 사용할 가능성을 대비해 그저 옆으로 치워둬라. 꽃이 피고 있을 때 장미나무의 가지치기를 하기 어렵듯 이런 결정을 내리기는 어렵다. 그것은 자르는 행위가 건설적이기보다는 파괴적인 행위로 비춰지기 때문이다. 그러나 선택한 하나의 대안과 기타 대안과의 차이점은 게임에서 승리하는 것과 단순히 참여하는 것과의 차이와 같다. 심사위원회를 건설적 프로세스로 재구성하고, 주저하는 사람들을 설득하라.

심사위원회 틀의 완전한 그림을 살펴보자(그림 6-10).

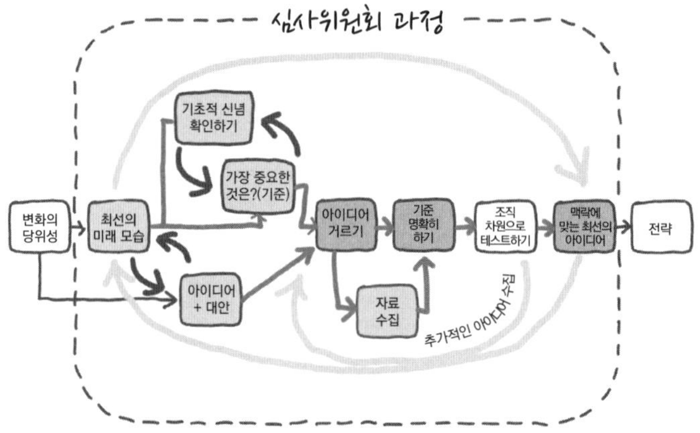

그림 6-10 심사위원회 개요

심사위원회의 여러 단계를 수행하고 나면 조직차원의 정렬과 약속이 준비되었을 것이다. 팀원 모두 전략이 무엇이고, 어떻게 핵심 기준이 그 전략 선택의 이유를 설명해 주는지 말할 수 있고 말하고자 할 것이다. 그것은 믿을 수 없이 강력하지만 우리의 책임을 명확히 할 필요도 있다.

선택의 역할과 책임

모든 사람이 자기 역할의 핵심 부분을 아는 것이 중요하다. 표 6-2는 선택 단계에서의 당신과 팀의 주요 역할을 보여준다.

표 6-2 선택 단계의 역할과 책임

리더의 역할
• 전체 프로세스의 조력자가 되라. 남을 위해 틀(framework)의 프로세스를 관리하라.
• 먼저, 당신이 할 일은 명확히 하는 거지 동의를 구하자는 게 아니다. 따라서 "다른 것은 없을까"라고 질문하라. 여기에 투입할 다른 자원은 없을까? 그게 작동할지 어떻게 이해할까? 이 아이디어를 지원하려면 회사에서 바꿔야할 다른 것은 없을까? 이 아이디어가 확실히 작동하게 하려면 어떤 추가적 대화를 해야 할까?

(이어짐)

　　　　　　　　　　　　　2부 협조적 전략을 위한 퀘스트 프로세스

- 토론이 필요하면 반드시 하라. 모두가 지지하는 아이디어와 대립적 입장을 취하라. 예를 들면 이렇다. "우리는 모두 바로 이 아이디어를 좋아하고 이미 그걸 실행할 방법을 찾고 있습니다. 이 아이디어를 죽인다면 그게 어떤 의미일까요?" 또는 "우리는 모두 이 개념과 사랑에 빠졌습니다만 이 아이디어와 결혼하기 전에 어떤 점에서 이 아이디어가 실패할 수 있는지를 생각해 보는 시간을 가져봅시다."
- 경청하라. 누군가 자신이 만들고, 로비하고, 힘들게 개념화한 아이디어를 버려야한다면, 참석을 해서 귀 기울여라. 당신이 그의 말을 듣고 이해해 준다고 믿을 때까지 그 사람은 자기의 '아기'를 꼭 껴안고 있고자 할 것이다. 아이디어와 관련한 사람들의 감정적 필요에 귀 기울이고 공감하라. 그래서 자기가 한 말을 당신이 들어줬다고 사람들이 느끼게 해주고, 자기가 빠진 수렁에서 빠져나올 길을 찾도록 해 주어라.
- 어떤 아이디어가 퇴출되고 보류되고 죽었는지 확인하라. 거기에 이름을 지어 붙여, 사람들이 판단을 내면화 할 수 있게 하라.

협조자의 역할

- 당신은 한 가지 아이디어나 기능의 대변자가 아니라 함께 생각하는 사람이다.
- 무엇을 추가하고 형성하고 제거할 수 있는지 파악하라.
- 자신이 좋아하는 아이디어를 포기할 각오를 하라. 그 아이디어가 '내 새끼'일 수도 있겠지만 실제 아기는 아니다!
- (전체 조직을 위한) 최선의 아이디어를 함께 만드는 협조자가 되라.
- 사람들 이해를 더 많이 공유할 수 있도록 수많은 질문을 하라.

새로운 전략을 개발하는 프로세스 도중, 당신은 당신이 처한 문제를 다룰 수 있는 여러 가능성 있는 대안을 분명히 만날 것이다. 그러나 올바른 전략의 선정은 하나의 통일되고 일관된 선택 집합을 고른다는 뜻이다.

당신 역할의 일부는 최종 전략 선택이 올바른 이유를 모두가 명백히 알게 하는 일이다. 조직 내 모든 사람이 전략을 이해하고 자신이 프로세스의 일부 역할을 맡았다고 느낄 때, 그들이 전략과 정렬된 활동을 하도록 하기가 훨씬 쉬울 것이다. 퀘스트 프로세스의 다른 부분에서 다뤘지만 공개적으로 핵심 결정 사항을 문서화하는 건 중요하다. 핵심 결정을 문서화해서 공개하면 프로세스에 직접 관여한 모든 사람들이 만든 선택이 보강되고, 적극 참여하지 않았던 사람들과의 대화가 현저히 개선된다.

리더의 최종 역할은 필요할 때 '전화 걸기'다. 팀이 어느 전략을 선택할지 곤란한 상황이라면 최종 결정을 내릴 책임은 리더에게 있다. 이는 팀을 위해 설득력 있는 비전을 때때로 그릴 필요가 있다는 뜻이고, 또 어떤 때에는 '배를 불살라야' 한다는 뜻이다. 배를 불사른다는 뜻은 당신이 잘 알지 못하는 물을 안전하게 건너게 해 준 소중한 운송수단을 부술 의지가 있다는 말이다. 극적으로 다른 일을 할 동기를 새로 만드는 것이다. 그게 작동하는 이유는 사람들을 현재의 안전한 상태에서 미지의 가보지 않은 지역으로 이동하게 도와주기 때문이다(313쪽, 부록 A의 '배 불사르기' 참조).

협조적 전략 프로세스를 통과해서 함께 여행을 한 후 당신과 팀원들은 대개, 어느 전략이 최선인지에 대한 합의에 이르렀을 것이다. 그러나 때론 그렇지 않을 수도 있다. 어떤 경우든 어느 전략을 추구할지 판단하는 건 결국 리더인 당신이 해야 할 일이다. 팀원이 모두 왜 그런 판단을 내렸는지 이해할 수 있는 방식으로 판단하도록 특별히 주의를 기울여라.

선택의 순서

심사위원회를 처음 경험하는 사람은 이 틀의 활용이 끝없는 회의와 '위원회를 통한 설계'를 의미할 것이라 믿기도 한다. 따라서 일대일 회의와 집단 회의, 그리고 속도를 조절하기 위해 하는 일련의 회의가 분명히 있음을 알면 도움이 될 것이다.

심사위원회 틀을 여러 다른 유형의 전략(사업, 유통채널, 제품, 시장, 가격 등)에 적용할 수는 있지만, 토론의 흐름을 보여주기 위해 제품 전략 유형에 적용한 예를 살펴보자.

스텝 1, '무엇이 중요한지 결정하기'에서 제품 관리자는 회사 내 핵심 전문가 그리고 무엇으로 전략 기준을 형성해야 할지에 대한 통찰이 있는 영향력 큰 사람들과 일대일 회의를 몇 차례 열었다. 비록 일대일 회의이지만 계획을 잘 짜기만 하면 이 단계를 빨리 실행할 수 있다. 여기서 하고자

　　　　　　　2부 협조적 전략을 위한 퀘스트 프로세스

하는 바는 정보 수집을 위해 비공개적으로 대화하고, 정보 제공자의 신원은 밝히지 않으며, 그러고는 문제를 솔직하게(필요하다면) 토론한 후, 주요 발견 내용을 수록한 서류를 이메일이나 공적 문서로 만들어 공유하는 것이다.

그러고 나서 스텝 2, '분류하기'에서 제품 관리자는 관련자들을 소집해서, 대안을 기준에 따라 분류하고 걸러서 항목별로 정리한다. 이는 어느 궤도를 좇아야 할지를 배우는 방법이다. 이 단계는 보통 두 번의 회의로 구성되고, 상황에 따라 사업부 총책임자나 사업부장과 함께 검토할 수 있는 작업 문서가 만들어진다.

스텝 3, '테스트하기'에서 제품 관리자 또는 운영 리더는 추가 검토와 대안 개발을 위해 여러 기능과 부문의 사람을 소집해서 점검한다. 흔히 이 일은 무엇을 할 수 있고 무엇이 필요한지 이해하기 위해 스태프들이 부문의 경계를 넘어 일대일로 일함으로써 달성할 수 있다. 그러고 나서 그들은 발견 내용을 의사결정자에게 보고하고, 의사결정자는 조직에서 무엇을 할지와 하지 않을지를 기초로 해서 전략 대안을 구성한다.

스텝 4, '선정하기'에서 운영 리더는 전략 제안을 검토하기 위해 필요한 기능별 대표를, 보통은 이미 체계가 잡힌 토론의 장을 통해 (예를 들어 분기별 사업 점검회의 또는 임원 팀 스태프 회의를 통해) 소집한다.

순서배열에서 가장 중요한 것은 이전 스텝에 참여한 사람들 한명 한명에게 어떤 일이 있는지 최근 정보를 반드시 전달해 주는 일이다. 이는 개념으로부터 의사결정에 이르기까지 정렬을 유지시켜준다.

표 6-3에서는 이러한 스텝과 몇몇 주요 토론의 장을 보여주고 산출물을 요약했다.

스텝 1: 무엇이 중요한지 결정하기

제안자			토론의 장	산출물
시작	조언자	의사결정자		
제품 관리자	전문가, 여러 계층의 영향력 있는 사람	사업부 총책임자/총괄임원	일대일 회의	폭넓게 공유된 조사 서류

스텝 2: 분류하기

제안자			토론의 장	산출물
시작	조언자	의사결정자		
제품 관리자	영업부사장, 엔지니어링 이사, 마케팅 이사, 관리자	사업부 총책임자/사업부장	1~3명 단체 회의	걸러서 항목별로 분류한 아이디어

스텝 3: 테스트하기

제안자			토론의 장	산출물
시작	조언자	의사결정자		
제품 관리자 또는 운영 리더	다기능 선임 스태프	다기능 책임자/사업부장	일대일 회의 + 2~3명 단체 회의	확인된 조직 차원의 상호 의존성과 재구성한 전략 대안

스텝 4: 선정하기

제안자			토론의 장	산출물
시작	조언자	의사결정자		
운영 리더 또는 사업부장	기능별 책임임원 (CTO, CMO, 엔지니어링 이사, 선임 스태프)	CEO/이사회	투명성을 위한 확대 운영회의. 참가자는 어떻게 의사결정이 내려지는지를 참관함.	왜 '최선'의 대안인지 투명성을 확보한 전략

심사위원회의 전체 순서는 얼마나 많은 사람이 관여하는지 그리고 의사결정의 영향이 어떨지, 그 복잡성에 따라 적게는 2~3주에서 길게는 1~2개월이 소요될 수 있다. 그러나 우리가 때로 걱정하는 바와는 달리 평생 걸리지는 않을 것이다.

목표: 성공 전략 선택하기

심사위원회는 조직의 이익을 위해 조직차원에서 최선의 결정을 내리는 일

이다. 불가피하게 어수선함을 관리하기 위해서는 모든 프로세스를 좀 더
부드럽고 효과적으로 진행하기 위한 다음 지침을 참고하라.

- 목표를 염두에 둬라. 목표는 강력하고 포괄적이고 완전한 전략을 하
  나만 선택하고 나머지는 폐기함으로써 선택된 전략을 키울 수 있도록
  주의를 기울이는 것이다. 사람들에게 이 최종 목표를 필요한 만큼 자
  주 상기시켜라.

- 시간관념을 가져라. 사람들에게 아이디어와 기준을 찾아내도록 적절
  한 시간을 주되 제한적 주제를 반복적으로 토론하는 건 재빨리 끊어
  라. 어느 면에서 봐도 중요하지 않을 문제를 깊이 조사하는 건 말려
  라. 대화 가운데 새 아이디어를 내놓는 속도가, 마치 팝콘이 더 이상
  터지지 않는 것처럼 느려지거나 멈춰지는지 주목하라. 모든 프로세스
  를 거쳐야 한다는 메시지를 유지하라. 그리고 그걸 신속히 해야 함도
  기억하라. 그렇지 않으면 협조하는 데 시간을 투자할만한 가치가 없
  다는 생각이 사람들 마음속에 생긴다.

- 기본 원칙을 정하라. 최선의 성공 아이디어를 찾는 것이 이 프로세스
  이므로, 사람들에게 아이디어의 개인독점, 정치적 게임, 부질없는 기
  대를 버리는 데 동의하라고 요청하라. 오직 정직한 지성과 명백한 비
  전만을 갖고 연습에 참여하라고 요청하라. 까다롭고 현실적인 질문을
  하라고 격려하라.

- 필요하면 익명으로 판단하는 방법을 활용하라. 특히 사람들이 지닌
  깊은 신념을 탐색할 때 팀이 좀 더 솔직해질 거라 믿어지면, 기꺼이
  사람들이 익명으로 의견을 내거나 투표하게 하라.

- 실현 가능성이 없는(최근에 폐기한) 아이디어를 당신이 나중에 다시
  찾아볼 수 있는 실물 목록, 위키, 기타 저장소에 (주요 목록과 별도로)

옮겨둬라. 어떤 사람은 제안하려고 열심히 만든 아이디어에 대해 깊은 애정이 있을 수 있으므로, 이 아이디어를 어떤 '장소'에 보관하면, 아이디어를 폐기하도록 놔두는 게 아니라 잠시 선반에 넣어두는 것이라고 그 사람을 안심시킬 수 있다. 이는 흔히 사람들이 당면한 다음 과제로 넘어갈 수 있도록 해준다. 또한 이 목록은 참고 자료로서도 유용한데, 그건 부결된 아이디어가 재검토와 개선 과정을 통해 또는 시간에 따른 환경변화 때문에 가끔 성공 아이디어로 재부상하기 때문이다.

- 새로운 아이디어를 융합하고 구축하라. 당신의 아이디어를 특정 환경에 맞춰 조율하거나 새로운 변종 아이디어를(성과에 최적화된) 개발하도록 집단의 재능을 활용하라. 아이디어는 다른 사람의 아이디어를 없애려고 존재하기보다는 서로의 아이디어를 기초로 활용하기 위해 존재한다.

- 많은 돌을 뒤집어봐라. 아이디어를 여러 사람에게 테스트해봐라. 본인이 상황에 친숙한 걸 상쇄하려면 외부 동료에게 당신이 대안의 틀을 설계할 때 청취자가 되어 달라고 요청하라. 외부 동료에게 당신의 최종 핵심 고객의 역할을 맡아 역할연극을 해달라고 요청하고, 당신 생각을 테스트하기 위해 그들에게 요청하라. '활기차게' 질문을 해달라고 격려하라. 이는 당신의 생각을 다시 한 번 테스트할 기회다.

- 결정을 내려라. 최선의 대안을 선정하고 그걸 크게 말하라. "이게 저것보다 더 중요해."라고 말하는 힘을 키워라.

- 부록 A에서 이런 대화를 어떻게 다룰지를 이야기할 것이다. 이런 토론을 할 때 긴장을 어떻게 이용하고 관리하는지를 아는 것이 매우 중요하다. 심사위원회 프로세스의 장점은 일단 최선의 아이디어를 선택하고 실행하면 새로운 목표에 도달할 수 있다는 점이다. 시간이 흐르면서 새로운 아이디어의 선택과 개발은 조직이 사업의 초점을 융합

해서 전략 집단을 형성하고 추진력을 얻도록 해준다(그림 6-11). 물론 사업은 끊임없이 수축과 팽창을 하고, 전략은 조직이 시장의 기회에 반응함에 따라 새롭게 바뀌어야 한다. 조직 속에서 당신은 안에서 밖으로 스스로 혁신하는 능력을 만들 수 있다.

- 전략은 무엇보다도, 당신이 뭔가를 선택할 때까지는 전략이 아님을 잊지 마라. 무엇을 할지 그리고 무엇을 하지 않을지 선정해야 하고, 조직이 현실적으로 실행할 수 있는 것을 염두에 두고 판단을 내려야 한다. 실행할 수 없는 전략은 그저 조직의 진행을 방해하고 있는 거대한 닻일 뿐이다.

그림 6-11 대안을 제거하기를 택했을 때 최선의 대안을 지킬 수 있다

다음 단계로 넘어가기

전략 수립의 목표가 한 번 크게 성공하는 일이라는 생각은 떠나보내자. 궁극적인 목표는 한번만 성공하는 것이 아니라 조직이 반복적으로 성공할

수 있도록 능력과 역량을 키우는 데 있다. 다시 말해, 제대로 된 전략은 우리를 경쟁사보다 월등하게 만드는 조건을 창조하는가에 달려있다. 그것도 여러 차원에서 월등해야 한다. 월등한 생각을 하고, 월등한 창조를 하고, 시장의 다른 참여자보다 월등한 혁신을 해야 한다. 구체적으로 심사위원회가 그 일을 하는데, 그건 심사위원회를 통해 조직차원으로 협조하고, 관련된 일련의 아이디어 중에서 선택을 하고, 그러고 나서는 공개적으로 신속하고 효율적으로 의사결정을 할 수 있기 때문이다. 심사위원회의 틀은 전체 조직이 생각하고, 어려운 정성적 결정을 내릴 수 있게 한다. 그것이 성공하는 전략의 열쇠이다.

심사위원회 틀은 도전적일 수도 있다. 그건 실행 가능해 보이는 뭔가를, 또는 이미 진행되고 있는 뭔가를 부수기 싫은 게 인간의 본성이기 때문이다. 추진력을 얻은 아이디어나 프로그램의 폐기는 설명이나 합리화가 매우 어렵기 때문이기도 하다. 그리고 리더가 대개 고통 분담을 위해 '공평히 나누기' 식으로 접근하기는 하지만, 전체 나무에서 가지치기를 골고루 하는 건 비록 쉬울지라도 그 때문에 나무의 열매 맺는 능력이 크게 훼손될 수 있음을 잊지 말자. 사업도 마찬가지다. 선택을 할 때는 억지로라도 분명해야하고 힘든 트레이드오프를 해야 하기 때문에 선택하기란 쉽지 않다. 그러나 집중을 해서 조기에 선택하고, 후속 결과가 정렬되도록 하는 편이 낫다. 그렇지 않을 때 전략은, 남들이 나중에 내릴 결정이 내가 원하는 곳으로 나를 데려다 주기를 바라는 희망에 기초하게 된다.

아직 결승점에 도달한 것은 아니지만 많은 진척이 있었다. 협조적 전략을 위한 퀘스트 프로세스에서 선택 단계의 힘든 과제를 일단 마치고 나면, 실행을 하기 전 한 단계를 더 거쳐야 한다. '수용Take' 단계는 소유와 책임에 대한 내용이다.

　　　　　　　　　　　　2부 협조적 전략을 위한 퀘스트 프로세스

7장

4단계: 수용

일부 꼬마 아이들이 좋아하는 표현:
"그건 내 잘못이 아니에요… 그 사람이 시켰어요… 잊어버렸어요"
일부 어른들이 좋아하는 표현:
"그건 내 일이 아니에요… 아무도 내게 말해 주지 않았어요… 어쩔 수 없었어요"
진실된 자유는 개인의 책임에서 시작하고 끝난다
– 댄 재드라Dan Zadra

결과를 인정함으로써 간격 없애기

'들어가며' 절에서 커다란 전략 실패에서 내가 맡았던 역할을 말한 걸 기억하는가? CEO는 새로운 비전을 통해 우리에게 단일 제품을 판매하는 회사에서 다양한 제품을 판매하는 회사로 변신하는 목표를 제시했다. 그것은 큰 변화였다. 아니, 그것은 원대한 변화였다.

나는 다른 조직과 팀이 줄을 맞춰 궁극적으로 어떻게 성과를 낼지 궁금했지만 침묵을 지켰다. 그 당시 나는 '누군가 다른 사람이' 그걸 통제하고 있을 거라고 생각했고, 나 혼자만이 그런 생각을 한 것이 아니었다. 그러나 모두, 누가 무얼 책임지는지, 또는 어떤 독립적 부분이 서로 강하게 관련되어 있는지 모른 채 전진했다. 우리는 각자, 그리고 관여했던 경영진도 각자, 개인적으로 책임진 부분을 해냈다. 우리는 서류에 적힌 직무기술서 또는 책임영역을 해냈다. 임원 팀은 에어 샌드위치의 위쪽에서 해야 할 일을 했고, 아래쪽에서 실행하는 사람은 실행을 계속했다. 샌드위치는 갈수록 커져만 갔다!

개별적인 차원에서뿐만 아니라 조직 전체 차원으로, 어떻게 성공할지를 결정하는 책임이 없다는 것이 문제였다. 사실, 에어 샌드위치의 가운데 부분은 아무도 책임지지 않는 영역이다. 아무도 책임지지 않는다면, 지금쯤이면 우리가 실제 알고 있듯, 정말 필수적인 부분이라고 말하기보다는 상관없는 부분이라고 각자 말한다.

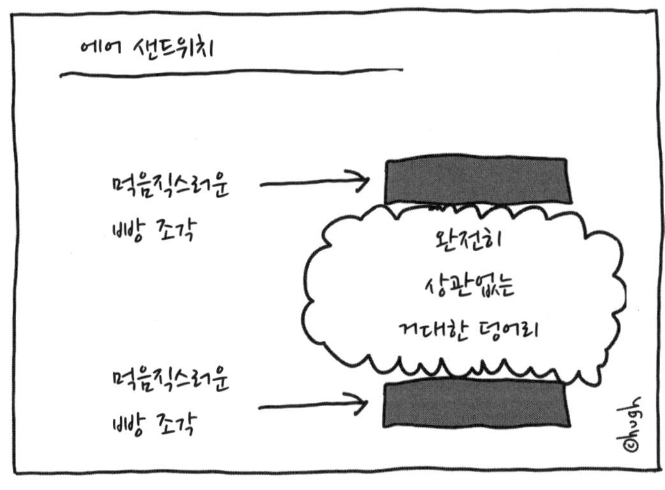

그림 7-1 에어 샌드위치의 가운데 부분은 처음에는 상관없어 보인다

물론 우리는 이제 훨씬 많은 걸 알고 있다. 그리고 그때 그걸 알았다면 그 골칫거리를 피할 수 있었을 텐데!

핵심적인 문제는 물론 전략을 만들어 낸 방식에 간격이 있었다는 것이고, 이는 최종적으로 전략적 실패로 귀결되었다. 간격은 생각과 토론과 이해가 부족하다는 표시이며, 공유된 책임의 부족이라는 결과를 가져오기도 한다. 그리고 간격이 존재하는 한 아무리 뛰어난 사람들이 있다고 한들 후속 활동은 정렬되지 않을 것이다.

이 책의 1부는 우리가 각자 어떻게 참가와 약속의 책임을 인정할 것인가를 정의하는 데 시간을 썼다. 2부에서는 퀘스트 틀이 어떻게 그 이전 단계마다의 책임과 의무를 수행하게 하는지 이야기했다.

- 1단계, '질문'에서 우리는 모든 사람을 문제를 정의하는 데 참여시키고 무엇을 해결해야 하는지 공동으로 앎으로써 책임을 인정했다.
- 2단계, '구상'에서 우리는 모든 사람이 대안을 제기하고 해결안을 구상하게 함으로써, 해결안에 따르는 책임을 모두가 공유할 수 있게 했다.
- 3단계, '선택'에서 우리는 모든 사람이 이 시점, 이 맥락, 이 상황에서 회사를 위한 최선의 대안이 무엇인지 토론하고 그 대안을 지지하는 '이유'를 분명히 할 책임을 지게 했다.

그러므로 이 시점에서 우리는 최종 단계에 집중하면서 '책임의 흐름'을 완료하고자 한다. 최종 단계에서 우리는 전체적인 전략의 성공 책임을(그저 각자 맡은 부분만이 아니라) 인정한다. 이 단계에서는 누가 무엇을 해야 하는지의 책임을 인정하고, 장벽, 사람, 기능 등을 가로지르는 상호의존적 연결고리를 확인한다.

목표: 책임을 인정하기

협조적 전략의 마지막 부분은 '수용Take' 단계이다. 여기서 당신은 '그 하나'의 전략을 행동으로 변환하고, 명확하고 측정할 수 있는 용어로 누가 어떤 책임을 질지 합의함으로써 관련된 당사자들이 다음에 무엇을 해야 할지 알고 서로 정렬된 상태를 유지할 수 있게 한다(그림 7-2).

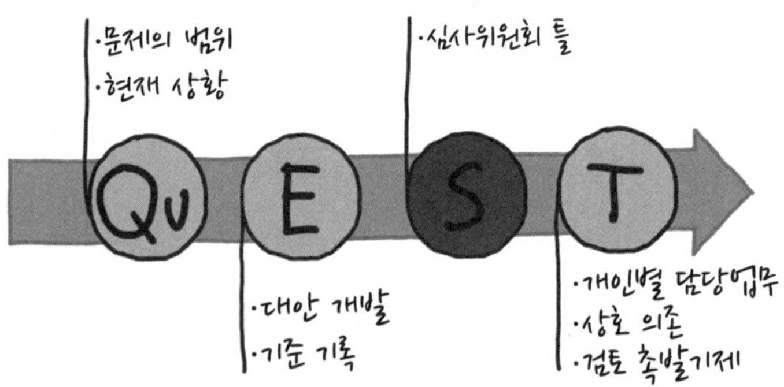

그림 7-2 수용은 퀘스트 프로세스의 4번째이자 마지막 단계이다

'수용' 단계에 도달할 즈음이면 해결해야 할 '진짜' 문제를 이미 알고, 조직 내의 사람들이 만든 탄탄하고 실행 가능한 대안을 도출했으며, 성공이 어떤 것인지에 대해 공유된 기준을 바탕으로 힘든 선택을 했을 것이다.

이 모든 일에 내포된 의미는 전략이 만들어진 바로 그 방법을 바탕으로 관련된 사람이 전략에 대한 신념을 갖는다는 점이다. 그저 전략의 근거를 이해할 뿐만 아니라, 그 근거를 내면화해서 새로운 변화를 지원할 수 있도록 현장에서 중요한 결정을 내릴 것이다. 수용 단계의 전제 조건으로서 '지적하기'를 하는 것이 중요하다. 수용 단계는 퀘스트 프로세스를 통해 형성된 협조를 기초로 어떤 책임이 필요한지 확인한다.

수용은 결코 남들에게 그들이 해야 할 일을 배정하거나 말하는 것이 아니다. 이것은 미묘한 차이지만, 사람들이 기꺼이 나서도록 해야지 강요받아서 나서지 않도록 하는 게 중요하다. 수용 단계는 전부 다 개인의 책임에 대한 내용이므로, 책임을 확보하려면 강요가 아닌 자발적 의지를 강조할 필요가 있다.

수용은 왜 중요한가

이 단계의 주요 목표는 가능한 한 신뢰성 있게 사람들의 의무와 책임을 지정하는 것이다. 참가자 사이의 상호 의존성을 확인해서 실시간으로 부드럽게 전달하는 일도 관련이 있다. 이는 다음과 같은 질문의 답을 찾는 걸 포함한다.

- 누구에게 어떤 책임이 있는가?
- 전략을 드러내 보이려면 어떤 대담한 활동이 필요한가?
- 상호 의존적 과제/책임/활동은 무엇인가?
- 어떤 조직적 변화가 필요하고(만약 있다면) 조직 내 어디에서 그 전략을 실현해야 할 것인가?
- 전략 실행이 의도했던 목표를 달성하지 못할 때, 재검토의 필요 여부와 시기를 우리에게 경고해 줄 촉발기제는 무엇인가?

수용은 어떻게 하는가

비록 복잡하지는 않지만 수용 단계는 사무적인 운영 업무가 필요하다. 예를 들어, 시장 확장의 일환으로 팀이 모바일 제품을 출시하기로 결정했다고 상상해 보자. 당신과 전략팀은 성실히 사실을 수집하고, 탄탄한 기준을 개발하고, 창의적으로 아이디어를 도출하고, 엄격히 하나의 아이디어를 전략으로 선택했다. 프로세스를 제대로 했다면 아마도 당신의 역량에 맞는 최선의 전략을 새로 만들었을 것이다. 회사 차원에서 당신의 목표와 구체적 역량에 가장 적합한 전략에 도달했을 것이다. 성공을 성취할 기준도 알 것이다.

'누구/무엇/상호의존성'을 확인하라

이제는 상호의존성이 있는 모든 부분의 실행 팀(판매, 마케팅, 엔지니어링, 고객 서비스, 재무, 법무)과 함께 앉아 전략을 현실로 바꾸려면 누가 무엇을 해야 할지 결정할 때다. 소그룹으로 또는 한꺼번에 이 일을 할 수 있다.

각 기능 또는 부문은 다음과 같은 질문을 다뤄야 한다.

- 이를 현실로 바꾸려면 어떤 일이 필요한가? 다섯 가지를 열거하라.
- 이 일을 해내려면 조직차원에서 바꿔야 할 것이 있는가?
- 다른 그룹에서 나온 결과물과 어떤 구체적인 의존성이 있는가?
- 무엇을 구체적으로 해야 하는가?
- 어떤 위험을 설명해야 하는가?

그다음, 각 그룹은 책임소재 표를 활용해야한다. 표 7-1은 일부를 채운 예시다. 예를 들어 판매 부문은 새로운 모바일 제품을 지원하기 위해 4개의 활동 스텝을 책임졌다.

   2부 협조적 전략을 위한 퀘스트 프로세스

표 7-1 (예비적 모의 데이터가 포함된) 책임

판매 부문			
수용	상호의존성	결과물	일자
1. 신사업을 위한 동업자 후보를 확인한다.		동업자 후보를 확인하고 판매부문이 약력을 정리한다.	4월 10일
2. 핵심 가치 제안이 무엇인지 알아내고 포커스 그룹에서 테스트한다.	추후 결정될 연구조사 예산		6월 10일
3. 2010년 회계연도를 위해 매출 신장의 속도를 높인다.		30일 이내에 계획을 정의한다. 승인을 받는다. 60일 이내에 실행한다.	가급적 빨리
4. 신규 ISP(인터넷 서비스 제공자) 고객의 마케팅 니즈를 다룬다.	영업 부문과 마케팅 부문이 이 활동을 함께 책임진다.		

책임소재 표를 사용하면 이후 주요 스텝을 그룹별로 정리하고 나서 상호의존성이 없는지 이후 스텝들을 그룹 간에 비교하기가 용이하다. 그러한 프로세스가 없으면 남들이 무엇을 해야 하는지에 대한 암묵적 기대가 해석 과정에서 혼란스러워지고 따라서 간격이 발생한다. 우리는 이 책임소재 표를 다섯 가지 책임으로 한정짓는데, 그건 그 정도가 어느 그룹이든 현실적으로 추적할 수 있는 수준이기 때문이다. 나머지 프로세스가 잘 진행되었다면, 큰 전략이 성공하려면 무엇을 해야 할지를 모든 사람이 이미 생각하고 선택 단계에서 일어나는 상호의존성을 확인하기 시작했을 것이기 때문에 수용 단계는 정말 신속하게 진행된다.

수용 단계의 책임소재 표는 사람들과 대면해서 작성할 수 있고, 또는 각 기능 그룹과 개별적으로 만나서 완성할 수도 있다. 당신은 이제, 내가 앞에서는 양식을 쓰레기통에 던져버리라고 했는데 지금은 양식을 채우라고 하는지 의아해 할 것이다. 여기서 핵심은 당신에게 빈 양식을 채우라고 요청하는 것이 아니라는 거다. 각 그룹별 핵심 사항을 토론하라는(그리고 나서

문서화하라는) 요청이다. 예를 들어 "엔지니어링 부문으로부터 받아야 할 것은 없나요?"라는 식으로 각 그룹에게 질문을 하는 데 가치가 있다. 만약 아니라는 답변을 받았다면 이렇게 확인할 수 있다. "그렇다면 엔지니어링 부문에 의존할 건 없다는 거죠?" 요점은 결국 만나서 활동 스텝에 대해 이야기하자는 것이다. 이런 토의가 다양한 기능 단위 간의 상호의존을 원활하게 해 주고 모든 당사자가 조직에서 일어나야 할 모든 변화를 인지할 수 있게 해주기 때문이다.

핵심은 양식을 채우는 것이 아니라 상호의존을 원활하게 풀어줄 핵심 문제에 대해 질문을 던지고 토론하는 것이다.

여기가 바로 트레이드오프, 자원 배분, 그리고 행동을 집중하기 이전에 해야 할 동의(문제가 발생하고 3개월이 지나서가 아니라)에 대해 중대한 협상을 해야 할 자리다. 이러한 토의는 전략이 제대로 돌아가려면 필수적인 매우 중요한 일이다. 책임소재 표에 있는 상호의존성과 결과물과 목표 항목을 완성하면, 기대 의무를 명백하고 구체적으로 진술할 수 있다(표 7-2). 세부내용과 일자가 여기에서 필수적인데, 그건 구체적인 의무가 전략을 일단 실행하기 시작하면 진척도를 측정할 수 있는 방법이 되기 때문이다. 예를 들어 타인이 그 결과물에 대한 작업을 한다면 '1분기'보다는 '3월 첫째 주'가 훨씬 낫다.

때때로 전략은 조직의 여러 부분에 영향을 준다. 이러한 책임 수용 시스템은 위에서 아래로 내려오는 폭포수 같은 방식으로 작동할 수 있다. 그래서 부사장 수준에서 책임소재 표를 작성하고, 그 다음은 이사 수준, 그리고는 팀 수준으로 책임소재 표를 채우되, 필요하면 개인 수준까지 내려갈 수도 있다.

표 7-2 완성된 책임소재 표 (이번에도 모의 데이터 사용)

판매 부문			
수용	상호의존성	결과물	일자
1. 신사업을 위한 동업자 후보를 확인한다.	없음	검토한 목록	타이거 팀에게 1분기 첫 주에 보고한다. 2분기 둘째 주에 승인을 받는다.
2. 핵심 가치 제안을 알아내고 포커스 그룹에서 테스트한다.	합의 후 15일 이내에 배분될 예산	테스트를 거친 가치 제안	견본을 2분기까지 배치한다. 2분기 말에 T 팀에서 배운 내용을 보고 받는다.
3. 2010년 회계연도를 위해 매출 신장의 속도를 낸다.	법적 자원 배분	계약서	2분기 첫 주까지 양 측이 계약서에 사인한다.
4. 신규 ISP 고객의 마케팅 니즈를 다룬다.	영업 부문과 마케팅 부문이 이 활동을 함께 책임진다	요구사항 서류	타이거 팀 내에서 정의하고 반복한다. 마케팅커뮤니케이션 이사가 책임진다.

이를 실행하는 방법은 여러 가지가 있다. 실무 운영 차원에서 부서 간에 서로 실행한 후 위로 올라갈 수도 있고, 아니면 위에서 아래로 실행할 수도 있다. 그러나 팀원 중 누구도 문제를 제기하지 않고 스스로에게 "이게 될 리가 없어."라고 말하는 일은 없어야 한다. 그 말은 부사장의 약속에 얽매이지 말라는 말이다. 그럴 경우 '18개월 만에 제품 6배 확장' 같은 상황으로 되돌아갈 수도 있다. 정의된 행동이 수용되면, 정의된 행동은 조직 내 모든 사람이 같은 목표에 정렬하도록 하는 '둥지 틀기nesting' 효과를 가져다 준다. 둥지 틀기 효과는 개별적 행동들의 (그게 어느 차원이든) 합이 기대 결과가 되는지 확인할 방법을 제공한다.

세부 사항이 중요하다. 그건 이런 행동 목록에 합의를 하면 모두가 일에 착수할 수 있기 때문이다. 모두 언제 무엇이 되어야하는지 알고 이제는 실행에 집중할 수 있다. 진척도와 현황에 관해서, 역할은 분명하고, 목표는 구체화되었고, 모든 사람이 언제든 전략이 얼마나 잘 실행되고 있는지를 알 수 있다. 이러한 '수용' 문서를 활용해서 당신이 어디에 있는지 점검하고, 검토나 변화가 마땅한 시장변화가 생겼는지 확인하고, 그러고는 필요에 따라 약속을 조율함으로써 전략을 살아있는 전략으로 유지할 수 있다.

'수용' 단계가 성공적인 실행 지원에 대단히 중요하지만, 어떤 팀은 "왜 우리가 이 모든 것을 적어야 하죠?"라고 불평할 수 있다. 이 프로세스의 실제 목표는 사전에 올바른 유형의 대화를 촉진하고, 조직 내에 눈에 띄는 가시적 행동 시스템을 만드는 것이다. 일부 사람들에게는 이 시스템의 혜택, 약속이 아주 구체적이어야 하는 이유, 이 프로세스가 중요한 이유를 알 수 있도록 코칭이 필요할 수도 있다.

분명하고 가시적인 약속이 수용 단계에서 책임을 이끌어낸다.

내가 본, 팀에서 하는 일 하나는 '수용' 항목을 포기해야 할 신념과 행동으로 이름 지어 붙이는 것이다. 그건 조직의 문화에 따라 작동하기도 안 하기도 한다. 예를 들어 대체적으로 서비스가 주요한 사업인 어떤 회사가 제품을 생산하고 판매하는 회사로 변할 때 고객의 요구를 고려하는 방식에 큰 변화가 생긴다. 서비스 회사에서는 돈만 되면 거의 모든 일에 긍정적인 답을 한다. 제품 회사에서는 제품 특성을 흔히 표준화하고 싶어 하고, 그 때문에 서비스 회사와는 다른 규범을 강요한다. 위의 예에서 '포기해야 할 것'은 맞춤형 주문이나 제품 변경이다. '선택' 단계에서 무엇을 그만둘지 미리 토론하기를 추천하지만 조직 내에서 핵심 '정지' 항목이 정착되지 않

 2부 협조적 전략을 위한 퀘스트 프로세스

을까 걱정된다면, 여기 '수용' 단계에서 '정지 행동'을 주요 수용 내용으로 이름 지어 기록할 수 있다.

이 마지막 단계의 결론으로 당신은 다음 사항을 완전히 이해할 것이다.

- 전략을 실행하는 데 필요한 행동과 그 행동의 구체적인 책임자
- 변화하는 모든 요소 간의 상호의존적 부분
- 포기해야 하는 소중한 신념이나 행동
- 예산과 자원에 미치는 영향
- 조직이 목표한 타깃을 달성했을 때 그걸 알 수 있는 방법

역할과 책임을 수용하라

반복해서 말하자면 '수용' 단계의 목표는 협조적 전략의 수립과 실행에 관련된 모든 사람이 전략이 무엇이며 그 전략을 성공적으로 현실화하려면 자신들이 어떠한 중요 행동을 완성해야 하는지 진술할 수 있게 하는 것이다. 이를 잘함으로써 우리는 조직을 위해 '5퍼센트의 사람만 전략을 아는' 문제를 고친다.

그저 '내가 맡은 부분'만이 아닌 전체 그림을 주시하라. 내가 맡은 부분이 바로 전체 그림이기 때문이다.

리더의 역할은 때로는 지루하게 세부 사항에 신경 쓰는 걸 계속해서 도와주는 일이다. 이건 리더가 세부 사항에 집중해야 한다거나 또는 집중할 필요가 없다고 말하는 것이 아니다. 두 방법 모두 효과가 있을 수 있다. 그러나 리더는 적절한 사람이 세부 사항에 집중하고 있는지 확인해야 한다. 그 말은 리더가 공개적으로 한두 가지 문제를 세밀하게 조사해서 그 문제

가 중요한 일이라는 신호를 보내고 나서, 다른 문제도 이 수준으로 검토했는지 물어본다는 뜻일 수 있다. 협조적 전략 수립에서 실행으로 활동이 바뀌면 리더는 팀의 작업을 옹호하고 관련된 모든 사람이 제시된 전략 방향과 목적을 이해시키는 하는 일을 한다. 여기서 중요한 대화를 건너뛰면 나중에 더 큰 대가를 치르리라는 걸 잊지 마라. 시간을 내서 적절한 대화를 하라. 이를 통해 정렬과 공유하는 책임이 생긴다.

우리 각자가 협조자이기 때문에, 이때가 바로 성공을 반드시 함께 책임질 수 있도록 얼굴을 내밀 시점이다. 수용 단계는 중대한 순간이며 모든 사람(임원에서부터 직원 개개인에 이르기까지)이 함께 단결해서 자신의 행동을 공개적으로 약속하는 단계다.

표 7-3은 수용단계에서의 리더와 팀의 주요 역할을 목록으로 보여준다.

표 7-3 수용 단계의 역할과 책임

리더의 역할

- 전략을 실현하는 데 중요한 모든 사람을 반드시 참여시켜라. 일부 참여는 수용 단계 이전에 일어나지만 조금이라도 영향을 받는 다른 사람이 있다면 그들을 마지막 집단에 참여시켜야 한다.
- 이 단계에 모든 사람을 포함하라. 지금은 사람들이 프로세스를 이탈하도록 놔둘 때가 아니다. 오히려, 과잉 소통을 해야 할 때다.
- 주요 상호의존성을 토론하고 책임소재 표를 작성하라고 사람들에게 요청하라. (다시 말하지만 이건 양식 채우기와는 다르다.)
- 사람들에게 이러한 결과물, 주요 일정, 목표를 공개적으로 약속하라고 요청하라.

협조자의 역할

- 당신이 책임져야 할 일을 맡아라.
- 초기에 그리고 자주, 상호의존성을 반드시 확인하라. '내가 맡은' 것뿐만 아니라 전체 그림에 주의하라. 내가 맡은 그림이 바로 전체의 그림이 되기 때문이다.
- '정상 궤도'를 벗어나면, 팀 또는 회사 내 누구라도 알 수 있게 하는 신호나 초기 징후를 파악하라.
- 공개적으로 자신과 타인의 의무를 상호 대화하라. 제대로 이해할 수 있도록 과잉 소통하라.

리더로서 당신은 팀의 활동을 옹호하고 난 후에는 책임감을 이끌고자 할 것이다. 사람들에게 자신이 할 일을 약속하게 하면 사람들은 각자 참가할 기회가 생긴다.

투명성을 높이고 약속을 가시화해서 모든 사람이 누가 무엇을 책임지는지 볼 수 있게 하는 방법을 찾으면, 조직 전체에 걸친 책임을 보장하는 데 도움이 된다. 안건이나 메모를 공표하고, 주요 회의에서 약속을 반복해서 강조하고, 주요 결정이나 다음 스텝을 소통할 수 있도록 일종의 사업회의(몇몇 회사는 분기 사업 점검회의를 활용한다)를 만드는 것도 좋다.

누가 각각의 약속을 이행할 책임이 있는지 보여줄 정도로 주요 결정과 다음 스텝을 구체화하라. 이는 사람들이 자신의 동료에 대한(아마도 상사에 대해서도) 책임을 지는 데 도움을 주고, 활동을 사사건건 관리하는 것 같은 모습은 피하면서도 진척도를 효과적으로 추적할 수 있게 한다. 제대로 된 진척도 관리는 실행 도중의 문제를 드러내는 열쇠이며, 문제에 필요한 관심을 기울일 수 있게 한다. 협조적 전략을 전개해가며 그 투명성을 높임으로써, 이제 사람들은 각자 회사의 업무 수행 방식을 바꾸는 운전석에 앉았다. 그리고 토론을 이러한 방식으로 하기 때문에, 당신은 성공의 책임을 조직이 공유하도록 문화 변화를 주도하고 있다.

수용 단계의 결과물

이 단계의 작업은 자원 투입을 공개적이고 명백하게 바꿔주기 때문에, 자원에 관련된 어떠한 문제라도 계획을 실행하기 전에 해결할 수 있다.

구체적으로 보면, 수용 단계는 다음과 같은 결과물이 있기 때문에 중요하다.

- 무슨 일이 필요하며 누가 무엇을 해야 할지에 대한 공통의 언어를 만든다.
- 팀이 부문 또는 사업부 사이의 상호의존성을 이해하고 조정할 수 있도록 유도한다.
- 장애물과 문제를 조기에 거론함으로써 어떻게 해낼지를(못하는 이유가 아니라) 대화할 수 있게 한다.
- 전략이 올바른 궤도에 있는지 가늠할 수 있는 프로세스 도구를 모든 사람에게 제공한다.
- 사람들이 목표 대비 성과를 객관적이고 명백하게 볼 수 있도록 도와준다.

수용 단계에 대해서 기억할 두 가지 요점이 있다(그림 7-3). 첫째, 수용 단계는 약속을 분명히 하고 공개하는 일이다. 사람은 남에게 보고해야 하는 일은 해내는 성향이 있기 때문에 분명하고 공개적인 약속이 중요하다.

   2부 협조적 전략을 위한 퀘스트 프로세스

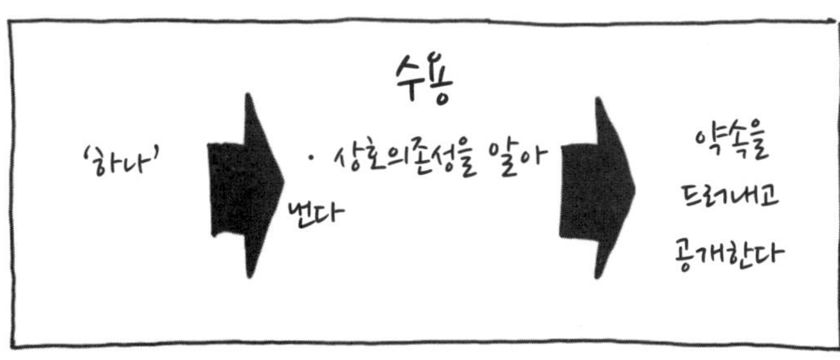

그림 7-3 수용의 결과물

둘째, 이 단계는 구체성과 관련이 있다. 무슨 결정을 했고, 무엇을 관리해야 하고, 왜 주요 결정을 했는지를 모든 사람이 잊어버리기 전에 기록해둬야 한다. 무엇이 이정표인지 분명히 해야 한다. 예를 들어 "이 전략이 성공적일 때 제품 담당과 사이좋게 지낼 것이다."라는 말은 구체적이지 않다. (어느 제품 담당? 사람이 6명인지 600명인지? '사이좋게'란 무슨 뜻일까?) 구체성이란 항상 '언제, 어디서, 누가, 무엇을, 왜'를 명확히 해서 모든 사람이 동일한 방식으로 이정표를 안다는 말이다. 구체적인 내용을 알면 전략을 언제 재평가할지도 알 수 있다.

전반적으로 유혹 관리하기

4장에서 7장까지 나는 당신이 전략 수립과정에서 흔히 만날 유혹을 강조했다. 이러한 유혹은 실제로 있고, 당신이 크립톤 행성 출신에다 모든 인간적인 약점을 벗어난 슈퍼맨이 아니라면 그런 유혹을 만날 것이다. 전부 효과가 있을 거라고는 보장 못하지만, 분명 이러한 도구와 프로세스는 당신이 에어 샌드위치 시절에 했던 것보다는 더 낫게 전략을 수립하도록 도와줄 것이다.

이 프로세스를 리드하며, 우리는 조직이 전략적으로 생각하게 하는 것을 목표로 한다. 이는 다른 존재 방식이며 사람들을 참여시키기 때문에 그 나름대로의 도전과제가 있다. 자주 발생할만한 문제에 이름을 지어 붙였으며, 이러한 유혹에 빠지기가 매우 쉬움을 기억하기 바란다. 그런 유혹을 피해야 함을 잊지 말라. 동료를 참여시켜, 당신이 유혹에 빠진 경우가 생긴다면 지적해 달라 하면 도움이 될 것이다.

고객과 동료 모두 이 프로세스를 활용하여 이런 유혹을 극복하고 더 나은 결과가 나오는 방향으로 변화할 수 있었다. 퀘스트 프로세스는 다음과 같은 방식으로 방패 역할을 한다. (그림 7-4)

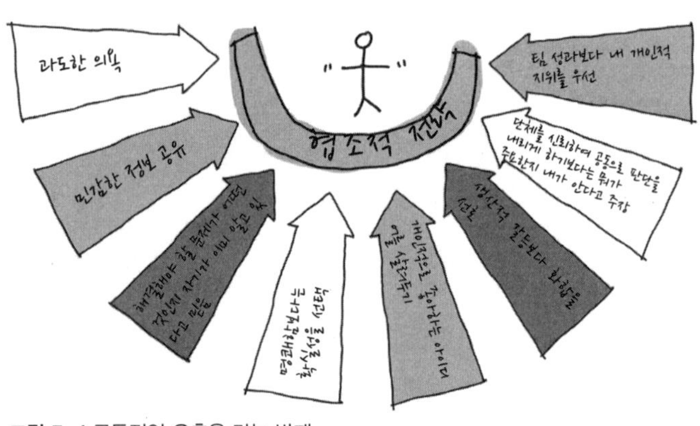

그림 7-4 공통적인 유혹을 막는 방패

마무리

회사를 성공으로 이끌 아이디어를 함께 만드는 전략 수립의 뉴 하우New How 개발은 '간단하지만 쉽지 않은' 일이다. 우리가 방금 다룬 네 가지의 단계는 뉴 하우 개발을 잘 할 수 있는 실질적인 팁과 접근법을 제공한다. 그러나 모든 프로세스 틀은 무엇을 투입하는가에 성과가 좌우된다. 따라서 물론, 팀과 조직의 재능이 어떤지가 얼마나 좋은 전략이 나올지를 좌우할 것이다. 그러나 뉴 하우는 대세다. 뉴 하우를 얼마나 잘하느냐는 당신에게 달

　　　　　　　　　　2부 협조적 전략을 위한 퀘스트 프로세스

려있다.

물론 이런 유형의 전략 수립은 팀을 더 잘 정렬한다. 전체 조직의 효과성을 올려준다는 점도 똑같이 중요하다. 서서히 사람들에게 각자 더욱 독립적인 판단을(전체 회사 활동과 정렬되는 판단을) 할 수 있도록 권한을 위양한다(그림 7-5). 각자 '이해하기' 때문에, 새롭게 확장된 안목으로 협조적 전략을 실행하는 과정에서 튀어나오는 도전을 그때그때 더 많은 정보를 갖고 트레이드오프를 하고 조정할 수 있다. 사람들은 큰 그림을 보고 무엇이 왜 중요한지를 안다. 결과적으로 전체 조직이 더 빨리 대응하고, 신속히 개발하고, 성공할 수 있다.

그림 7-5 퀘스트(QUEST)는 힘을 부여한다

이 작업을 통해 확산되는 것은 해결책을 공동으로 만든다는 개념 그리고 궁극적으로 성공을 조직 내에서 함께 책임진다는 개념이다. 관련 기여자들의 완벽한 보완과 함께, 당신은 성공적 해결책을 만들어 낼 훨씬 더 좋

은 위치를 확보할 것이다. 그 부산물로 당신은 유연하며 즉각 반응하는 팀을 만들 수 있고, 어떻게 하면 반복적으로 성공할지를 아는 창의적 조직에서 일할 수 있다.

프로세스 틀을 끝내며 이 책의 마지막 부분으로 넘어가는데, 거기서는 최고 수준의 성공을 가능케 하는 전사 차원의 참여 규칙을 집중적으로 다룬다. 당신은 분명히 로마에 도착할 것이다.

3부

성공하는 협조적 조직의 기반

이제 결승선에 거의 다 왔다.

1장에서 우리는 대부분 조직이 효과적인 전략 수립을 방해하는 구식 시스템을 사용하고 있음을 강조했다. 조직 시스템을 구성하는 조각들을 살폈고 세 부분을 확인했다. 첫 번째 부분은 우리가 1부에서 다룬 조직 내 개인에 해당한다. 두 번째 부분, 프로세스 방법론은 개인과 조직이 공유하는 것이며 2부에서 다루었다. 이제 개인보다는 조직에 속하는, 시스템 구성요소의 세 번째 부분을 살펴볼 시간이다.

프로세스를 만드는 시스템을 대성당이라고 비유해 생각할 수 있다. 개인은 벽돌을, 프로세스 단계는 십자 모양의 대들보를 나타낸다. 튼튼한 건물을 건축하려면 품질 좋은 벽돌과 훌륭한 대들보가 분명히 필요하다. 그러나 필요한 것이 더 있다. 뭔가가 그러한 구조적 요소 사이의 갈라진 틈을 메워서 하나로 유지해야 한다. 볼트와 모르타르가 필요하다. 그와 유사하게 우리 시스템의 세 번째 부분은 다른 모든 부분을 함께 묶어준다. 게다가 조각들을 어떻게 함께 모아 붙일까를 알아내기에 앞서, 구조물에 어떤 다른 요소가 있는지 알아내는 것이 제일 좋다. 모르타르는 틈을 메워주고 볼트는 연결해야 할 부분을 이어준다. 우리는 6개의 장을 통해 구조물의 큰 조각을 이미 다루었고 이제는 중대한 마지막 몇 부분만이 남았다.

이만큼 말했으면 충분하다. 더 이상 독자를 기다리게 하지 않겠다. 이제 조직이 성공적 해결책을 만들기 위해 어떻게 협조적으로 전략을 수립하는지 살펴보자.

8장

성공을 위해 협조하기

무엇이 회사의 맥락 속에서 그게 작동하도록 하는가

조직에서 시간을 보낸 우리 모두는 오늘날의 사업 작동 방식을 함께 만드는데 각자 기여했다. 우리가 기여한 바는 한편으로는 긍정적이었고, 다른 한편으로는 부정적이었다. 귀에 거슬리는가? 아마 그럴 거다. 그러나 내가 누구를 괴롭히려고 하는 건 아니다. (내 경험을 이야기한 내용을 회상하면 내가 사실을 말한다는 것을 이해할 것이다.) 평가하려는 게 아니라 보여주려는 의도다.

임원은 매번 참여를 촉구하고("질문이 있나요?"라고 하면서), 우리는 우리가 인지하는 어떤 문제에 맞서기보다는 천장의 금간 곳을 쳐다보았다. 우리는 빈약한 전략 수립 문화가 지속되도록 놔두었다. 관련된, 있는 그대로의 데이터를 빼먹고 '안건 슬라이드'를 보기 좋게 꾸며서 내용을 과장, 이사, 부사장, 사업부장에게 떠넘길 때마다, 우리는 그런 문화가 생겨나게 놔두었다. 회의 안건에서 주요 문제에 대한 시간을 충분히 배정하지 않을 때마다 그런 문화가 생겨나게 놔두었다.

우리가 물려받은 계층적 구조와 의사결정은 그 유효성보다 오래 존속되었고, 그에 따라 실패의 전략 문화가 생기는 걸 격려했다. 변화하려면 규칙을 바꿔야 한다. 이 책의 1부에서는 우리가 어떻게 포괄적인 참여문화를 촉진할 수 있는지를 다뤘다. 그런 문화에서 우리는 각자 앞으로 나서고 리더는 정답제시형 리더에서 참여촉진형 리더로 변화한다. 우리는 또한 도전하고 토론을 해서, 상아탑 안의 소수가 만드는 것보다 훨씬 더 나은 해결책을 담은 새 대안을 만들 필요성에 대해 말했다. 1부는 존재의 방식, 그리고 행동과 태도가 어떻게 협조를 돕는지를 다뤘다.

물론 우리가 무엇을 하는지도 중요하다. 따라서 2부에서는 효과적이고 공개적인 협조를 가능하게 하는 수준 높은 프로세스 틀, 퀘스트를 설명했다. 퀘스트는 유연하고 동적인 틀이라서 당신이 천천히 감으로써 빠르게 갈 수 있도록 해 주고, 의사결정을 할 때 행동의 필요성과 생각의 필요성 사이의 균형을 잡아준다. 틀은 까다롭고 골치 아픈 선택을 함께 내리는 방법을 제공함으로써 조직 내 모든 사람을 '왜'에 따라 정렬할 수 있게 해 주고, 그에 따라 사람들은 차례대로 하부 전략을 정렬할 수 있다. 따라서 2부는 실행에 대한 내용이었다.

그러나 우리는 아직 백퍼센트 도달한 것은 아니다. 뉴 하우가 완전하게 돌아가도록 하려면 조직 속에 광범위하게 내재된 '맥락 관련 요소'가 몇 가지 더 필요하며, 그걸로 함께 붙여야 한다. 나는 그것을 '조직의 원칙'이라고 부른다.

뉴 하우의 기본 원칙

일관되게 성공하는 팀에게는 공유된 일련의 기준이 있다. 즉 무엇을 해야 할지에 대한 통일된 목표 의식과 공통의 비전이 있다. 함께 일하는 공통 원

　　　　　　　　3부 성공하는 협조적 조직의 기반

칙을 통해 한 지붕 아래 무작위로 모인 사람들이 아닌 '목적 있는 공동체' 를 형성한다. 공동체는 공유하는 신념(목적, 가치, 성공에의 접근법)이 있는 독특한 독립체이다. 공동체는 더 잘 정렬이 되면 될수록, 더 매끄럽게 상호 협조한다. 이는 브루스 터크맨Bruce Tuckman이 처음으로 확립한 '형성기 forming, 혼돈기storming, 규범기norming, 성취기peforming'의 순서에 따른다.[1]

팀은 어디에서 공유하는 신념을 얻을까? '자체 성장'을 한 팀의 경우, 공유하는 신념은 팀의 설립 구성원들의 강한 개성과 혼합하여 개발할 수 있다. 또는 각본에 따라 진행하는 팀빌딩 훈련의 일환으로 분명하게 '합성' 할 수도 있다. 어떤 방법이든 공유하는 핵심 신념은 신뢰를 구축하는 데 도움을 주고, 팀이 서로 위험을 감수하고 함께 창조할 수 있게 한다. 공유하는 신념은 작업 결과에 대해 공유하는 책임감을 북돋는 한편 정체성 의식을 심어주는 데 도움을 준다. 어떠한 신념이라도 어느 정도는 유용하지만 높은 성과를 내는 팀에게는 자신의 임무와 정렬된 핵심 신념이 있다. (그림 8-1) 경험을 통해서 나는 협조적 전략 팀이 높은 성과를 내는 팀으로 바꾸는 데 도움이 되는 몇 가지 핵심 원칙을 발견했다.

그림 8-1 우리는 믿는다

내가 비록 이런 원칙을 책의 끝 부분에 소개하고 있지만 마음속으로는 이러한 원칙이 뉴 하우의 가장 기초라고 생각한다. 이 책의 1부와 2부에 소개한 행동을 이러한 기본 원칙을 적용하지 않고 실행한다면, 아마 당신은 협조적 전략을 구현하고 있지 않는 것이다. 즉 기본 원칙은 사람들이 전략을 만들고 수행하는 중심이다. 기본 원칙은 행동 규범을 통해, 사람들이 일하는 방식을 결정하는 공동의 날실과 씨실 같은 역할을 한다. 협조적 전략 원칙은 높은 성과를 내는 협조적 전략 팀의 일원이 되려면 누구나 받아들여야 할 공유된 다섯 가지 세계관과 관련이 있다.

● 의사결정을 분산하라

신속히 움직이고자 하는 조직은 가능한 한 조직에서 의사결정과 관련이 있는 가장 가까운 부서에서 의사결정을 내리도록 해야 한다. 개인적으로 의사결정을 내리는 회수와 공동 의사결정을 내리는 경향이 둘 다 전체 조직에 걸쳐 분산되어야 한다. 그건 직책이나 직위를 중시하는 것을 줄이고 새로운 성장을 주도하는 데 더 집중한다는 뜻이다.

● 좋은 팔로워십followership을 요구하라

일단 결정을 하면 모든 사람이 결정을 내리는 데 의견을 보탰으므로 그 결정에 맞춰 정렬한다. 찬성하지 않는 사람들조차 어떻게 하면 좋은 팔로워십을 수행할지를 안다. 서로 다름이 처음부터 제기되는 문화를 보상하고 지지해야 한다.

● 공동 책임을 보상하라

모든 사람이 전략의 결과 또는 사업의 성공에 책임을 진다. "나는 내가 맡은 부분을 했어. 따라서 나는 보상을 받아야 해."라는 생각은 이치에 맞지 않는다. 보상과 연봉은 대부분 공동의 사업성과에 달려있다.

• 명확한 목표를 설정하고 나서는 즉흥적으로 행동하라

사람들이 창조 과정에서 협조하려면 목표로 삼을 명확한 목적지와 창조할 수 있는 자유가 필요하다. 리더(CEO/사업부장)는 목적지를 잘 정의해서 자신이 여러 주 동안 나타나지 않더라도 다른 사람들이 그것을 목표로 삼을 수 있도록 해야 한다.

• 게임을 배우는 학생이 되어라

팀과 사람들이 실수를 할 것이고 시장에서는 일이 빠르게 변하리라는 것을 우리는 안다. 그게 현실이다. 우리는 시간이 지남에 따라 학습 조직이 혁신과 파괴적 변화 관리와 운영의 탁월성을 더 잘하리라는 것도 안다. '어이쿠'[2]라고 놀라서 말하고, 실수로부터 배우고, 나침반을 다시 정렬하고, 접근 방법을 수정하고, 계속 나아갈 것이다. 할 일이 있기 때문이다. 확고한 답을 고집하지 않고 질문을 환영한다. 아이디어를 탐구하고 여러 대안의 장점을 상호 비교하기를 즐긴다. 돌을 뒤집어 보물을 찾고 새로운 한계를 탐구하기를 좋아한다. 우리는 '게임을 배우는 학생' 되기를 받아들인다.

이러한 기본 원칙들은 성공적 결과로 이끄는 조직의 규범이다. 성공하는 조직은 분명하게 협조적 전략을 채택했다고 표현하지는 않더라도 이러한 원칙의 대부분을, 전부는 아니더라도, 어떠한 형태로든 구현하고 있다.

물론 이 모든 것은 더 커다란 의도를 뒷받침하기 위한 일이다. 뉴 하우는 전략이 실현될 때까지는 '전략'이 아니라는 전제를 기반으로 하고 있다. 사람들이 전략을 만들고 지지해서 그 전략으로 의도한 결과를 달성할 때 전략이 현실이 된다고 우리는 믿는다. 전략을 만들어 '벽 너머로' 던지거나, 전략을 아이디어의 집합 또는 파워포인트 슬라이드 한 묶음이라고 믿는 생각이나, 양식을 채워 넣는 기계적 회의는 의미가 없다고 우리는 믿는다. 결과를 도출할 준비가 되었을 때에만 전략이 타당하다.

의사결정을 분산하라

첫 번째 원칙은 사람들이 효과적으로 함께 일해서 관련 행동의 출처에 더 가까운 곳에서 판단을 내릴 수 있다고 기대하는 것이다. 판단을 더 적게 내리지는 않지만(더 많이 내릴 수도 있다) 판단을 해야 할 곳에서 판단하도록 한다. 그건 통제의 중심지를 옮긴다는 뜻이다. 우리는 "그건 내 직위에 맞지 않게 높은(낮은) 일이야."라는 생각으로 세상을 대하지 않는다. 마찬가지로 임원으로서 우리는 그게 사업에 중요한 일이라면 어떤 행동이 격이 낮은 일이라고 일축하지 않는다. 그러면 틀린 행동을 본보기로 보이는 일이기 때문이다. 그 대신 소매를 걷어붙이고 좋은 본보기가 되어라.

전략 수립은 조직 내 어디에서든 해당 요구를 다룰 수 있는 재능과 정보와 지혜가 있는 곳이라면 할 수 있다. 판단이 필요하다고 문제를 항상 최고 위층으로 올리지는 않는다. 그 대신 팀이 현장으로 나가서 판단을 내리는 데 필요한 것을 찾아낸다.

다음 쪽 "아니, 잠깐만요……. 우리가 그걸 한다고요?" 편에서 소개한 엘런Ellen 이야기(정보 확인 생략 사례)는 그때그때마다 전략을 만드는 프로세스가 있으면 회사가 시장의 변화에 더욱 잘 반응한다는 것을 보여준다. 이야기의 사건은 2008년에 일어났으며 새로운 시장에서 성공하고자 하는 어느 회사가 사용하던 접근법의 변화를 보여준다.

엘런의 회사가 전통적인 전략 수립 모델을 고수했다면 엘런의 신시장 개척은 6개월에서 1년이 걸렸을 것이다. 엘런과 엘런의 동료는 합의를 구

     3부 성공하는 협조적 조직의 기반

축하느라 그리고 그때그때 만들기보다는 승인을 받느라 시간을 보냈을 것이다. 엘런은 사업계획 시기를 기다렸다가 사업계획을 작성하고, 고위층이 승인해 줄 때까지는 어떤 확정적인 행동도 취하지 못했을 것이다. 어떤 임원들은 계획의 가정이나 데이터를 따졌을 수도 있고 다른 사람이 약삭빠르게 생색을 냈을 수도 있다.

아니, 잠깐만요……. 우리가 그걸 한다고요?

엘런의 회사는 PC 지원 서비스를 했다. 최근 실시한 고객 통화 점검에서 엘런은 고객들이 자택에서 네트워크를 만들고 관리하는 데 지속적으로 문제가 있음을 주목했다. 고객들은 이 문제를 해결하려 반복적으로 도움을 요청했다. 엘런 회사가 네트워크 관리를 하지는 않았지만 엘런은 자기 사업부의 상위 전략 목표가 초기단계에 있는 서비스 시장으로 확장하는 것임을 알고 있었다.

엘런은 동료와 직속 부하를 몇 명 모아서 잠재적 기회 조사를 위해 논리적 프로세스 틀을 단계에 따라 진행했다. 그들은 사실을 평가하고 네트워크 관리 서비스 제공을 시작하는 대안을 놓고 저울질했다. 팀과 협력하면서 엘런은 이 서비스를 회사의 사업 메뉴에 추가하는 일이 좋은 아이디어라고 결론지었다. 내부 전문가를 소집해서 실행 계획을 만들었고 고객 서비스 담당자를 훈련했고, 고객이 지원을 요청하면 회사가 이 새로운 상품을 적절하게 제시할 수 있도록 조용히 시험했다.

엘런의 상사인 글로벌 서비스 담당 부사장은 고객으로부터 회사의 새 네트워크 서비스를 써봤으며 좋았다는 말을 듣고 나서야 이런 일이 일어나고 있음을 알았다. 부사장은 답변을 다소 주저했고 마음속으로 "우리에게 네트워크 서비스 상품이 있었나?"라고 생각했다. 그러나 고객은 회사 웹사이트를 열어 지원 서비스 링크를 신이 나서 보여줬다.

아마 엘런은 더 일찍 또는 더 효과적으로 상사와 소통을 했을 수 있었겠지만, 여기서 요점은 엘런과 팀이 상위 전략 목표와 정렬하면서 회사의 대상 시장을 확장하는 새로운 기회를 진취적으로 이루어냈다는 점이다. 얼마 지나지 않아, 서비스 사업은 PC와 네트워크 서비스로 확장되었다. 새로운 서비스 상품은 거의 시작하자마자 이익을 냈고 회사가 경쟁사와 차별화하는 데 도움을 주었다.

이 이야기는 효과적 협조 전략의 고전이 될 만한 사례다. 엘런은 권한을 갖고 고객이 엘런에게 하는 말에 대응을 했고, 새로운 아이디어를 시험하고 도전해 볼 적합한 사람들을 찾아 참여시켰다. 엘런은 네트워크 서비스 시장의 존재를 증명하거나, 자신이 뭘 해도 되는지 알기 위해 여러 계층이 임원들에게 확인할 필요가 없었다. 전통 방식을 취했다면 얼마나 많은 시간을 허비했을까? 그 대신 기회인 듯한 걸 보고, 그게 커다란 전략 목표와 정렬되었음을 이해하고, 행동 영역에 가까이 있는 사람과 아이디어를 검토하고, 그러고 나서 앞장서서 그것을 테스트했다. 궁극적으로는 회사의 미래를 만들었다.

그 대신 엘런은 자기 영역의 지식을 활용해서 회사의 명확한 미션에 적합한 전략을 만들었다. 어떻게 상황을 생각할지에 대한 지도를 갖고 있었다. 지도는 엘런이 아이디어를 신속히 테스트하고 시장에서의 가치를 입증했으며(설문조사 결과 또는 의심스러운 애널리스트 예상보다 훨씬 믿음이 간다), 회사가 고객에게 더욱 잘 반응하도록 함으로써 성공할 가능성을 높였다.

엘런은 자신이 그때그때 창조할 수 있게 하는 프로세스를 사용했다. 앨런과 팀은 일련의 공유하는 핵심 신념(앨런의 역할에 대한 신념, 조직이 허용할 내용, 궁극적으로는 회사에게 중요한 것)이 있었다. 이러한 신념은 앨런이 우선, 가치 창조에 집중하고 나중에 승인을 받는 게 가능하도록 했다. 자신의 원칙이 팀과 공유된 것을 안 엘런은 묻지 않고서도 혁신할 수 있는 자신에게 필요했던 권한을 얻을 수 있었다. 그것은 문화 안에 있었다.

전략을 공동으로 책임질 때 묻지 않고도 혁신할 수 있는 권한이 생긴다.

엘런의 이야기를 한 걸음 물러나서 생각해 보면, 회사별로 그 회사에게 맞는 혼합비율이 있음을 주목하는 것이 중요하다. 어느 회사는 의사결정의 90퍼센트를 최고경영진이 내리지만 70퍼센트가 더 나을 수도 있다. 다른 회사는 현재 70퍼센트를 최고경영진이 결정하지만 50퍼센트로 줄이면 혜

　　　　　　　　　　　　　　　　　　3부 성공하는 협조적 조직의 기반

택을 볼 수도 있다. 당신과 당신 조직은 당면한 의사결정의 유형을 보고 어느 정도로 혼합비율을 가져가야 할지 생각해야 한다.

좋은 팔로워십을 요구하라

전략 대화는 창의적인 토론이다. 우리는 이 창의적 프로세스에 우리의 경험과 지혜 그리고 우리의 관점을 제안함으로써 기여한다. 우리의 관점은 우리의 경험과 관찰에 기초한다. 그것은 나머지 사람들은 아직 생각하지 않았던 것을 예민하게 인지하는 것일 수도 있다. 그리고 우리가 가진 가장 강한 관점은 대개는 깊이 자리 잡고 있는 관점이다. 깊이 자리 잡고 있는 의견이 다른 사람의 의견과 충돌하기 전까지는 아무 문제가 없다. 이러한 긴장은 상당한 도전이 되기도 하지만 제대로 다루면 매우 생산적일 수 있다.

효과적이고 협조적인 전략을 위해 우리는 긴장을 포용하고, 질문을 끌어드리고, 생각하는 동료로서의 역할을 하고, 규칙을 준수해야 한다. 간단히 말하면 좋은 팔로워십이 있어야 하고 팀에게 그걸 요구해야 한다. 각 요소를 하나하나 다뤄보자.

긴장을 포용하라. 하고 싶은 일을 모두 할 만큼 무제한적으로 자원을 결코 갖지 못하리라는 것을 우리는 인정한다. 우리는 제한된 자원을 대화와 새로운 아이디어를 유발하는 창조적 제약이라고 간주한다.[3] 제약은 상자를 만들고, 우리는 그 상자 밖으로 나와서 생각해야 한다. 자연적으로 서로 다른 우리의 관점은 창의성과 혁신과 문제해결의 불길을 당길 것이다. 우리는 우리가 오늘날 만나는 복잡한 유형의 사업 문제를 본질적으로 긴장과 관련된 내용이라는 점을 인정하고, 그러한 긴장을 새로운 해결안을 만들어낼 연료라 생각하며 환영한다. 이론에서 계획으로, 계획에서 현실로 옮겨가면서 우리는 틀렸다고 생각되거나 믿는 바와 상충되는 아이디어에 적절하게 도전해야 한다.

제약은 상자를 만들고, 우리는 그 상자 밖으로 나와서 생각해야 한다.

우리는 동의하지 않아도 괜찮다는 걸, 어떻게 의견 충돌을 표현하느냐가 중요하다는 걸 이해한다. 결코 남 탓을 하거나, 누구를 비난하거나, 소리를 지르거나, 굴욕감을 주지 않는다. 그 대신 서로의 개인적 품위를 존중하고, 구체적으로 어느 면에서 서로 동의하지 않는가를(사실, 의견, 느낌, 필요) 확인한다. 공정하게 싸우며 긴장을 해소할 때 나중에 좋은 팔로워십이 생길 수 있다. 우리는 인신공격이 아닌 남의 아이디어에 정중한 도전을 할 수 있다. 그리고 남이 우리 아이디어에 도전할 때 건설적인 아이디어를 찾아낼 수 있다. 아이디어에 대해 우려를 제기한다고 대립한다는 뜻은 아니다. 표 8-1은 아이디어에 피드백을 줄 여지를 남기는 몇 가지 방법을 보여준다.

표 8-1 상대방에게 '지적'하는 데 도움을 주는 질문

공짜로 충고를 하나 드려도 괜찮을까요? (돈 낸 것만큼이나 가치가 있다!)
여기에는 한 가지 가정이 있는 듯합니다. 잠깐 파고들어볼까요?
제 경험이 생각나는데, 아마 관련이 있을 듯합니다. 들어보실래요?
제 관점을 알고 싶으세요?
글쎄, 뭔가가 마음에 거슬리네요. 제 편견일 수도 있지만 그걸 터놓는 편이 낫겠어요. 지금 공개해도 괜찮겠어요?

질문들이 각기 피드백을 받을 용의가 있는지 상대에게 여부를 물어보는 것임을 주시하라. 이렇게 하면 상대방에게 힘을 나눠줘서 그가 선택할 수 있게 한다. 허락을 구하면 우리가 상대방이 생각하는 것을 존중한다는 신호도 주고, 쓸데없이 우리 생각이 더 낫다고 간주하지 않게 해 준다. 게다가 갈등이 생길 것 같으면 평화적으로 일종의 조기 경고를 해주기도 한다.

가끔 어떤 팀원이 의견을 구한다고 해놓고는 그 의견을 비판할 것이다.

　　　　　3부 성공하는 협조적 조직의 기반

이런 일이 일어나면 지적하라. 예가 되는 말을 살펴보자. "새로운 아이디어가 끝난 것 같네요. 그런 건가요?" 또는 "의견이 더 필요하나요?" 전략을 함께 수립하면서 우리는 토론에 완전히 참여하는 것이 의무임을 이해한다. 비판과 도전의 차이를 존중한다.

질문을 가치 있게 여겨라. 우리는 많은 질문을 하고, 많은 질문에 답변을 하면서 편안해 한다. 서로를 공격하기 위해서가 아니라 의견을 세심히 살피고 그 의견의 장점과 함정을 이해하기 위해 질문한다.

생각하는 동업자가 되라. 우리는 공동 창조자다. 서로의 주장, 결론, 데이터에 신뢰를 갖고 도전하는 것이 실제 우리의 의무라고 인정한다. 다양한 의견이 아이디어를 더욱 완전하게 만드는 원천이라 생각하고 환영한다. 하나의 팀으로서 (더 많은 해결안, 아이디어, 대안을) 새로이 더 잘 만들기 위해 더 많은 것을 알고자 한다. 우리 모두는 우리가 아는 것, 믿는 것, 심지어 조만간 토론해봐야 하지 않을까 하고 의심하는 것조차도 적용할 책임이 있고, 그래서 새로운 아이디어가 회사의 현실과 정렬되게 해야 한다. 우리가 '보는 대로 말하지' 않는다면 게임 자체가 작동하지 않을 것이라는 걸 안다. 최고로 가능한 수준으로 기여할 준비를 하고 전략 회의에 참석한다.

결과에 따라라. 협조적 전략을 하기로 했다면, 그에 따르는 입장료 일부는 책임자들의 개인적 판단을 지지해 주는 것이다. 결국에 가면 개인적 판단이 있기 마련이기 때문이다. 제품 팀이 주요 결과물에 대한 마감일을 놓칠 가능성이 10퍼센트일까 아니면 40퍼센트일까? 우리의 경쟁사가 이 시장에서 향후 12개월 내에 제품을 발표할 가능성은 얼마인가? 만약 X가 일어난다면, 구매자가 우리 제품에서 타사 제품으로(혹은 그와는 반대로) 얼마나 신속히 교체할까?

때로는 다음과 같이 결론이 난다. "우리는 X를 할 수 있다. 또는 Y를 할 수도 있다. 그러나 둘 다 할 자원은 없다." 이상적일 때에는 명백히 합의된 판단을 내리지만, 때때로 그렇지 못하다. 심사위원회를 하는 가운데 우리가 아끼는 프로젝트가 보류되거나 폐기될 수 있다. 즐거운 일은 아니지만 필요한 일이다.

모든 골치 아픈 판단은 무엇이 '옳고 그른지'가 명확하지 않으며(그래서 골치 아픈 것이다.) 리더는 결정을 내려야 한다. 그 리더가 어떤 날은 당신일 수 있다. 다른 날에는 다른 사람일 것이다. 프로세스를 제대로 실행했고 모든 사람의 말을 들었고 아이디어를 점검했다면 결정을 받아들여야 한다. 협조적 전략이 작동하게 하는 열쇠는 공정하게 논쟁하기로 마음먹고, 결과물을 형성하는 데 당신의 목소리가 반영되도록 하되, 판단을 내릴 시간이 되면 리더의 뒤에 서서 정렬하는 것이다.

그것이 좋은 팔로워십이다. 좋은 리더가 필요한 것과 마찬가지로 좋은 팔로워를 육성할 필요가 있다.

공동책임을 보상하라

회사는 흔히 사람들이 공동으로 성공의 책임을 지기를 바란다고 말하고는 정기적으로 표창과 경제적 보상의 형태로 개인의 노고를 보상함으로써 스스로를 실패로 이끈다. 공동책임을 정착시키려면 공동책임을 보상하고 장려해야한다. 회사에 15개의 목표가 있다고 하자. 15개를 달성하면 100퍼센트를 지불하고, 12개는 50퍼센트를, 10개는 20퍼센트를 지불하라. 모든 사람이 자기가 직접 책임진 것뿐만 아니라 15개 목표를 모두 지원할 것이다.

게다가 사람들이 회사의 최종 목표 달성을 공동으로 책임지지 않고 자기가 맡은 부분만 제대로 하는 건 좋지 않다. 우리는 1부와 2부에서 이러한 유형의 의무와 개인적 책임을 다뤘지만 다시 한 번 언급할 가치가 있다. 사람들은 미래를 함께 만들 수 있는 능력에 근거해서 참가한다.

'올해의 종업원'을 지명하기보다는 '올해의 부문' 또는 '올해의 계획'을 선정하라. 또는 모든 사람의 성공을 50퍼센트는 회사의 성공과 연계하라. 공격적인 목표에 도전하는 그룹은 사전에 인정함으로써 그들이 샌드백 신세가 되지 않게 하라.

간단히 말하자면, 일련의 협조적인 목표 아래 회사가 중시하는 것과 보상이 정렬되게 하라.

명확한 목표를 설정하고 나서는 즉흥적으로 행동하라

교향악 연주회에 가 본 적이 있는가? 코미디 클럽의 즉흥극을 본 적이 있는가? 전통적인 전략과 협조적 전략의 차이는 교향악과 즉흥극의 차이와 비슷하다.

교향악에서는 연주가 지휘자의 생각과 똑같으면 똑같을수록 연주회가 더 완벽해진다. 재능 있는 연주자가 각자 거장의 꼼꼼한 지도 아래 연습한 대로 정확하게 연주할 때 흠잡을 데 없는 연주가 된다. 리허설은 필수인 데다 기교가 뛰어난 연주는 존중받지만, 악보에서 의도적으로 벗어나는 건 금기시된다.

즉흥연주는 교향악과 극명하게 대조되는 매우 다른 연주 프로세스다. 그룹의 연주자는 즉흥적으로 연주하고, 서로 연주 시합을 해 가면서 곡을 새로 만들고, 다른 연주자가 만든 음악에 "좋아, 그리고……" 하는 스타일로 자신의 음악을 덧붙인다. 연주는 각본이 덜 짜여있고, 창조의 과정은 가변적이다. 즉흥 예술에서는 고도의 참여 위에 구축되는 협조가 특징이며, 개인이 큰 전체를 위해 뭔가를 기여할 수 있게 한다. 각자의 연주에는 공통의 테마가 있지만 그때그때 상황에 따라 특징이 있다. 두 가지 유형의 공연 예술은 모두 연주자가 자신의 독특한 재능을 보태도록 하지만 공연을 '창조'하는 데에는 다른 방법을 사용한다.

즉흥연주는 공식적인 계획이 적고 준비 시간이 적게 드는 방식에 의존한다. 개념에서 실행까지 빠르게 진행된다. 그러나 연주자가 흥미롭게 반응할 수 있도록 명확한 목표와 구조가 있어야 한다. 따라서 즉흥연주는 협조적 전략과 흡사한데 그건 협조적 전략이 끊임없이 창의적이고 조준과 조정이라는 프로세스에 의존하기 때문이다(그림 8-2). 협조적 전략은 당신이 사업성과에 조준한 이후, 현장에서 벗어나 남한테서 구체적인 방향을 확인받는 일 없이도, 진행할 수 있게 해준다.

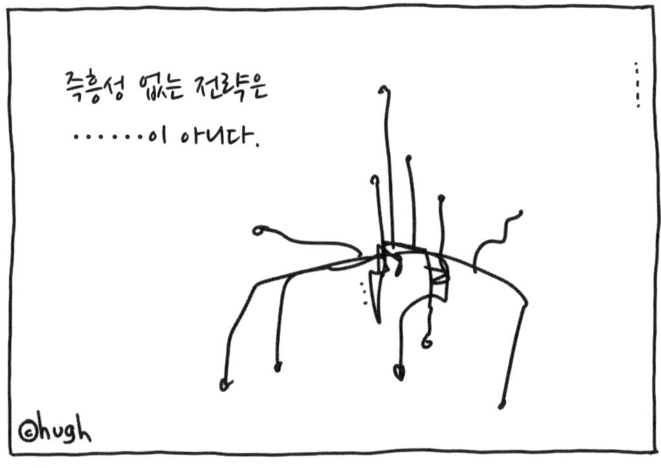

그림 8-2 전략과 즉흥연주 사이의 관계

무언가 잘못되었을 때(예를 들어, 누군가가 쓰러졌다면) 이 두 가지 공연에 어떤 일이 일어날지 잠시 생각해보라. 각 연주는 예상치 못했던 일에 어떻게 영향을 받았을까? 교향악 연주는 얼버무리고 넘어가려 애쓸 것이다. 어설프게 전력을 다할 것이고 지휘자의 지시에 기댈 것이다. 반면에 즉흥 연주자는 유연하게 대처할 것이다. 그 일을 연주 줄거리에 포함해서 연주에 새롭게 음색을 추가할 것이다.

즉흥연주와 마찬가지로 모든 전략 수립 활동은 완전히 새로운 것이다.

리허설을 할 수 없다. 효과적 전략 수립은 세상일에 따라 실시간으로 조정되어야 한다. 조준과 조정은 상황을 예의주시하고 아이디어와 가정과 계획을 관례처럼 지속적으로 재검토해야 한다. 물론 순전히 즉흥연주만 하는 건 아니다. 즉흥연주에서는 목적지가 가이드라인이지만, 전략 수립에서 목적지는 필수적인 공유 목표다. 명확한 위도와 경도 지침이 없을 때 혼란이 뒤따른다.

게임을 배우는 학생이 되어라

배움을 핵심 역량으로 삼으면 전략적 우위가 생길 수 있다. 페르시아의 신비주의 시인 루미Rumi는 자신의 시에서 "돌은 문질러야 윤이 난다."라는 지당한 말을 썼다. 우리는 돌을 윤내는 데(문제를 해결하느라고 상호작용을 하면서) 시간을 더 써야 한다. 회사의 문화는 대개 '화합'을 중시하는 듯하다. 나는 그런 세계관은 치러야 할 대가가 크다고 믿는다. 나는 우리가 의견불일치를 다룰 때 우리가 필요로 하는 통찰을 찾을 수 있다고 믿는다. 그것은 특정한 철학적 가정, 베스트 프랙티스, 역할과 책임, 일을 해 내는 방법에 기초하고 있다. 함께 살펴보자.

이 회의의 목적은 말하는 데 있지 않다. 회의의 목적은 배움이다.

과거에 안주하지 마라. 자신의 과거 경험을 살피고 교훈을 찾아 그로부터 배워라. 그러고는 나아가서 현재 조직에서 실제로 일어나는 일에 초점을 맞춰라. 주위에서 일어나는 일에서 힌트를 얻어 그 순간의 일을 다루어라. "이건 포함이 안 돼."라고 하지 말고 "그걸 포함할 필요가 있어."라고 말하라. 꼬투리를 잡느라 되돌아가지 말고 문제해결을 하며 앞으로 나가라. "현재의 우리는 누구인가?"와 "이제 우리가 만들고자 하는 것은 무엇

인가?"를 계속해서 물어봐라. 현재 이 순간에 당신이 무엇을 하는가를 기초로 미래를 창조하는 데 도움받기 위해 과거를 활용하라.

실험을 하라. 매번 처음부터 제대로 하기란 불가능하다는 생각을 받아들여라.[4] 이는 이전에 누구도 생각하거나 시도하지 않았던 새로운 접근을 할 때 특히나 더 맞는 생각이다. 이러한 경우 당신의 목표는 '제대로 하기'보다는 '공을 경기장 멀리 보내고' 그 과정에서 배우는 것이다. 그렇기 때문에 창조 프로세스의 일환으로 아이디어를 갖고 놀고 다른 것을 시도하도록 서로 초대한다.

실험을 해서 그걸 기초로 점진적으로 개선할 수 있는 유용한 아이디어를 찾는다. "저 아이디어가 통할까요?" 같은 질문은 의견을 구하고 호기심을 불러일으킨다. 이러한 접근법을 취하면 남들이 자기 아이디어, 통찰, 관점을 공유하게 되어, 그것들이 누구나 아는 하나의 커다란 이해로 녹아들어간다. 꼬치꼬치 심문을 하는 것은 결점을 찾고, 새 아이디어에다 증명을 해야 하는 짐을 지우면서 현상 유지를 지지한다. "왜 그게 통할 거라고 생각하죠?" 같은 질문은 위협적이고 어떠한 답도 적절치 않다는 느낌을 받는다. 어디서 시작해야 할지조차도 알기 어렵다! 표 8-2에서는 실험과 심문의 차이를 요약했다.

표 6-1 지역 우선순위를 위한 전략적 근거

실험 또는 혁신	심문
그게 작동하려면 무엇이 필요할까요?	그게 왜 작동할까요?
이것처럼 보인다면 어떨까요?	이건 X, Y, Z가 빠져있어요. 왜 그럴죠?
작동 예시를 보여줄 수 있을까요?	이게 된다고 증명할 수 있나요? 증명을 못할 거면 하지 맙시다.
시험가동을 한 분기 동안 하면서 지켜봐도 될까요?	
……를 고려해 봐도 될까요?	이건 틀렸어요.
문단 B를 고쳐서 상위 목표와 ……식으로 연결시킵시다.	내 생각에는 문단 B가 망쳤어요. 그겁니다. 토론은 끝났어요.

우리는 모두, 사람들이 심문하는 태도로 '질문'을 하는 것을 보았다. 심문은 명석함을 보여줄 수는 있을지라도 현명함을 보여주지는 못한다. 그대신 실험과 혁신의 언어를 사용하자. 그런 언어는 독특한 관점을 끌어내는데 도움을 준다. 후자는 개방적이며 새로운 대안을 만들지만, 전자는 자기가 안다는 걸 뽐내지만 새로운 것을 만들지는 못한다.

협조적 전략은 조직 도처에 있는 많은 사람들의 아이디어에 의존하는 창의적인 행동이다. 협조적 전략은 무엇이 확실한 사실인지보다 무엇이 가능한지를 매우 중요하게 여기기 때문에 아이디어와 실현가능성에 대한 대화의 성격이 대단히 중요하다. 행동규범은 우리가 통찰, 원격 연상, 기발한 개념을 제공할 수 있게 지원함으로써 직위나 직책에 관계없이 여러 다른 사람들과 공동 창조할 수 있게 한다.

다른 사람을 참여시켜라. 무엇이 가능한지 발견할 때, 누가 말하고 누가 듣는지는 대화의 내용만큼이나 중요하다. 다른 사람을 참여시킨다는 말은 유사한 관점 또는 전문 영역을 가진 사람과 이야기를 줄이고, 가능성을 찾기 위해 조직 내에서 다른 기능과 직위를 가진 사람과 적극적으로 대화하기 시작한다는 뜻이다.

다른 관점을 끌어들이면 신속히 편견과 가정을 노출하고, 자기 아이디어와 사랑에 빠지는 인간적 경향에 균형을 잡아준다. 고려해야 하는 사실, 필요, 문제를 확장하는 것은 좋은 일이며, 이렇게 확장된 관점에는 종종 전략을 만들거나 부수는 핵심 통찰이 포함된다. 또한 남들을 관여시키면, 사람들을 모아 참가하고 탐구하게 함으로써 협조의 장을 마련한다. 다음은 적절한 사람이 참여하도록 격려하기 위해 활용할 수 있는 다섯 가지 질문이다.

• 어느 이해 당사자나 사업 단위가 이에 대해 의견을 갖고 있을까?

- 어느 이해 당사자나 사업 단위가 영향을 받지 않을 거라고 추정하는 가? 이를 어떻게 확인할 수 있는가?
- 논의에서 제외시킨 사람은 누구인가?
- 누구의 통찰을 엮어서 보면 가치 있을까?
- 가장 갈등이 많을 곳은 어디일까?

전략적 대화에서 예상치 않았던 요구가 어떻게 끓어오르는지 그 예시를 보려면 다음에 나오는 사브리나Sabrina의 이야기, "원하는 것이 있어요."를 보라.

대가

당신이 방금 배운 뉴 하우의 방법론과 접근법에 따라 살아가기로 결심했다고 가정하자. 뉴 하우가 당신이 일하는 방법을 바꾸지 않을까? 목표를 설정하는 데 당신이 협조할 수 있다고 가정하자. 성공할 가능성이 높아지지 않을까? 회사 내에서 협조적 전략이 실행되면 팀원들이 자기 일을 더 신중하게 하면서도 행동의 속도가 빨라지는 것을 확인했다. 의욕이 있고 정렬된 강력한 집단이 형성되었다. 표 8-3은 조직이 협조적 전략을 주도할 때 얻는 추가적 혜택을 보여준다.

원하는 것이 있어요

사브리나(Sabrina)는 20억 달러 규모 회사의 일원이었는데, 최근 회사는 사브리나에게 본업에서 파생된 최신 사업 구축을 허가했다. 유일한 조건은 사브리나가 회사의 기존 영업과 마케팅 조직을 지렛대로 활용할 것과 파생된 사업이 회사에 도움이 되어야 한다는 점이었다. 아무 문제가 없다, 그렇지 않나? 아니, 틀렸다.

첫째, 마케팅 팀은 6개월 내지 12개월 동안 큰 변화가 없을 계획 서류를 원했다. 그래서 커다란 조직의 하부로 그 서류를 순서에 맞게 내려 보내, 메시지와 상자 디자인과 소매업체 진열을 조율하고자 했다. 그러나 사브리나의 신규 사업은 너무나 빨리 변했기 때문에 마케팅 팀에게 향후 12개월이 어떤 모습일지를 말해 줄 수 없었다. 사브리나는 먼저 실험을 해서 어떤 일이 일어나는지 보고, 접근법을 조율해야 했다. 마케팅 팀과의 대화는 계속 반복됐다. 사브리나는 기존 사업이 구식이 됐다고 느꼈다. 마케팅 팀은 사브리나가 요구가 많고 괴짜라고 느꼈다. 양쪽 모두 서로 같이 일하고 싶어 하는 듯 보였지만 관계는 껄끄러워졌다.

다른 진열대보다 앞으로 나와 있어 매상이 좋은 엔드캡(end-cap) 매대 진열에 이르렀을 때 대화가 뜨거워졌다. 사브리나는 엔드캡 매대를 회사의 로비에서 보았고 그게 제품에 도움이 될지 알고 싶었다. 그래서 한 명을 보내 공급업자가 시제품을 만들어 줄 수 있는지 확인했다. 이 때문에 그게 국내용인지 해외용인지, 법무 팀이 관여하도록 어떠한 언어를 사용할지 등 요구사항에 대한 일련의 여러 회의가 촉발됐다. 사브리나의 간략 실험이 미사일 프로그램으로 변모했다. 사브리나는 회사 전부를 무시하고, 17살 된 아들이 주말 동안 차고에서 시제품을 만들어 내도록 할 작정이었다.

사브리나는 자신의 문제를 엔드캡 매대라고 생각했다. 그것이 아니었다. 사브리나의 문제는 사브리나 그리고 사브리나와 함께 일하는 사람들이 서로 양립할 수 없는 일을 원했다는 것이었다. 기존의 회사 참가자는 적절한 절차에 따라 제품이 확대되고, 뜻밖의 일을 피하고 싶었다. 위험을 최소화하고 싶었다. 그러나 사브리나에게 위험이란 전혀 고려 대상이 아니었다. 그저 아이디어를 실험해보고 싶었다. 무엇이 작동할지 확인할 때까지는 자신이 무엇을 원하는지 알 수 없었기 때문이었다. 사브리나는 실험을 할 필요가 있었지만 실험과 타협할 수 없는 프로세스 중심의 문화라는 덫에 갇혔다.

양쪽 다 자신의 관점에 얽혀 있어 상대편이 무엇을 필요로 하는지 알아보는 중대한 대화를 건너뛰었음을 깨닫지 못했다. 그 결과로 핵심 문제를 결코 확인하지 못했고 그 때문에 자신들의 근본적인 차이에 균형을 맞추는 방법을 제안하는 대신 세부사항을 들고 씨름을 했다.

표 8-3 뉴 하우의 결과

조직 역량	혜택	적용 후 모습
그때그때 개발한다.	조직 전체가 경쟁자의 행동이나 시장의 변화에 신속히 반응한다.	조직은 끊임없이 개선되고 다른 모습을 보여준다. 임원 팀은 전략 방향을 정의하고 나서 조직과 소통한다. 상위의 전략 팀은 끊임없이 새로운 정보를 입수하고, 경로를 수정하고, 피드백을 받아들이고, 재조정한다.
실시간으로 행동한다.	모든 사람이 현재 전략을 쫓아와서 조직이 더 빠르고 세밀하게 반응하고, 계속해서 '위로 올릴' 필요가 줄어든다.	의사결정은 행동할 곳과 가까운 곳에서 내린다. 조직이 시장에서 일어나는 일에 반응할 수 있도록 조직의 중간층에게 기회를 확인하고 판단을 내릴 권한을 준다.
레이더를 개발한다.	끊임없는 정보 수집으로 조직은 새로운 기회가 생겨날 때마다 확인할 수 있다.	조직 전원은 전개되는 위협(경쟁구도, 트렌드, 문제점, 소비자 행동)에 대한 정보를 수집하는 시스템 내 '교점(node)'의 역할을 한다. 끊임없이 정보를 걸러 통찰과 기회의 황금 덩어리를 찾아낸다.
신세대 직원의 힘을 활용한다.	사람들은 최고로 가능한 수준으로 배우고 성장하고 기여한다.	사람들은 전략이 전개되어 가는 가운데 판단을 하도록 자신의 재능을 활용할 인가와 승인과 권한이 있다. 전체와 정렬하는 가운데 미래를 만들 수 있다.
시장에서의 성공에 집중한다.	성공의 초점이 시장과 경쟁사이다. 모든 사람이 이 목표를 책임진다.	사람들은 내부갈등과 보신주의를 버리고 간다. CEO와 기타 리더는 관리 시간을 줄이고 리드하는 시간을 늘려, 사람들이 자유롭게 혁신하고 미래를 개척할 수 있게 한다.

이 표에서 묘사한 근본적인 혜택은 바로 이것이다. "협조적 조직은 정치에 덜 집중하고 본질에 더 많이 집중한다(그림 8-3)." 우리는 왜 일이 작동하지 않는가에 집중하기보다는, 무엇을 하면 작동할까에 더 집중하고, 그

리고 공유하는 임무가 있기 때문에 함께 할 것이다. 그런 조직은 사람들에게서 최선을 도출해 내는 건강한 조직이다. 우리는 각자 협조가 작동했을 때와 작동하지 않았을 때의 경험이 있다. 비법이 있는 듯 보이지만 그게 마술이 아님을 우리는 모두 알고 있다. 또는, 좀 더 정확히 말하자면, 비법은 임계점에 이르는 숫자의 사람들이 옳은 원칙에 헌신하는 것이다.

그림 8-3 우리는 본질에 집중한다

우리는 협조를 가능케 하는 행동과 프로세스와 조직 원칙을 보았다. 이 전체 집합을 봐야 모든 걸 제자리에 놓을 기회가 생긴다. 그래서 대부분 기간 동안 협조의 혜택을 경험할 수 있다.

성공하는 조직이 성공하는 문화를 만든다

협조적 전략은 팀원들이 함께 전략 수립에 참여할 수 있게 하는 일련의 정의된 원칙에 의존한다. 당신이 모르는 사람과 함께 앉아서 당신이 좋아하는 카드 게임을 하다가, 둘이 서로 다른 규칙에 따라 게임을 한다는 것을 깨닫고 좌절했다면 이러한 원칙의 중요성을 알 것이다. 상대편이 사기를 치는 것 같잖아! 누가 그런 종류의 게임을 하고 싶겠는가? 그러나 당신과 당신 동료가 규칙에 정렬해 있다면 결과에 관계없이 그건 즐겁고 신나는 일이다.

게임 규칙의 합의는 필수적인데, 그건 전략 수립의 프로세스가 우리가 보는 보통의 이사회에서 나오는 것이 아니며 쉽게 이해할 수 있지 않기 때문이다. 전략 수립이 결과를 달성하려면 모든 현명함이(데이터, 통찰력, 모델에서 오는) 필요하지만, 사람들과 그리고 그들의 아이디어와도 친밀히 일하는 것이 포함되어야 한다. 통찰력, 창의성, 열정적 기여를 얻으려면 사람들이 게임 속에 있는 걸 즐기게 할 필요가 있다.

우리는 다섯 가지 기본 원칙을 이전에 다뤘다. 그것은 힘, 사람, 변화, 의사결정, 프로세스, 아이디어 도출을 통해 문화가 조직 안에서 어떻게 형성되는지 광범위하게 다룬다. 이 영역은 각기 협조적 전략 수립의 일부분을 담당하고, 그들을 관리하려고만 해도 공유하는 행동 규범을 이해할 필요가 있다. 그렇지 않을 때 우리는 불필요한 갈등, 혼란, 공유하는 목적의식의 훼손을 겪는다. 따라서 그러한 원칙을 수용해 자신의 것으로 만들고 조직에 깊이 간직하라. 좋은 원칙, 공유된 기반이 되는 원칙이 있을 때 회사는 성공을 조성하고 강화하는 문화의 토대를 세울 수 있다.

어떻게 사람들이 서로 관계를 맺는가, 변화에 대응하는가, 결정을 하는가, 새로운 아이디어를 도출하고 공유하는가와 관련된 여러 이유로 전략이 실패할 수 있다는 1장의 내용을 기억할 것이다. 우리는 그런 것을 고치기 위해 시스템을 바꿀 수 있으며, 그런 변화의 3개 부분을 모두 다루었다. 어떻게 행동하고 처신해야 하는가와 어떻게 전략 수립 업무를 해야 하는가를 다루었고, 조직이 공유해야 할 기본 원칙을 다루었다.

당신과 당신의 동료가 이런 협조적 환경에서 일한다면 무슨 일이 일어

 3부 성공하는 협조적 조직의 기반

날지 상상해보라. 대부분 사람들이 보기에는 전략 수립과 전략 실행은 매우 다를 것이다. 힘 있는 지위에 있는 사람이 더 이상, 무엇이 정말로 먹히는지도 모르면서 회사를 독단적인 방향으로 끌고 가지 않을 것이다. 높은 지위의 리더가 조직이 당면한 중대한 도전을 어떻게 다룰지, 잘못된 충고 아래 일방적인 판단을 하고는 새로운 방향을 전체 회사에 폭탄을 투하하듯 떨어뜨리지 않을 것이다. 대중이 침묵 아래 다른 '진실'을 인식하고 새로운 계획이 작동하지 않을 것을 알면서, 언제 회사가 뒤집어질지 조용히 내기 거는 일은 없을 것이다. 사람들은 새로운 아이디어를 추구하려면 경쟁자가 시합에서 도루를 하는 걸 지켜보며, 무수히 많은 계층의 경영진이 허락해 주기를 앉아 기다리지 않아도 될 것이다.

그 대신 우리는 아이디어, 토론, 참여, 긴장이 더 나은 성과에 기여하므로 중요하게 여기는 곳으로 이동할 수 있다. 서로 공유하는 참여의 원칙이 조직에 스며드는 가운데 우리는 각자 아이디어를 계발하고 변화하는 환경에 자신감 있게 그리고 실험을 하며 반응할 수 있다.

따라서 당신은 전통적 전략 수립의 사망을 축하하는 파티에 나랑 같이 참가하겠는가? 당신은 성공을 위한 협조 철학을 가져오라. 나는 애피타이저를 가져오겠다(즉흥극을 할 훌륭한 그룹도 있을 거란 말을 들었다!).

파티를 하자.

자신이 하기 나름이다

이 책에서 줄곧 나는 사업을 개선할 수 있는 방안을 공유했고, 어떻게 함께 일을 혁신하고, 그리고 어떻게 해결책의 공동 창조라는 형식의 협조가 근본적으로 결과를 개선하는지를 공유했다. 내 믿음의 근거는 무엇인지 그 뒷이야기를 이제 공유하고자 한다.

나는 대학원 과정 마지막 학기를 보내고 있었고, 일과 학업 사이의 줄타기를 끝낼 준비가 됐다는걸 느끼고 있었다. 그때, 나는 어떻게 사업이 작동되는지에 대한 내 관점을 송두리째 바꿔버린 과제를 맡았다.

연단에 위풍당당하게 선 백발의 경영학과 학장인 앙드레 델베크Andre Delbecq 교수는 우리에게 마지막 과제를 줬다. 나무 한 그루를 연구해서, 어떻게 이 나무가 사업과 리더십에 관련 있는지 숙고한 후, 그에 대한 에세이를 쓰라는 것이었다. 그리고 그건 농담이 아니었다. "이건 손쉬운 A학점 감이네!"라고 생각했다. 식은 죽 먹기같이 쉬운 그 과제 덕분에 내가 더 중요한 논문, 어떻게 회사의 강점이 사업성과로 드러나는지에 대한 하버드비즈니스스쿨 사례에 집중하는 데 필요한 시간 여유가 생길 거라고 벌써부터 상상했다.

'나무' 과제를 시간 낭비라고 생각했지만 하는 시늉은 했다. 집 가까이에 있는 커다란 오크 나무를 성실히 연구했다. 그 나무를 얼마간 응시하다 나는 갑자기 깨달았다. 그 나무 에세이와 내 사례 연구 작업이 같은 것을 대변하고 있었다(결국 내가 뭔가 배우긴 할지 몰랐을걸!).

무엇이 나무의 근원인가? (내 스스로에게 물었다.) 뿌리와 줄기. 물론, 나뭇잎과 열매는 우리가 나무를 생각할 때 떠오르는 가시적 부분이다. 그건 6살 먹은 남자 아이도 나무를 그리라고 하면 그릴 대상이다. 그러나 폭풍과 겨울 서리를 참고 견뎌내는 부분은, 찬양받지 못한 뿌리와 줄기다. 뿌리와 줄기는 나뭇잎과 열매를 생산하고 영양을 공급한다.

사업과의 유사점이 내게 명확히 보였다. 회사는 흔히 눈을 사로잡는 손익과 주가(나뭇잎과 열매)라는 사업성과에 관심을 집중하고, 그런 결과를 내는 조직 시스템과 프로세스(뿌리와 줄기)는 신경 쓰지 않는다. 두 경우 모두 주목받지 못하고 찬양받지 못한 부분이 시스템의 근본적인 건강과 성장, 결과를 주도한다. 뿌리가 토양으로부터 영양소를 끌어내듯, 사업은 아이디어를 끌어내 성장에 양분을 준다. 줄기가 나무의 모양을 지지하고 정하듯, 사람들이 혁신을 하고 회사의 방향을 설정한다. 가지를 신중히 쳐내고 미래의 성장 여지를 남기는 힘든 결정을 할 때, 줄기는 열매를 맺을 가지를 지탱하고 영양분은 올바른 곳으로 갈 것이다.

그 나무를 연구하면서 나는 그게 얼마나 간단한지 깨달았다.

내가 비즈니스스쿨에서 배웠던 그리고 유명한 회사에 적용하던 모든 복잡하고 정교한 모델은 그 자체로는 성공을 만들어내기에 충분치 않았다. 모델과 분석은 강인한 사업의 성과를 만드는 바로 그 토대가 빠져있었다. 나무의 뿌리는 사업에서 팀원 개개인을 나타낸다. 아이디어의 힘을 활용하려면 사람들이 그 아이디어를 포착하고, 토론하고, 경쟁우위의 실체로 다듬을 수 있게 해야 한다. 사람들은 번성하는 조직이 가능케 하는 뿌리다.

뿌리 하나가 나무에 양분을 공급할 수 있듯, 어느 누군가는 사업을 혁신하는 계기가 될 수 있다. 변화는 당신과 같이 새로운 방식으로 일하고 뉴하우를 만들기를 선택한 사람(의욕이 넘치고 도전과 씨름하고자 하는 사람)의 행동, 태도와 함께 시작한다. 우리는 나무에, 이 사례에서는 회사에, 영양을 공급하고 물을 준다. 우리는 회사의 건강을 지탱하는 결과를 얻으려는 선택을 한다.

어느 누구든 또는 우리 각자가 개선하기 위해 사업 혁신을 할 수 있다는 아이디어는 벅차지만 동시에 고무적인 일이다. 그러나 이 책을 집어 들고 그 내용을 지금까지 공부한 사람이라면 변화를 주도하고, 누구나 더 많이 성공적인 결과를 내는 새로운 접근법을 채택하는 데 당연히 관심이 있을 것이다.

할 일이 많다. 어디서부터 시작해야 할까? 글쎄, 우리가 이미 갖고 있는 것, 가능한 것부터 이해함으로써 시작을 한다.

그림 E-1 문화의 변화는 한 사람으로부터 시작한다

그다음은 당신과 당신이 처한 상황에 달려있다. 하지만 그것은 행동에 관한 일이다(그림 E-1). 어떤 변화라도 하나가 생길 때 회사와 문화가 변할 것이기 때문이다.

나는 대부분의 경력을, 문제를 해결하고 성공전략을 수립하면서 보냈다. 또한, 무엇으로 조직 내의 사람들이(당신과 나 같은 사람이) 사업 방식을 개선할 수 있게 할지 알고자 하는 열정은 커져만 갔다. 그러한 열정 때문에 나는 이 책에 쓴 도구와 연습을 개발하게 되었다. 따라서 이 책은 그저 사업을 더욱 성공적으로 만들지에 대한 것만이 아니다. 이 책은 성명서이기도 하다.

나는 단지 더 나은 사업성과를 내자고 이 접근법을 공유한 것이 아니다. 사람들이 좌절하지 않고 번창할 수 있는 더 나은 업무 환경을 이 접근법으로 만들 수 있기 때문에 공유했다. 모든 사람이 자신의 게임을 강화하고, 자신의 최대 능력을 업무에 적용하기를 바라며, 책임을 포기하여 '다른 사람'에게 넘기기를 그만두기 바란다. 나는 회사가 번창하기를 바란다. 훌륭한 새로운 목표를 만들어 그 목표를 시장에서 현실화 하는 일을 하는 게 회사이기 때문이다. 이러한 성공은 결과적으로 우리가 각자 더욱 활동적이고 창의적이 되도록, 그리고 우리 사업 세계에 헌신하는 일원이 되도록 요구한다. 우리가 자신의 독특한 창의성, 개인적 책임감, 공유하는 목적, 협조정신을 일자리에 가져오면 올수록 우리가 일하는 기관은 그러한 특성을 더욱 잘 구현할 것이다.

우리의 조직은 그 사용법과 결과에 있어 더욱 숭고해질 것이다. 나는 당신이 이 탐구에 함께 하기를 바란다.

우리의 세계가 더 천천히 움직인다거나 더 간단하고 덜 경쟁적으로 될 것이라는 징후는 없다. 오히려 앞에 놓인 문제는 아주 도전적일 것 같다. 사업을 하는 우리는 조직 내에서 더 수평적이고 협조적인 모델을 선택하며 미래를 디자인하고 있다. 우리는 간디의 충고를 받아들여 "미래는 우리가 현재 하는 일에 달려있다."는 점을 기억할 수 있다. 더 좋고 빠른 조직을 만들 수 있다. 당신에게는 그저 참여할 자격만 있는 것이 아니다. 당신은 사업을 위해 뉴 하우를 창조하는 데 참여해달라는 요청을 받았다.

이 책을 읽은 여러분께 감사드린다. 그러나 여기서 멈추지 마라. 나아가서 세상을 바꿔라.

감사의 글

뉴 하우는 회고록이 아니다. 그렇지만 이 책에 수록된 많은 아이디어는 지난 20여 년에 걸쳐 내 마음속에서 점진적으로 발전했으며, 그 아이디어를 기록함으로써 내가 이런 업무 방식을 믿게 한 관점을 명확히 할 수 있었다.

나는 대학원 과정 마지막 학기를 보내고 있었고, 일과 공부 사이의 줄타기를 끝낼 준비가 됐다는 느끼는 중이었다. 그때, 나는 어떻게 사업이 작동되는지에 대한 내 관점을 송두리째 바꿔버린 과제를 맡았다.

이 책은 해리 맥스Harry Max와 내가 2007년 11월 초 나눈 대화에서 모습을 드러냈다. 루비콘 팀에 들어간 지 얼마 되지 않았던 해리와 나는 내 전략 개발 접근법에 대해 이야기를 했다. 나는 전략 개발을 심오한 창의적 활동으로 간주했으며, 사업의 개념과 틀, 아이디어만이 아니라 사람들이 전략을 형성하고 만들고 선택하고 현실화하는 프로세스에도 초점을 맞춰야 한다고 생각했다.

해리는 드림웍스애니메이션DreamWorks Animation이 어떻게 내부적으로 영화를 만들 때 협조하는지에 대한 책을 썼다. 해리는 이런 질문을 던졌다. 성공적 사업 개발은 영화 개발과 마찬가지로 창의적 유형의 활동과 정말로 관련이 있는가? 그리고 창의적 프로세스 자체는 성공적 결과에 결정적인 요소인가? 물론 그 답은 둘 다 '예'였다.

성공적 전략 개발은 매우 창의적인 일이며, 우리가 '무엇'과 '어떻게'와 '누구'를 혼합할 때, 성공은 실현될 가능성이 높아진다. 그러나 이 아이디어는 내가 하이테크 산업에서의 경력을 시작하기 훨씬 전에 생겨났다. 일찍부터 이러한 믿음이 내 속에 뿌리를 내렸다. 1987년 커뮤니티 칼리지의 이사로 있을 때 나는 톰 프라이어Tom Fryer 총장으로부터 AB 1725라고 불리는 개혁법의 일환으로 캘리포니아 주 커뮤니티 칼리지 시스템의 미래를 논의하는 자리에 참가하라는 뜻밖의 지목을 받았다.

톰은 공동 관리 체제로 전국적으로 명성이 높은 리더였고, 따라서 회의실의 모든 사람은(주지사, 국회의원, 교수 대표, 그리고 나) 동등한 자격으로 참석했다. 그것은 완전히 협조적인 활동이었다. 매번 정책적 결정을 해야 할 때면 톰은 회의 전 주에 우리가 읽어야 하는, 메모와 논문, 의견을 모은 8센티미터 두께의 바인더를 만들었고, 그러고 나서는 전화를 걸어 확인했다. 톰은 모든 사람의 의견과 마찬가지로 내 의견을 알고 싶어 했다. 자신이 제공한 자료로 촉발된 나의 생각과 아이디어를 알고 싶어 했다. 내가 톰보다 30년이나 어렸지만 톰은 나랑 동등하게 이야기했고 나는 톰의 관심에 걸맞은 의견을 내기 위해 노력했다. 우리는 각자 책임이 있었다. 의견을 내고 견지해야 하는 깊은 책임이 있었고 물론 결과를 달성할 책임도 있었다. 함께 만들어가는 일이었기 때문에 우리 중 누구도 개인이 '인정'받지는 않았지만 우리가 한 일에 대해 모두 다 늘 큰 자부심을 느꼈다.

한번은 톰이 회의에서 자신의 방법을 설명했고 나는 운 좋게도 이러한 메모를 적어 둔 파일을 찾았다.

행정위원으로서 우리가 교수와 학생에게 동등하게 대화하지 않을 때, 그들은 자신을 수동적인 참여자 또는 행정위원이 내린 판단의 희생자로 생각한다. 결과적으로 그들은 결정을 이해하지 못하거나 또는 결정을 자신의 것이라 생각하지 않아서, 활동에 기여하지 않을 것이다. 공동체는 모든 사람이 무언가를 함께 만들고 나서야 존재한다.

그 경험을 뒤돌아보면서 나는 이야기의 실마리를 발견했고, 모든 조직이 혁신하고 목표설정을 하면서 얻고자 하지만 달성하기 힘든 '동참'을 협조와 공동 관리로 이끌어낼 수 있다고 내가 왜 믿는지 알 수 있었다. 성공적 미래 함께 만들기는 성공의 결과 공유하기에서 나온다.

커뮤니티 칼리지 시절 이후 20년 동안 나는 비영리기관과 교육기관 그리고 물론, 일반 회사와도 일을 했다. 그리고 관여했던 모든 리더와 사람들 사이에서 눈에 띄는 한 가지는 우리가 대체로 협조라는 아이디어를 더 나은 성과를 얻는 방법이라고 생각하는 점이다. 그러나 우리는 대개 협조적 접근법을 택하지 않는다. 거기서 나는 우리가 방법을 모르기 때문에 협조적으로 일하지 않는다는 결론을 이끌어냈다. 그건 의지의 부족이 아니라 방법의 부족이다.

그 방법을 찾는 일은 배움을 통해 얻는 길이었다. 나는 성공 프로세스와 실패 프로세스, 두 경우 모두를 통해 현재와 같은 명확함을 얻을 수 있었다. 나는 이 책이 나오도록 도움을 준 개인보다는 회사만을 언급할 것이다. 어도비Adobe, 애플Apple, 오토데스크Autodesk, 오픈웨이브Openwave, 시만텍Symantec, 로지텍Logitech, HP, 그리고 그 외의 회사의 고객과 동료에게 이 아이디어를 만드는 데 공모자가 되어 준 것을 감사드린다. 여러분은 성공과 실패 모두를 통해 무엇이 남들에게도 효과가 있을지 함께 배울 수 있는 기회를 내게 제공해 주었다.

이 아이디어를 믿어 준 오라일리O'Reilly 출판사 팀에게 감사드린다. 처음 팀 오라일리Tim O'Reilly와 주고받은 이메일에서부터 유능하고 심각히 난폭한 최고운영자COO 로라 볼드윈Laura Baldwin과의 회의에 이르기까지, 오라일리사는 이 일을 공유할 만한 작품으로 만드는 데 도움을 주었다. 마이크 헨드릭슨Mike Hendrickson은 편집자 이상의 역할을 해 주었으며, 마이크의 통찰과 영리한 안내가 없었다면 이 책은 결코 완성되지 못했을 것이다.

루비콘Rubicon 사의 모든 사람에게 감사한다. 함께 일하기에 이보다 더 뛰어난 팀은 없을 것이다. 이미 알고 있듯이 루비콘의 여러분 생각이 내 생각을 만들었으며, 비록 이 책이 내 이름으로 나가지만 여러분의 생각과 가치가 이 책 안에 녹아들어있다. 하이테크 회사에서 (가장) 까다로운 일을 함께 해결하는 일은 믿을 수 없을 정도로 기쁘고 즐거운 일이며, 나는 그 일을 한 데 대해 감사한다. 그 이상 바랄 것이 없다.

그 팀에서 특히 해리 맥스는 내가 이미 말했지만 이 모든 시도를 시작했으며 이 책을 쓰도록 나를 북돋았다. 그리고 해리가 항상 하는 거짓말, "금방 쉬워질 거야."는 아마도 내가 끝을 보는 데 필요했던 말이었다.

탁월한 아티스트, 휴 매클라우드Hugh MacLeod에게 감사한다. 자기 작품에 대한 휴의 애정은 이 책의 곳곳에서 빛이 난다.

사생활에서 도움을 주는 팀이 없다면 어떠한 리더도 성공을 할 수 없다. 나도 예외가 아니다. 내 남편 커트 베크만Curt Beckmann과 나는 운 좋게도 대학원에서 만났다. 커트는 내가 이 일을 하게 한 첫 번째 사람이며, 내가 회사 CEO로 일하면서 정말로 부업을 하고 싶지는 않다는 짜증을 들어준 첫 번째 사람이며, 내가 계속해 나가도록 슬금슬금 몰고 간 사람이다. 커트와 함께 내 아들 앤드류Andrew는 내가 이 창의적인 활동을 할 수 있도록 너무나도 많은 밤과 주말 동안 변함없이 지지하고 개인적 희생을 감내했다.

크고 작은, 수많은 잘못을 참아 준 친구, 가족, 교회 동아리, 비스티지Vistage #34 CEO 모임, 고객, 수많은 동료들에게 특별한 감사를 드린다. 중요 회의를 연기하기도 했고 부활절에 고구마 파이를 만드는 것을 잊기도 했다. (제니퍼 스턴Jennifer Stern, 미안해요!)

300

그리고 마지막으로 내가 내부에 '직감으로' 알고 있던 것을 이끌어 내서 세상에 내놓을 수 있도록 도움을 준 다음의 수많은 검토 위원과 조언자들에게 감사드린다. 어도비의 글로리아 첸Gloria Chen, SAP의 윌리엄 어바인William Irvine과 피터 에버트Peter Ebert, 산타클라라 대학Snata Clara University의 태미 매드슨Tammi Madsen, 시트릭스Citrix의 케이티 칠Kathy Chill, 웰스파고Wells Fargo의 로빈 비어스Robin Beers, 테세라Tessera의 존 하게도른John Hagedorn과 에릭 자라코브Eric Zarakov, 이퀄라Equilar의 테일러 레이Taylor Ray, 데이비드 천David Chun), 야후!의 브라이언 피츠제럴드Brian Fitzgerald와 메리 워커Mary Walker와 마크 인테르란테Mark Interrante, 선Sun의 제프리 퓨Jeffrey Pugh, 스타웍스StarWorks의 소니 수실로Sonnie Sussillo와 빌 오일러Bill Oyler와 수잔Suna과 마크Mark, 시만텍Symantec의 네할 가자Nehal Gajjar와 토니 네멜카Tony Nemelka와 제네비에브 홀드먼Genevieve Haldeman, 시스코Cisco의 파드마스리 워리어Padmasree Warrior. 그리고 내 친구이자 양딸인 줄리 베크만Julie Beckmann에게 감사한다. 이 책에 대한 줄리의 사심 없는 지원은 대단한 선물이었다. 이 책이 다른 이들에게도 유용하다면 그 모든 분들께 감사한다. 당신들은 내가 아는 것을 명확하고 설득력 있게 만들 수 있게 도움을 주었다.

우리가 항상 나아지는 것만큼, 내가 오늘 쓴 내용을 미래의 어떤 이해 수준에서 보면 한심할 정도로 제한적일 거라고 나는 확신한다. 그리고 그 안에 포함된 모든 한계에 대해 나를 용서해주길 부탁하며 더 나은 내용을 만들 수 있는 아이디어를 트위터로 내게 보내주길 바란다. 내 트위터 주소는 @nilofer이다.

부록 A

도구

부록 A에서는 다음에 열거한 도구를 다룬다.

- 인터뷰 팁
- 발견 내용 정리 틀
- 명확하고 강력하게 진실을 말하는 법
- 기준 개발 팁
- 대안 도출
- 배 불사르기

인터뷰 팁

인터뷰는 흔히 고고학 발굴과 유사하다. 모든 조각이 거기에 있을지라도 그 지역 사방에 흩어져 있다. 인터뷰는 사람과 관련이 있으므로 인터뷰를 실행하는 데 사용하는 방법에 따라 수집하는 정보의 질이(그리고 제대로 구성한 전략을 만드는 당신의 능력이) 달라진다.

목적

인터뷰의 목적은 해결해야 할 니즈의 현재 모습을 얻고, 조직 내의 변화에 대한 감정적 준비도를 평가하는 것이다.

접근법

1. 후원자가 미팅을 준비하게 한다. 후원자는 소개에서 인터뷰의 중요성을 강조하고 사람들이 추가해야 할 가치에 감사를 표시하는 데 오랜 시간을 사용할 수 있다.

2. 인터뷰 안내서를(대본이 아니라) 사전에 준비하라. 일반적으로 당신은 그 안내서를 인터뷰 대상자와 사전에 공유해서 인터뷰 대상자에게 생각할 시간을 줘야 한다. 그러나 안내서 때문에 사람들이 '준비된' 답변을 하거나 다른 사람에게 '옳은' 답변을 물어볼 유혹을 느끼리라고 생각하는 경우에는 안내서를 공유하지 마라.

3. 인터뷰 진행자가 2명이면 (즉, 2대1 인터뷰라면) 한 사람은 듣고 기록하는 데 집중할 수 있다. 이런 접근법을 사용한다면 기록자(청취자)는 비교적 두드러지지 않게 해서 인터뷰 대상자가 마음껏 말할 수 있도록 격려하라. 미묘하고 위험한 주제가 튀어나오리라 기대될 때는 혼자서 인터뷰를 진행하는 것이 더 좋다. 2대1 인터뷰에서 인터뷰 대상자가 주춤거리는 느낌을 받으면 1대1 인터뷰를 다시 계획할 것을 고려하라.

4. 인터뷰 초기에 시간을 할애해서 사람들이 자신의 정보가 가치가 있으며 그 누구라도 '뜨거운 물'에 빠뜨리는 데 쓰지 않을 것임을 알려라.

5. 자유롭게 생각대로 사람들이 자기 관점을 말할 수 있게 하는 준비운동

차원의 질문부터 하라. 두뇌가 해당 주제에 집중하려면 보통 5분에서 10분이 걸린다.

6. 먼저 쉬운 주제로 인터뷰를 시작하라. 민감한 문제는 나중에 하라.

7. 너무 많이 묻지 마라. 한 번에 한 가지 질문을 하라. 천천히 진행하라. 당신이 질문하는 속도는 인터뷰 대상자에게 당신이 당신 자신의 안건을 더 신경 쓰는지 아니면 인터뷰 대상자의 관점에 더 관심이 있는지 신호를 준다.

8. 문제의 작은 일부분에 지속적으로 집중해서 배우고 발견할 수 있도록 질문을 단순화하라. 작은 부분을 탐구하면 문제의 미묘한 차이를 알 수 있다.

9. 인터뷰 대상자가 들려준 이야기를 당신의 말로 풀어서 표현함으로써 당신이 이해했는지를 확인하고, 인터뷰 대상자가 그 자리에서 수정할 수 있게 하라.

10. 인터뷰를 할 때 리드하지 말고 반드시 경청하게 하라. 당신이 똑똑함을 표현하는 게 아니라 배우는 데 집중하라.

11. 간접적 접근법을 사용하라. "골칫거리가 무엇인가요?"라고 물어라("언제 일하기가 지긋지긋한가요?"라고 물어보는 대신).

12. '콜롬보' 형사 기법을 사용하라. 멍청한 듯 행동하지만 계속해서 면밀히 조사하라.

13. 사람들이 기여하는 내용에 경의를 표하라. 모든 계층의 사람들이 뭔가 기여할 내용이 있다.

14. 항상 감사 쪽지를 보내라. 나중에 인터뷰 대상자의 도움이 필요할 수도 있다. 감사 쪽지와 같은 예절은 당신이 그들을 인정하고 고마워한다는 느낌을 주는 데 크게 도움이 된다.

발견 내용 정리 틀

발견한 내용을 정리하는 틀은 현상을 스냅 사진처럼 보여주는 방법을 제공하며, 따라서 사람들은 문제를 이해하기 시작할 수 있다.

목적

발견 내용 정리 틀의 목적은 당신이 배운 것을 정리하고 종합할 수 있도록 도움을 주는 것이며, 따라서 당신은 발견한 내용을 조직에 다시 보고할 수 있다. 또한, 당신 자신의 논리를 테스트하고 방금 배운 증거 주장을 이해할 수 있게 하는 틀을 제공한다.

접근법

1. 모든 발견 내용을 정리한다.

2. 하루를 할애해서 모든 것을 다시 읽어라. 시간을 투자하라.

3. 그러고 나서 개요 형식을 활용해서 자신에게 질문하라.

   가. 배운 것은 무엇인가?

   나. 진실이라고 믿거나 진실이 아니라고 믿는 것은 무엇인가?

   다. 영향은 무엇인가?

4. 발견 내용의 요점을 목록으로 만들어라.

5. 요점별로 그 요점을 지지하는 참고자료나 데이터를 최소한 3개씩 찾아라. 분명하면서도 복잡한 상황을 포착할 수 있게 하라.

6. 출처를 점검하라. 출처는 믿을 만한 곳이어야 하며 기록을 해 두어라(비밀유지준수에 따라 달라질 수 있다). 빈곳을 확인하고 어디에 추가 정보가 필요한지 확인하라.

7. 빈곳을 메우기 위해 필요하다면 추가적으로 사람들과 이야기하라.

명확하고 강력하게 진실을 말하는 법

'상태의 상태'에 대한 대화는 사람들에게 정보를 일방적으로 전달하는 데 초점을 두어서는 안 된다. 사람들이 현재 상황에서 어떤 일이 일어나는지 깨닫게 해야 한다. 이러한 대화에서 당신의 목적은 당신이 보는 것, 당신이 그렇게 보는 이유, 당신의 느낌, 당신이 진실이라고 믿는 것, 당신이 믿기에 사람들의 이해가 중요한 것을 사람들에게 알려주는 일이다. 다음 팁은 당신이 진실을 명확하고 강력하게 말하도록 도와준다.

목적

진실을 말할 때에는 사람들이 자신의 생각에 대해 생각하고 자신이 해석을 내리도록 할 여지를 남겨두는 것이 매우 중요하다. '존중'과 '품위'와 같은 단어는 이러한 맥락에서, 차이와 관점의 인정이 변화를 주도하는 데 필요하다는 것을 사람들에게 다시 한 번 알려줄 때 유용하다. 당신이 사용하는 단어와 어투, 그리고 당신이 설정하는 맥락이 모두 사람들의 반응에 차이를 가져올 것이다.

접근법

1. 가장 중요한 것부터 시작하고 당신이 원하는 맥락으로 설정하라. 다음과 같은 표현일 수 있다. "내 경우, 내가 가장 원하는 일은 ……이해를 공유하는 것입니다." 당신에게 중요한 것 공유하기는 상식 같아 보이지만 그것 없이는 사람들이 의도를 알 수 없다. 자신의 의도를 아는 것만으로는 부족하다. 그걸 사람들과 소통해야 한다.

2. 정확하고 구체적으로 사람들이 이해하기를 바라는 바를 말하라. 필요한 만큼 구분을 활용하라. 실제로 의미하는 바가 '청록색'인데 '파랑'이라고 표현하는 것만으로는 충분치 않다. 숨은 의미에 기대지 마라. 사람들

이 '알아내기를' 기대하지 마라. 스페이드를 스페이드라고 부를 책임은 당신에게 있다. 가능하면 증거 주장을 활용하라. 예를 들자면, "나는 다음 세 가지 사실 때문에 그 문제가 청록색이라고 믿는데……."

3. 모든 것을 진실이 아닌 '초기 발견 내용'으로 제시하라. '진실'이라는 단어는 그에 따른 대가가 있다. '초기 발견 내용'이라는 문구는 당신이 제대로 조사를 하고 있으며 당신의 의견이 팀의 공동 이해를 위한 것이라는 암시를 준다.

4. 서서히 익숙해짐easing in을 경계하라. 크리스 아지리스Chris Argyris는 연구를 통해 이 '서서히 익숙해짐'이란 개념을 소개했는데, 이 경우 당신은 힌트와 유도 질문을 통해 메시지를 누그러뜨리는 경향을 보인다. 서서히 익숙해짐은 당신이 단도직입적으로 문제를 공유하기를 꺼려하는 게 있다는 걸 전달하며, 그건 그 문제가 곤란하거나 부끄러운 일이라는 것을 암시한다. 더 나은 접근법은 당신의 생각을 직설적으로 말하고 당신이 상황 타개에 흥미가 있음을 나타냄으로써 주제를 명확히 하고 논의할 수 있도록 하는 것이다.

5. 뭔가를 비판하고 싶을 때 '당신'이라는 단어 사용을 피하라. "당신 생각은 분명치 않아요."라고 말하는 대신 "나는 그 아이디어를 좀 더 분명히 할 필요가 있어요."라고 표현할 수 있다. 당신은 자신의 인식과 느낌과 가정을 말할 수 있지만, 다른 사람의 가정과 느낌을 말해서는 안 된다.

6. 사람들이 다른 조각의 정보를 다른 속도와 다른 방식으로 받아들일 거라는 사실을 기억하라. 발견 내용을 요약 수준으로 그리고 구체적인 수준으로, 질적인 사실과 양적인 사실 모두 제시하는 것을 생각해 보라. 묘사를 하거나 비유를 쓰는 방법을 찾아보라.

7. 사람들에게 달리 생각하는 점과 그 이유를 말해달라고 하라. 목표는 공유된 이해라는 점을 기억하라. 모든 사람이 사물을 완전하고 포괄적으

로(합의와는 달리) 보게 해야 한다. 명확성과 이해가 우리가 찾는 바다.

기준 개발 팁

팀이 자신들이 원하는 바에 대한 '느낌'은 받았지만 이 느낌을 말로 명확히 표현할 수 없을 때 이 연습은 도움이 될 수 있다. 이 연습은 암묵적 믿음과 인식을 드러내고, 궁극적으로는 팀이 성공 전략을 선택할 수 있게 할 기준을 끌어낸다.

목적

기준 개발의 목적은 무엇이 중요한지에 대한 암묵적 가정을 드러내서 왜 어떤 것이 다른 것들보다 더 중요한지를 조직이 알 수 있게 하는 데 있다. 가정을 분명히 하면 당신은 하나의 그룹으로서 가정을 테스트하고 가정에 도전할 수 있다.

접근법

연습 1: 미래를 상상하기

이 연습은 팀이 꿈을 꾸되 그 표현이나 웅장함을 '책임질' 필요는 없게 해준다.

- 각자 포스트잇에 아이디어를 적고 그것을 제출해 모은다.
- 포스트잇 한 장당 아이디어 하나다. 포스트잇은 모두 같은 색깔이어야 한다.
- 안내가 되는 질문
  - 마술 지팡이가 있어서 고객이나 전체 산업 또는 하나의 제품군을 위해 어떤 일이든 해결할 수 있다면 당신이라면 무엇을 하겠는가?

- 당신이 신이라면 제일 먼저 어떤 새로운 것을 원하겠는가?

- 당신이 신이라면 건들지 않기를 바라는 것은 무엇일까?

연습 2: 역량 개발하기

이 연습에서는 팀이 잘 할 수 있는 영역에 대해 아이디어를 얻기 위해 경쟁사를 살핀다.

- 각자 포스트잇에 아이디어를 적고 그것을 제출해 모은다.

- 포스트잇 한 장당 아이디어 하나다. 포스트잇은 모두 같은 색깔이어야 한다.

- 안내가 되는 질문(각 질문을 "경쟁사와 비교해 볼 때……"라는 말로 시작하라.)

  - 우리가 잘하는 것은?

  - 우리가 썩 잘하지는 못하는 것은?

  - 우리가 차별적으로 할 수 있는 것은? (예: 기술, 문화, 제휴)

  - 우리가 결코 놓치고 싶지 않은 것이 있다면?

  - 우리가 가진 것 중 좋아하는 것은? (예: 사용 편의성, 불법사용 관리, 약자라는 위치, 브랜드 파워)

연습 3: 신 모델 탐색하기

이 연습[1]에서는 무엇을 모방할 수 있는지 아이디어를 브레인스토밍하기 위해 수평적 산업을 살핀다. 예를 들자면, 우리는 페덱스FedEX처럼 배송을 하고 싶은가요? 비엠더블유BMW처럼 디자인을 하고 싶은가요?

- 각자 포스트잇에 아이디어를 적고 그것을 제출해 모은다.

- 포스트잇 한 장당 아이디어 하나다. 포스트잇은 모두 같은 색깔이어야 한다.

- 안내가 되는 질문
  - 당신이 존경하는 회사 10개는?
  - 그 회사들을 존경하는 이유는?
  - 우리 회사도 다른 회사처럼 하면 좋겠다고 생각하는 것은?

대안 도출

브레인스토밍은 대안과 아이디어를 도출할 때 훌륭한 방법이다. 브레인스토밍 프로세스 도중에는 사람들의 창의성을 완전히 자유롭게 풀어주고 비판을 피해야 한다. 비판은 창의성을 방해할 수 있다.

목적

대안 도출의 목적은 오늘날의 문제점에 대한 참신한 대안을 얻되 이러한 대안을 광대한 아이디어 풀Idea Pool에서 골라 쓰는 데 있다.

접근법

1. 해결해야할 문제를 명확하게 정의하라. 할 수 있는 한 분명하고 구체적이어야 하며 차별적 언어를 사용하지 않아야 한다. 충족해야 할 기준을 펼쳐 놓아라. 최선의 문제점 진술은 내향적인 조직의 관점보다는 구체적 고객 니즈 또는 시장 관련 목표와 같이 외부에 초점을 둔다. 예를 들자면, "우리는 시장 중간계층 고객에게 새로운 온라인 서비스를 제공하고자 한다."가 "우리 사업부는 20퍼센트 매출 신장을 달성해야 한다."보다 낫다. 회의시간 동안 계속해서 해결하고자 하는 문제에 집중하게 하라.

2. 기본원칙을 정하라. 훌륭한 게임과 마찬가지로 어떻게 경기할지를 알아야 한다. 다음은 기본원칙의 예시다.

- 판단을 미뤄라.

- 산만하게 만드는 전자기기(전화기, 컴퓨터)의 전원을 꺼라.

- "그렇지만……"을 써서 아이디어를 부수지 마라.

- "그리고……"를 써서 아이디어를 덧붙여라.

- 비판 금지

3. 속도를 조절하라. 최고의 퍼실리테이터는 회의시간 중에 사람들이 아이디어 도출을 시작하고 자신의 리듬을 찾을 수 있도록 도움을 주기 위해, 초기 단계에서 대화를 촉진시킨다. 꼬리를 물고 이어지는 어떤 생각이 너무 오래 지속되지 않도록 하라. 그러면 사람들이 다른 데에 신경을 쓰기 시작한다. 흐름을 관리하되 너무 심하게 하지는 마라. 결과를 바꾸고 싶다면 속도를 바꿔라. 사람들이 막힌 곳에 갇히면 뭔가 다른 것을 하게 하라. 공동으로 혹은 따로따로, 밖에서 혹은 안에서, 화이트보드 앞에서 혹은 책상에 앉아서 작업을 하게 하라.

4. 영감을 주는 것을 소개하라. 어떤 팀도 난데없이 뭔가를 생각해 낼 수는 없다. 따라서 정말로 훌륭하고 영감이 있는 아이디어를 자극하는 좋은 방법은 새로운 것을 소개하는 일이다. 참신한 관점을 얻을 수 있는 책 혹은 연설가 혹은 어떤 '과제'가 모두 다 도움을 준다. 리더로서 당신은 당신이 팀 앞에 제시하는 것으로 팀의 아이디어에 영향을 준다. 연설가는 회사 내부의 사람일 수도 외부의 사람일 수도 있다. 책은 관련 주제일 수도 있고 아주 동떨어진 내용일 수도 있다(힌트: 어린이 책은 훌륭한 아이디어의 자극제가 될 수 있다).

5. 기록을 하라. 기록을 해 두지 않으면 아이디어를 잊을까봐 사람들이 매우 걱정할 수 있다. 아이디어를 가둬둔 걸 알면 사람들은 자유롭게 아이디어 도출에 집중할 수 있다. 회의 중에 나오는 아이디어를 기록하도록 한 명을 지정하라. 회의 도중에 아이디어를 평가하고 싶은 유혹을 피하

고, 사람들에게 창조를 위한 회의지 비판을 위한 회의가 아님을 상기시켜 줘라.

배 불사르기

배 불사르기는 사람들이 계속 나아갈 수 있도록 설득력 있는 이유를 만들고, 새로운 목표를 수용할 수 있도록 의욕을 북돋는 일이다. 그 용어 자체는 투키디데스Thucydides가 자신이 쓴 『펠로폰네스 전쟁사 3권』[2]에서 고대 그리스의 어느 장군이 내놓은 해결안을 이야기하면서 유래했다. "……배를 불살라서 나라의 통치자가 되는 것 이외에는 어떤 희망도 없게 했다." 이 전설적인 군사 결정은 후퇴의 모든 가능성을 제거했다. 병사는 통과 이외에는 다른 길이 없다는 것을 알았고, 다른 대안이 남지 않은 상황이었기 때문에 통과를 감행했다.

목적

배 불사르기는 새로운 목표를 설정하고 이 새로운 목표를 지지하는 모든 행위에 보상을 하는 것이다. 그것은 신중하게 선택해야 하는, 전부를 얻거나 그렇지 못할 때는 아무것도 얻지 못하는 방식의 접근법이다.

접근법

• 목적지를 명시하라

팀은 새로운 목적지가 어떤 곳인지, 어떻게 거기에 갈지를 알아야 한다. 새로운 목적지를 의사소통하는 방법은 당신이 거기에 갈 수 있을지 여부를 결정하는 데 대단히 중요하다. 왜 그 특정 목적지인가? 왜 중요한가? 새로운 변화를 선언하고 구체적인 개시 일을 정하고 행사도 준비하

라. 그러면 커다란 변화가 생겼다는 것을 팀이 기억할 것이다.

• 변화를 필요한 것으로 만들어라

옛것에 집착하면 불이익이 있어야 한다. 예를 들어 옛것과 새것의 경계
점은 새로운 신분증이 없으면 건물로 들어올 수 없는 것과 같은 절차의
변화일 수 있다. 변화는 유형적, 무형적 요소로 뚜렷이 드러내서 변화를
강화할 수 있어야 한다.

• 위기를 만들어라

나는 최근에 어느 임원에게 값비싼 컨설턴트를 불러 그 임원의 이사회
에서 왜 현재 사업이 성장을 제한하고 있는지를 말하게 했다. 그 임원에
게는 과거의 사업이 회사의 미래 목표를 지탱하지 못한다는 메시지를
담아 크게 신호를 보내 주는 일이 필요했다. 종업원들은 '중역진'이 회
의를 하며 돌아다니는 것을 보고 변화의 심각성을 이해했다.

• 새것을 말하라

모든 회의에는 새로운 목표를 인정하고 거기에 초점을 맞추는 대화가
있어야 한다. 새로운 목표가 매출을 올리고 회사를 미래로 데려가는 데
얼마나 중요한지 재삼 강조해야 한다. 새로운 목표를 현재 운영과 연관
지어라. 새것을 얘기하며 시간을 보내라. 리더로서 당신은 새로운 목표
에 얼마나 시간을 쓰는지를 보여줌으로써 무엇이 당신에게 중요한지(의
식적이든 무의식적이든) 팀에게 신호를 보낼 것이다. 새로운 목표에 채널
을 맞추고 그것을 이야기하라. 그러면 팀도 그렇게 할 것이다.

• 새로운 초점과 관련된 사람만 채용하라

새로운 목표와 일치하는 사람을 찾아라. 매번 새로 채용할 때마다 당신이 새로운 곳으로 가깝게 갈 수 있도록 지식과 역량을 확보해서, 가고자 하는 곳으로 가는 데 도움이 되게 하라.

• 새로운 초점에 기초해서 사람들을 보상하라

보상은 성과를 향상시킬 수 있다. 특히 판매원은 자신의 보상 제도에 집중하는 놀라운 능력이 있다. 행동을 유도할 수 있도록 보상 제도를 활용하라. 그래서 회사는 이익을 수확하고, 새로운 목표가 어떤 것인지 처음에 정했을 때 원했던 결과를 얻도록 하라.

• 과거의 기반시설을 해체하라

과거의 사업을 계속해서 지원하지 마라. 어떤 제품군을 폐기하기로 했다면 그걸 팔든지 이름을 바꿔라. 아니면 세상이 근본적으로 변했다는 것을 이해시켜라. 예산을 많이 할당한다든지, 회사 전체 회의에서 언급을 한다든지, 판매부문 사외 회의에 포함시킨다든지 해서 과거의 시스템에 양분을 공급하지 마라.

• 과거 유지를 최소화하라

커다란 변화가 일어나는 도중에는 생명 유지 장치를 달아야 하는 일에 너무나 많은 시간과 돈을 투입하기 쉽다. 고객을 돌볼 수 있는 적절한 유지 수준을 정하고 그 이상은 한 푼도 쓰지 마라. 고객에게 새로운 모델과 서비스를 소개해서, 당신 조직이 전적으로 관여하고 있는 모델과 서비스로 고객이 이전하도록 하라.

• 지원 프로세스를 구축하라

프로세스는 생각에 초점을 주고 팀에게 부지불식간에 "이건 지나가는 유행이 아니야. 중요한 일이고 계속 유지될 거야."라는 메시지를 전달한다. 새로운 목표의 제시가 중요하다고 당신이 생각한다는 것을 강화 프로세스를 활용해서 팀이 반드시 알 수 있도록 하라.

참고 자료

부록 B에서는 당신 서재에 추가할 만한 몇몇 좋은 자료를 소개하고자 한다. 이들을 선택한 이유는 이 자료들이 내 생각과 관점을 형성했고 내 고객에게 커다란 혜택을 주었기 때문이다. 나는 다음 항목에 따라 자료를 구분했다.

- 전략
- 협조에 대한 트렌드와 도구
- 리더십
- 까다로운 대화
- 창의성
- 퍼실리테이션
- 의사 결정
- 변화 관리
- 경청

전략

- Chan, Kim and Renee Mauborgne. Blue Ocean Strategy: How to Create Uncontested Market Space and Make Competition Irrelevant. Harvard Business School Press, 2005. [신규 시장 기회를 확인하는 데 도움이 되는 책]

- Christensen, Clayton. The Innovator's Dilemma: The Revolutionary Book that Will Change the Way You Do Business. Collins Business Essentials, 2003. [왜 시장이 자주 슬금슬금 사라지는지 글로벌 거대 기업이 이해하도록 도움을 주는 책]

- Collis, David J. and Michael G. Rukstad. Can You Say What Your Strategy Is. Harvard Business Review, April 2008.

- Matteson, David and Jim Mattheson. The Smart Organization: Creating Value through Strategic R&D. Harvard Business School Press, 1998. [시스템을 활용하여 지혜와 지식을 구축하는 방법을 알 수 있는 훌륭한 방법]

- Mintzberg, Henry, Bruce Ahlstrand, and Joseph Lampel. Strategy Safari: A Guided Tour through the Wilds of Strategic Management. Free Press, 1998. [전략 틀의 전체 모습을 보여주는 최고의 책]

- Various authors. Harvard Business Review on Corporate Strategy. Harvard Business School Press, 1999. [20년에 걸친 기념비적 저작의 모음집]

협조에 대한 트렌드와 도구

협조와 공동체와 디지털 세상이 어떻게 사업의 방식을 바꿀지 알고 싶다면 다음 글들을 읽어라.

- Locke, Christopher, Rick Levine, Doc Searls, and David Weinberger. The Cluetrain Manifesto. Basic Books, 2001.
- Surowiecki, James. The Wisdom of Crowds. Anchor, 2005.
- Tapscott, Don. Growing Up Digital: The Rise of the Net Generation. McGraw-Hill, 1999.
- Tapscott, Don. Wikinomics: How Mass Collaboration Changes Everything. Portfolio Hardcover, 2008.
- Weinberger, David. Everything Is Miscellaneous: The Power of the New Digital Disorder. Times Books, 2007.
- "Best Online Collaboration Tools 2009 . Robin Good's Collaborative Map," http://ow.ly/gAbk

리더십

함께 공유할 최고의 리더십 책을 선택하는 일은 "어느 아이가 더 예쁜가요?"라는 질문에 답하는 일과 같다. 그렇긴 하지만 나는 산타클라라 대학교 경영대학원의 배리 포스너Barry Posner 학장과 왜 '리드하는 방식'이 중요한지 해석해 주는 기타 몇 명을 추천한다.

- Frisch, Bob. "When Teams Can't Decide." Harvard Business Review, November 2008.
- Kouzes, James M. and Barry Z. Posner. Encouraging the Heart: A Leader's Guide to Encouraging and Rewarding Others. Jossey-Bass, 2003.
- Kouzes, James M. and Barry Z. Posner. The Leadership Challenge.

Jossey-Bass, 2008.

- Kouzes, James M. and Barry Z. Posner. Credibility: How Leaders Gain and Lose It, Why People Demand It. Jossey-Bass, 2003.
- Lencioni, Patrick M. The Five Dysfunctions of a Team: A Leadership Fable. Jossey-Bass, 2002.
- Pruzan, Peter and Kirsten Pruzan Mikkelsen. Leading with Wisdom. Greenleaf Publishing, 2007.
- Seidman, Dov. How: Why How We Do Anything Means Everything… in Business (and in Life). Wiley, 2007.
- Streatfield, Phi. The Paradox of Control in Organizations (Complexity and Emergence in Organizations). Routledge, 2001.

까다로운 대화

사업을 할 때 사람들은 흔히 까다로운 토론을 회피하지만 시인 루미Rumi가 늘 이야기 했듯이 "문지르지 않으면 윤이 나는 돌을 얻을 수 없다." 이 책들은 당신 자신의 접근법을 정할 때 고려할 만한 도구와 내용을 제공해 줄 것이다.

- Blanton, Brad. Radical Honesty: How to Transform Your Life By Telling the Truth. SparrowHawk Publications, 1996.
- Haugk, Kenneth C. and Ruth Koch. Speaking Truth in Love. Stephen Ministries, 1992.
- Matthies, Dennis. Precision Questioning Workshop. Vervago, Inc. http://www.vervago.com
- Noonan, William R. Discussing the Undiscussable: A Guide to

Overcoming Defensive Routines in the Workplace. Jossey-Bass, 2007.

- Patterson, Kerry, Joseph Grenny, Ron McMillan, and Al Switzler. Crucial Conversations: Tools for Talking When Stakes Are High. McGraw-Hill, 2002.

- Stone, Douglas, Bruce Patton, and Sheila Heen. Difficult Conversations: How to Discuss What Matters Most. Penguin Books, 1999.

- 호프먼 연구 재단(The Hoffman Institute Foundation). 과학적으로 증명된 호프먼 프로세스(Hoffman Process)는 전문적 수준에서 적용했을 때 높아진 자신감, 모호함 속에서의 높은 안정감, 스트레스 상황에서의 중심 유지 능력이라는 결과를 보여준다. 간단히 말해, 호프먼 프로세스는 성과를 내야하는 환경에서 자기 인식을 적용하는 실질적인 방법을 제공한다. The Hoffman Quadrinity Process. http://www.hoffmaninstitute.org

창의성

당신의 태도와 접근법이 어떻게 업무에 창의성을 불러일으킬 있는지를 보여주는 뛰어난 책 3권

- Deep, Sam and Lyle Sussman. Power Tools. Addison-Wesley, 1998.

- de Bono, Edward. Six Thinking Hats. Back Bay Books, 1999.

- Kelly, Tom and Jonathan Littman. The Ten Faces of Innovation: IDEO's Strategies for Defeating the Devil's Advocate and Driving Creativity Throughout Your Organization. Doubleday Business, 2003.

퍼실리테이션

사람들은 퍼실리테이션Facilitation이 교육 · 인사HR 사람들이 하는 일이라, 흔히 '부드러운 사람'과 관련된 일이라 생각하지만, 퍼시리테이션의 기술은 성과 개선을 리드하는 방법과 유사하다.

- Interaction Associates. Facilitative Leadership?: Tapping the Power of Participation course.
- Neuhauser, Peg C. Tribal Warfare in Organizations: Turning Tribal Conflict into Negotiated Peace. Harper Business, 1988.

의사결정

솔직히 사업 문화는 까다로운 판단을 내리고 사람들이 학습된 '최선'의 접근법에서 벗어나도록 하는 일에는 엉망이다. 사업 문화는 흔히 고칼로리 땅콩버터와 같아서 천천히 실패한다. 우리는 함께 그것을 바꿔야 한다. 이 책들은 그 일을 하기 위한 대단한 도구의 모음이다.

- Ariely, Dan. Predictably Irrational: The Hidden Forces that Shape Our Decisions. HarperCollins, 2008.
- Howard, Ronald A. and Clinton D. Korver. Ethics in the Real World: Creating a Personal Code to Guide Decisions in Work and Life. Harvard Business School Press, 2008.
- Schwartz, Barry. The Paradox of Choice: Why More Is Less. Harper Perennial, 2005.

변화관리

사업은 변화 없이 새로운 성장을 달성할 수 없다. 결국 우리는 새로운 것을 하려면 뭔가 하던 것을 그만둬야 한다. 우리 모두 '변화를 혐오하는' 반면, 변화는 제대로 또는 제대로가 아니게 실행할 수 있다. 다음의 설득력 있는 저자들은 변화 활동을 리드하는 훌륭한 도구를 제공했다.

- Collins, Jim. Good to Great: Why Some Companies Make the Leap··· and Others Don't. Collins Business, 2001.
- Gardner, Howard. Changing Minds: The Art and Science of Changing Our Own and Other People's Minds (Leadership for the Common Good). Harvard Business School Press, 2006.
- Moore, Thomas. Care of the Soul: A Guide for Cultivating Depth and Sacredness in Everyday Life. Harper, 1994.
- Senge, M., Art Kleiner, Charlotte Roberts, Rick Ross, and Bryan Smith. The Fifth Discipline Fieldbook. Doubleday Business, 1994.

경청

사람들이 같은 편이 되는 걸 막는 것은 많은 경우 경청 기술 때문이다. 모든 나라의 교육 과정에 이 기술을 추가해야 한다. 제대로 경청하면 사람들은 우리와 남이 마주서는 관점에서 우리와 문제가 마주서는 관점으로 변화할 수 있다. 이는 내 세계관을 형성하는 데 도움을 줬다.

- Goleman, Daniel. Emotional Intelligence. Bantam, 1995.
- Hart, Thomas N. The Art of Christian Listening. Paulist Press, 1980.

주석

들어가며

1. http://discussionleader.hbsp.com/hbreditors/2008/10/cisco_ceo_john_
   chambers_on_tea.html

1장

1. 댄 에리얼리(Dan Ariely)가 쓴 『상식 밖의 경제학Predictably Irrational』, 장석훈 옮
   김(청림출판, 2008)에서는 우리가 선택의 가능성을 열어둬서 시간과 에너지를 너무
   많이 소비한다고 말한다. 선택 안을 더 빨리 줄이는 편이 낫다.
2. 서문에서도 언급했다. http://discussionleader.hbsp.com/hbreditors/2008/10/
   cisco_ceo_john_chambers_on_tea.html 참조.

2장

1. 오라일리 미디어의 창업주이자 'Web 2.0'이라는 용어를 만들어 낸, 그리고 이 책의
   출판인인 팀 오라일리(Tim O'Reilly)는 '자신이 포착하는 것보다 더 많은 가치를 창
   조'하는 데 깊은 지혜가 있다. 나는 그것이 위대한 원칙이라는 점에 동의한다. 그러
   면 개인적인 만족이 생겨나고 그 열정을 따라 돈이 따라 들어온다고 내가 믿기 때문
   이다.
2. Stimson, William R. "How to Move a Tree," Ode, April 2008.

3장

1. Kaplan, Robert S. and David P. Norton. The Strategy-Focused Organization. Cambridge, MA: Harvard Business School Press (2000).

2. TED(Technology, Entertainment, and Design)는 세상을 바꿀 아이디어에 집중해서 생각을 리드하는 컨퍼런스이다. 토론 내용은 http://www.ted.com/에 공개되므로 확산할 만한 아이디어는 누구나 볼 수 있다.

3. http://www.lifeplays.com/aboutus.html와 http://www.onetaste.us/?page=CIA 참조.

4. 합병 관련 통계자료 출처: http://blogs.computerworld.com/node/255. 합병의 58%는 최고 경영진이 설정한 가치 목표에 도달하지 못했다. (1999년 에이티 커니(A. T. Kearney)에서 발표한 115개의 기업거래 연구는 피어슨(Pearson) 출판사에서 나온 『합병 그 이후(After the Merger)』에 언급되었다. 53%의 합병은 기대한 결과를 달성하지 못했다. (2001년 부즈알렌 앤 헤밀턴(Booz Allen & Hamilton)에서 조사한 78개의 거래) 70%의 합병은 기대한 매출 시너지를 달성하지 못했다. 22%의 합병에서 임원들은 비용 절감을 적어도 25% 과대 평가했다.

5. 한스 그란데는 너무나도 겸손한 사람이라 나의 이런 공개적으로 칭찬을 반대할 것이다. 한스는 통합 작업을 하고 얼마 안 되어 사망했다. 나는 한스가 나와 마찬가지로 우리가 일하는 방식이 중요하고 가치를 창조할 수 있다고 믿었기 때문에 한스의 이야기를 공유한다. 자신의 추모 노트를 공유해 준 어도비의 데이브 버켓(Dave Burkett)에게 감사한다. 한스의 이야기는 다음 웹사이트에서 더 읽을 수 있다. http://www.haas.berkeley.edu/groups/pubs/calbusiness/winter2007/alumni06.html

6. Schwartz, Barry. "The Tyranny of Choice." Scientific American Mind (December 2004).

5장

1. 브레인스토밍 또는 아이디어 도출에 대한 정보가 더 필요하다면 부록 A의 자료를 확인하라.

2. 창의적 대안을 포괄적이고 완전하게 브레인스토밍하는 법에 대한 구체적인 정보를 보려면, 부록 A의 '대안 도출'이라 불리는 훈련을 참조하라.

3. 에드워드 드보노(Edward de Bono)는 이걸 하는 좋은 접근법을 알고 있다. 그러니 더 많은 정보를 위해서는 부록 B를 확인하라.

6장

1. 맥킨지 글로벌 서베이(McKinsey Quarterly, April 2008)에 따르면 대부분 회사는 3

개나 그 이하의 대안을 평가하며, 경쟁사의 움직임에 대응해서 2년 이상을 예측하지 않는다고 한다. 상당히 많은 회사가 직관에 의존하며, 예를 들어 가장 많은 답변은, 판단을 내리는 순간에 가장 분명한 선택이 경쟁사의 가격할인에는 가격할인으로 대응할 것이다. 아마 가장 놀라운 내용이겠지만, 동일한 상황을 다시 만난다면 임원 중 60퍼센트는 동일한 대응을 하거나 심지어 더 적은 분석을 하겠다고 한다.

2. 출처: 클레어몬트 맥케나 대학(Claremont McKenna College)에서 2008년 3월 19일, 조너단 로젠베르크(Jonathan Rosenberg)의 연설을 녹화한 비디오.

8장

1. http://en.wikipedia.org/wiki/Forming-storming-norming-performing 참조.
2. 또는 실수의 대가에 따라 달라지겠지만 아마도 "#%!&@!!"
3. 당신이 처음부터 모든 걸 제대로 한다면, 아마 당신은 매우 보수적이라서 좋아질 기회를 놓치고 있을 것이다.

부록 A

1. 페덱스(FedEX)사는 연습 3을 통해 생겼다. 프레드 스미스(Fred Smith)는 통신과 은행 산업의 허브 앤 스포크(hub-and-spoke) 아이디어를 자신의 물류와 운송 산업에 적용했다.
2. 추가적인 배경자료는 http://www.greektexts.com/library/Thucydides/History_of_The_Peloponnesian_War_-_Book_III/eng/61.html 참조.

찾아보기

에이콘출판의 기틀을 마련하신 故 정완재 선생님 (1935-2004)

노하우? 뉴 하우!

콜라보 전략을 통한 새로운 경영 솔루션

인 쇄 | 2015년 8월 24일
발 행 | 2015년 8월 31일

지은이 | 닐로퍼 머천트
옮긴이 | 김 윤

펴낸이 | 권 성 준
엮은이 | 김 희 정
         전 진 태
디자인 | 이 승 미

인 쇄 | 한일미디어
용 지 | 한승지류유통

에이콘출판주식회사
경기도 의왕시 계원대학로 38 (내손동 757-3) (16039)
전화 02-2653-7600, 팩스 02-2653-0433
www.acornpub.co.kr / editor@acornpub.co.kr

한국어판 ⓒ 에이콘출판주식회사, 2015, Printed in Korea.
ISBN 978-89-6077-751-4
http://www.acornpub.co.kr/book/new-how

이 도서의 국립중앙도서관 출판시도서목록(CIP)은 서지정보유통지원시스템 홈페이지(http://seoji.nl.go.kr)와 국가자료공동목록시스템(http://www.nl.go.kr/kolisnet)에서 이용하실 수 있습니다.(CIP제어번호: CIP2015023188)

책값은 뒤표지에 있습니다.